UNE MISSION EN BELGIQUE ET EN HOLLANDE

L'HYGIÈNE

ET L'ASSISTANCE PUBLIQUES

L'ORGANISATION

ET L'HYGIÈNE SCOLAIRES

PAR

Le Dr C. DELVAILLE

AVEC UNE PRÉFACE DE

M. GRANCHER

PROFESSEUR A LA FACULTÉ DE MÉDECINE DE PARIS

PARIS

SOCIÉTÉ D'ÉDITIONS SCIENTIFIQUES

PLACE DE L'ÉCOLE DE MÉDECINE

4, Rue Antoine-Dubois, 4

1895

MISSION

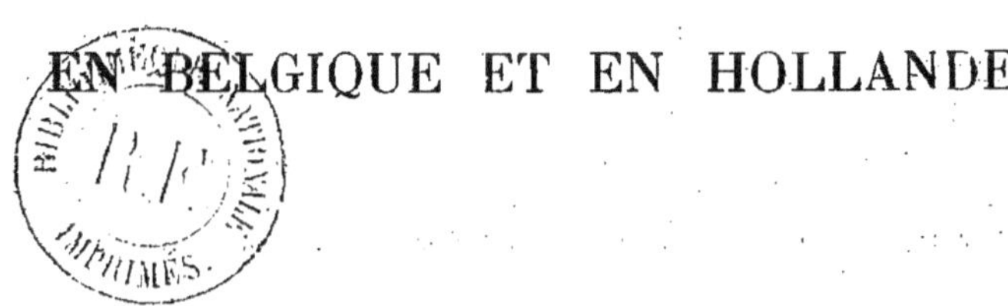

EN BELGIQUE ET EN HOLLANDE

AUTRES OUVRAGES DE M. LE Dr DELVAILLE

Études sur l'histoire naturelle. G. Baillière, 1862.

La fièvre de lait, études critiques et cliniques. G. Baillière, 1862.

Lettres sur l'exercice de la médecine, adressées à M. Jules Simon, précédées d'une lettre de M. Jules Simon. G. Baillière, 1865.

Les mystères d'un bouquet, ou la Botanique en deux leçons, Ch. Delagrave, 1886.

Notes d'un visiteur à l'exposition de 1878. Ch. Delagrave, 1879.

Le travail manuel à l'école, 1882.

L'inspection médicale des écoles. J.-B Baillière, 1880.

Le pain, fabrication, prix, 1883.

Une mission en Espagne : l'hygiène scolaire et les exercices physiques Ch. Delagrave, 1892.

Une mission en Espagne : l'hygiène et l'assistance publique avec préface de M. le professeur Brouardel. *Société d'éditions scientifiques.* 1892.

Guide hygiénique et médical de l'instituteur (en collaboration avec M. le Dr Breucq), avec préface de M. le Dr Jules Rochard, 1893. Fernand Nathan.

L'HYGIÈNE

ET L'ASSISTANCE PUBLIQUES

L'ORGANISATION

ET L'HYGIENE SCOLAIRES

PAR

Le Dr C. DELVAILLE

AVEC UNE PRÉFACE DE

M. GRANCHER

PROFESSEUR A LA FACULTÉ DE MÉDECINE DE PARIS

PARIS

SOCIÉTÉ D'ÉDITIONS SCIENTIFIQUES

PLACE DE L'ÉCOLE DE MÉDECINE

4, Rue Antoine-Dubois, 4

1895

PRÉFACE

—

M. le Dr Delvaille a visité la Belgique et la Hollande — comme il avait déjà visité l'Espagne — et il en a rapporté des documents précieux et précis fort utiles à connaître pour quiconque s'intéresse aux choses de l'hygiène et de l'assistance publique. Et qui ne s'y intéresse pas aujourd'hui ? Nous ne parlons pas seulement des médecins qui ont le devoir strict de connaître ce qui se fait autour d'eux, mais aussi des autorités gouvernementales et locales, de tout homme cultivé même qui peut à l'occasion, s'il est instruit, devenir un facteur de salubrité et de vie pour sa famille et pour son pays.

Ce nouveau volume, que publie notre très distingué confrère, est donc riche de faits vus et observés par lui ou recueillis, à l'aide d'un questionnaire dont il avait eu l'ingénieuse idée de se faire précéder auprès des Bourgmestres de toutes les villes de la Hollande et de la Belgique, avant son voyage. Ainsi, même les petites villes qu'il n'a pas pu visiter nous sont connues, grâce à l'empressement qu'ont mis les Bourgmestres à répondre aux questions qui leur étaient posées.

Nous ne suivrons pas M. Delvaille, chapitre par chapitre, en l'exposé sommaire de son travail ; ce serait moins agréable que la lecture, mais nous relèverons çà et là quelques-unes des circonstances qui nous paraissent les plus dignes d'attirer l'attention.

Un premier fait se dégage, c'est qu'en Belgique il faut, presque *a priori* distinguer la Capitale et le pays. A Bruxelles, grâce surtout au fondateur du bureau d'Hygiène, qui y fonctionne depuis 1871, M. Janssens, les règlements d'hygiène et de salubrité publiques ont force de loi et trouvent une application réellement féconde. Là même où l'obligation n'existe pas, une circulaire du Bourgmestre suffit, par exemple, pour la déclaration des maladies contagieuses. Les médecins se plient très volontiers à cette règle où ils voient un devoir professionnel.

Malheureusement il n'en va pas de même pour d'autres villes de la Belgique, et je parle de villes importantes, Liége et Louvain, pour ne citer que celles-ci, où nos confrères se retranchent derrière le secret professionnel et le silence de la loi. En France, la loi a parlé depuis un an, et la déclaration des maladies dont la liste a été dressée par l'Académie de Médecine et le Comité consultatif d'hygiène est obligatoire. Cependant quelques groupes de médecins, quelques sociétés savantes ont protesté çà et là, criant à la tyrannie.

J'avoue que je ne comprends pas bien. Quand la loi parle au nom de l'intérêt de tous, et blesse au besoin un intérêt particulier pour la sauvegarde de l'intérêt général, peut-il y avoir tyrannie? Mais les sociétés civilisées sont fondées sur ce principe, sans lequel rien n'existerait, rien ne se ferait. Lorsque dans ces dernières années, par l'application d'une loi draconienne, mais salutaire, la seule que nous ayons *avec sanction*, le Comité consultatif et le Conseil d'hygiène et de salubrité de la Seine ont combattu le choléra dans Paris et hors Paris, à Nanterre, au Havre, à Toulon, en Bretagne, on a gêné quelques personnes et froissé quelques intérêts. Nous savons même que les médecins-délégués ont dû souvent faire appel au gendarme, avec ou sans l'appui du maire de la commune, pour fermer un puits, désinfecter une maison, déloger une famille, etc..., et que les populations ont protesté, parce qu'on proteste toujours contre ce qui gêne. Mais qu'est-il arrivé? C'est que les épidémies locales de choléra ont été vaincues, terrassées sur place, et que le pays a été préservé du fléau. Q'importent devant ce résultat quelques intérêts personnels, mieux vaudrait dire quelques habitudes personnelles froissées ou gênées?

Et pour ceux que l'intérêt matériel représenté par la liberté et la rapidité des échanges touche plus que le salut d'existences humaines, le bénéfice est au moins aussi grand. Le port du Havre, dans la dernière épidémie de choléra qu'il a subie, a pu continuer ses relations d'affaires avec le monde entier, grâce à la désinfection préalable de tout navire qui quittait le port contaminé. Aucun de ces bateaux n'a vu le choléra éclater à bord pendant la traversée, aucun n'a porté le choléra dans les ports qu'il abordait. Nous savions déjà qu'avec de bonnes mesures de désinfection on pouvait se préserver contre un navire contaminé, sans lui faire subir une autre quarantaine que celle des jours nécessaires à sa désinfection; l'Angleterre ne s'est jamais protégée autrement. Nous savons maintenant qu'on peut protéger les ports éloignés par des mesures semblables. M. Monod, directeur de l'hygiène et de l'assistance publiques, l'a victorieusement démontré récemment, dans une communication à l'Académie de Médecine.

Revenons à la Belgique qui nous a précédés dans la bonne voie, et dont la législation ressemble beaucoup à celle de notre pays. En matière d'hygiène elle subit, comme nous, la conséquence fâcheuse de la nomination des maires par le suffrage et de l'abandon de l'hygiène entre leurs mains. Tant que le maire d'une commune, nommé par ses concitoyens, sera le maître de de faire l'hygiène de sa commune comme il le comprend, de prescrire ou non telle mesure de salubrité contre une maladie, il y regardera à deux fois avant de molester ses électeurs. De sorte que tant vaudra l'opinion du maire en matière d'hygiène, tant vaudront ses actes. Mais toutes les communes d'un pays, nous pourrions dire d'un continent, sont solidaires. Les lois de l'hygiène doivent donc être des lois d'état, et même autant que possible des lois internationales et non des règlements communaux.

Telles sont les lois d'Angleterre, où le « local government board » a droit d'amende, et même de prison, contre le conseil communal récalcitrant à une mesure hygiénique édictée par lui. Telles sont les lois de la Hollande, où les bourgmestres nommés par le Pouvoir et payés ont plus d'autorité et aussi de docilité pour appliquer les mesures sanitaires. Nous n'en demandons pas tant ; que nos maires continuent à être élus par le suffrage, soit, mais qu'ils obéissent aux lois sanitaires comme aux autres lois. Ces lois sanitaires sont à la veille d'être formulées, et nous espérons bien que le Parlement saura les imposer au pays.

Une question touchée en passant par M. Delvaille, la désinfection des locaux, mérite aussi de nous retenir un instant. Rien de plus difficile que la désinfection *scientifique* d'un local, chambre, école, etc.... Telle qu'on la pratique communément, cette désinfection est tout à fait insuffisante ; mais comme elle s'accompagne de l'évacuation, de l'aération et de l'insolation de ce local pendant plusieurs jours, il arrive que ces agents physiques aidant aux agents chimiques employés, la besogne faite est scientifiquement insuffisante et pratiquement bonne. En Belgique on emploie volontiers la vapeur du soufre. Or, les recherches de M. Thoinot publiées dans le recueil des travaux du Comité consultatif d'hygiène ont démontré que ces vapeurs, pour être efficaces, doivent être très abondantes (30 gram. de fleur de soufre par M. C.) et émises en une chambre hermétiquement close, c'est-à-dire dont les portes et fenêtres seraient jointoyées au plâtre ; ce qui est impossible dans la pratique. D'autre part, MM. Laveran et Vaillard viennent de démontrer que les pulvérisations phéniquées ou mercurielles (1/1000 de sublimé acide) sont insuffisantes, qu'elles ne touchent pas tous les points de la surface ainsi traitée et qu'elles doivent être remplacées par un lavage savonneux à la brosse, du parquet, des murs et des meubles suspects, suivi d'un lavage à l'éponge avec du sublimé 1/1000 ou de l'acide phénique 5 °/₀. On voit que nous sommes loin de compte avec les méthodes usuelles de désinfection. Et cependant celles-ci ont donné de bons résultats, sans doute pour les raisons indiquées plus haut.

La conséquence de l'application même grossière, même imparfaite de l'antisepsie est si heureuse que, dans tous les pays où l'hygiène est en honneur, le pourcentage de la morbidité et de la mortalité baisse constamment. Le lecteur trouvera les chiffres les plus convaincants dans le travail du Dr Delvaille. En France, les mêmes résultats sont acquis au moins pour les grandes villes et les garnisons, où la mortalité par fièvre typhoïde, notamment, décroît chaque année.

Il n'est donc pas interdit de prévoir le moment où les vaccinations et l'antisepsie, d'une part, comme moyen préventif, l'emploi des nouvelles méthodes, d'autre part, sérum-thérapie, etc..., réduiront la morbidité et la mortalité dans une telle mesure que ce sera l'âge d'or de tous... excepté des médecins, dont le nombre dans nos facultés et écoles va toujours en augmentant. Il y a là un petit problème qui, naturellement, n'est pas abordé dans le livre de M. Delvaille, mais qui ne laisse pas que de préoccuper les doyens et professeurs des Facultés de Médecine. A Paris, par exemple, au lieu de 7 à 800 stagiaires prévus, nous en avons cette année 1300, et la

Faculté avec ses immenses locaux est déjà absolument insuffisante.

Mais ceci nous écarte de notre sujet, et je termine en adressant à M. le Dr Delvaille mes bien sincères compliments, pour la façon sérieuse et utile dont il a compris la tâche à lui confiée par les Ministres de l'Instruction publique et de l'Intérieur

J. GRANCHER.

Novembre 1894.

MISSION

EN BELGIQUE ET EN HOLLANDE

AVANT-PROPOS

Chargé par M. le Ministre de l'Intérieur de visiter la Belgique et la Hollande pour y étudier tout ce qui touche à l'assistance et à l'hygiène publique, j'ai accompli ma mission en juin et juillet 1893, menant de front l'examen de l'hygiène scolaire qui m'avait été confié par M. le Ministre de l'Instruction publique.

Ces diverses études se sont complétées les unes les autres en se prêtant un appui mutuel. Elles visent, en effet, au même but : la santé et le bien-être matériel de l'humanité. La société actuelle est tourmentée, plus que celles qui l'ont précédée, du désir de rendre l'existence facile à l'homme. Œuvres particulières ou œuvres publiques font à cet égard assaut d'ingéniosité et de dévouement, et peut-être doit-on leur reprocher une indépendance trop complète et une ignorance à peu près absolue de l'effort fait par chacune d'elles et des résultats obtenus.

De là viennent des gaspillages, un éparpillement de ressources qui, centralisées et mieux dirigées, auraient produit des effets considérables.

Mais, si cet idéal n'est pas atteint, si même il n'est pas près de l'être, grâce à l'impatience du joug qui est le fond de notre caractère, grâce aussi, hélas ! à nos divisions politiques et religieuses, il n'est pas moins bon d'aller observer partout ces poussées vers l'idéal qui font honneur à notre nature, d'étudier partout comment l'homme aime l'homme et surtout l'enfant, comment il l'élève, le nourrit, l'instruit, le protège.

L'exposé de ces méthodes diverses constituera un arsenal de

1

documents, duquel de plus compétents tireront une synthèse ; mais il me semble bon que cet arsenal soit bien muni pour faciliter la tâche des généralisateurs. J'ai donc parcouru avec intérêt ces deux pays hospitaliers, intelligents et prospères, et j'ai porté mon attention sur tous les points que visait ma double mission.

J'avais eu soin, comme pour celles que j'ai remplies en Espagne, d'envoyer à l'avance aux municipalités belges et hollandaises plusieurs questionnaires, et les réponses que j'ai obtenues de l'empressement et de la courtoisie des bourgmestres m'ont permis de tracer mon itinéraire, de fixer à l'avance dans mon esprit la physionomie et les ressources de telle ou telle ville, et j'ai pu ainsi faire un voyage fructueux et rapide, car aucune heure n'était perdue en tâtonnements et en longues recherches.

J'ajoute que, guidé dans les villes que j'ai visitées par les chefs des différents services, j'ai pu plus facilement encore me rendre compte des institutions établies, des efforts qu'elles avaient coûtés, des résultats qu'on en avait obtenus, de ceux qu'elles promettaient encore.

Pour la Belgique, je dois rendre plus particulièrement hommage aux bons offices de MM. le Dr Janssens, directeur fondateur du service d'hygiène, Wilmar, chef de bureau de ce service, de Oucker, secrétaire du bourgmestre, Edmond Mayer, avocat, Sluys, directeur de l'école normale de Bruxelles, Van Meenen, bourgmestre de Saint-Gilles, Gedoelst, secrétaire général du *Progrès*, Dr Desguin, échevin de l'instruction publique, et de Nave, chef de bureau à Anvers, Putzeys, professeur d'hygiène à l'Université de Liège, son frère, directeur des travaux de la ville de Bruxelles, Kuborn, président de la Société royale de Médecine publique.

Pour la Hollande, MM. les bourgmestre et échevin de l'instruction publique de Rotterdam, le Dr Josephin Zitta d'Amsterdam, les Drs Van Woly et Bouvin, à La Haye, M. Saltet, directeur du Service d'hygiène d'Amsterdam ; Van Overbeck, de Meyer, professeur d'hygiène à l'Université d'Utrecht m'ont fourni des renseignements que j'ai été très heureux d'utiliser.

BELGIQUE

I. — L'Assistance publique.

§ 1. — ORGANISATION.

Sous le nom générique d'hospices, on comprend à la fois, comme en France, les hôpitaux où l'on reçoit les malades et les hospices ou refuges où l'on reçoit les faibles et les impotents.

Ces établissements ont la personnalité civile dans la limite de leur mission. Ils sont administrés par une commission de cinq membres, renouvelable chaque année par cinquième, nommée par le conseil communal et aux séances de laquelle le bourgmestre a le droit d'assister. L'administration supérieure n'intervient pas dans cette nomination ; on lui transmet simplement le nom des élus.

La commission nomme tous ses employés, sauf approbation, sans modification, du conseil communal.

Voici leurs fonctions :

a. Gestion des biens dont le produit est affecté à des asiles charitables ;

b. Administration intérieure de ces établissements ;

c. Admission et renvoi des indigents.

La dotation des hospices vient des ressources suivantes :

a. Les biens des anciens hospices avant l'annexion de la Belgique à la France.

b. Les biens qui, avant cette annexion, appartenaient à des maisons religieuses ayant pour objet le soulagement des malades.

c. Les biens des anciens béguinages.

d. Les biens nationaux cédés au gouvernement.

e. Les revenus des mineurs admis dans les hospices ; s'ils décèdent sans héritiers, leur succession en déchéance revient aux hospices et non à l'État.

f. Les effets mobiliers apportés par les malades décédés dans les hospices et traités gratuitement.

g. Les indemnités dues aux hospices pour les indigents qui reviennent à meilleure fortune.

h. Le produit des dons et legs que les hospices sont autorisés à recevoir.

i. Le produit des droits accordés aux indigents sur les billets d'entrée aux spectacles, bals, concerts, etc. Toutefois cet impôt a perdu son caractère obligatoire général.

j. Les subsides des communes en cas d'insuffisance du revenu des hospices pour l'entretien des indigents de la commune.

k. Le produit de certaines amendes attribué par des lois spéciales aux établissements charitables (confiscation de gibiers prohibés, etc.).

Le conseil général d'administration des hospices nomme et révoque, sous l'approbation du conseil communal, le personnel médical des hospices et hôpitaux, à l'exception du chef de service attaché au dépôt provisoire des aliénés dont la nomination appartient au gouvernement.

Les médecins sont choisis parmi ceux ayant été médecins de l'assistance ou aides dans les hôpitaux; leurs fonctions durent cinq ans, deux fois renouvelables, mais indéfiniment renouvelables pour les services spéciaux et les professeurs de clinique, dont les fonctions, toutefois, cessent à 63 ans.

Les aides sont nommés pour deux ans parmi les médecins attachés à l'assistance; les internes au concours.

Entre autres particularités, notons que l'examen des malades, sur la demande de ceux-ci, doit être fait aux consultations en dehors de la présence des élèves de la Clinique.

Dans les hôpitaux, les secours de la religion sont à la libre disposition des malades, selon le culte qu'ils professent; aucune cérémonie n'a lieu que dans les endroits à ce destinés.

Le règlement des hôpitaux de Bruxelles dit que « les secours religieux sont à la disposition des malades et administrés par les ministres des cultes qu'ils professent »; les malades en sont avertis à leur entrée, et le conseil général prescrit aux surveillants de visiter journellement les malades qui ont déclaré ne pas vouloir l'assistance d'un ministre du culte; ils s'assurent s'ils ne sont l'objet d'aucun acte de prosélytisme, et s'ils reçoivent les soins nécessaires; les surveillants consignent les réponses sur un registre et les font signer par les malades.

C'est le directeur qui indique le service dans lequel entrent les malades. Il visite les salles chaque jour et tient la comptabilité.

Les sœurs sont chargées des soins à donner aux malades, et de l'administration des médicaments, de leur nourriture, de la direction des gens de service.

L'hôpital admet des malades payants.

§ 2. — HÔPITAUX DE BRUXELLES.

Les premiers hôpitaux dont nous nous occuperons, sont ceux de Bruxelles, au nombre de deux, Saint-Jean et Saint-Pierre.

L'hôpital de Saint-Jean date du XIIe siècle. Il reçut à sa fondation les pauvres malades incapables de mendier, les femmes enceintes sans asile et les enfants abandonnés en nombre limité.

Mais le nombre des malades augmenta à tel point qu'en 1776 un rapport adressé au prince Charles de Lorraine dit qu'on était obligé de placer « dans le même lit deux, et, dans les temps extraordinaires, trois malades atteints de différents maux épidémiques et contagieux », que les lits se serraient de si près qu'on ne pouvait faire aux malades les opérations et les pansements nécessaires.

Ce n'est qu'en 1838 que fut posée la première pierre du nouvel hôpital, achevé en 1843 et ayant coûté 2,578,905 fr.

On y a réuni la Maternité et l'Hospice des enfants trouvés (1er janvier 1851), la boulangerie centrale, les magasins de denrées et objets de vêtements et la pharmacie centrale.

On y envoie les malades de la partie nord de la ville et des faubourgs voisins.

L'hôpital Saint-Jean a 365 lits d'hommes et 312 de femmes.

Il a des salles spéciales pour les maladies contagieuses, et l'on y envoie spécialement les varioleux. On y trouve aussi le dépôt des aliénés. Un quartier séparé est préparé pour le choléra. Au 2^mc étages, ont les gâteux qui attendent leur entrée à l'infirmerie des vieillards.

Les salles sont de 24 lits avec 47^mc,67 par lit. A 9 heures du matin, on affiche, dans chaque salle, le nombre des malades qui s'y trouvent à ce moment. Une salle gynécologique avec amphithéâtre forme un service à part confié au Dr Bouffard.

Une étuve placée dans l'hôpital sert au public moyennant 5 fr. par séance de désinfection.

La boulangerie centrale, supprimée par décision du Collège en 1812, fut rétablie le 17 janvier 1817, et l'on supprima alors le pain de seigle distribué aux pauvres.

Les blés furent pendant quelque temps achetés aux marchés d'Anvers et Bruxelles, avec grande économie sur l'adjudication, qui est, pourtant, le système actuellement pratiqué. L'hiver, on fabrique 1,700 kilogr. par jour, l'été, 1,000. Ces fournées sont de 145 kilogr. de pains de 15 hectog., ou de 185 pains de 1 kilogr. On a depuis 1874 un pétrin à vapeur. Le four est à sole tournante.

On moud le blé dans l'hôpital depuis 1842.

La pharmacie fournit aussi des remèdes aux autres établissements charitables, soit gratuitement, soit en payant.

La fondation de l'Hôpital Saint-Pierre remonte au xiie siècle. Il fut destiné à une léproserie, que le pape Innocent IV exempta de la dîme. On n'y recevait aucun lépreux étranger à Bruxelles, « s'il n'apportait 40 sols de Bruxelles, pour sa pitance, avec un petit trousseau » ; un autre règlement éleva l'apport à 100 sols pour tous lépreux ; ceux-ci, s'ils étaient célibataires ou sans enfants, devaient léguer leurs biens à l'hôpital; s'ils étaient mariés et pères, ils devaient donner à l'hôpital la moitié de leurs biens. Enfin, pour restreindre le nombre des entrées, on ne reçut que les habitants de Bruxelles y demeurant, depuis deux ans au moins, avant d'avoir contracté la maladie (13 février 1408).

Peu à peu, la lèpre disparut; les frères qui soignaient les malades disparurent à leur tour, et les sœurs restèrent et ne s'occupèrent plus des malades (1611), jouissant sans travail des revenus de l'hôpital, jusqu'au moment où l'édit de Joseph les en chassa (17 mars 1783).

La même année, on y reçut des dysentériques, puis d'autres malades, des femmes enceintes, les enfants nés à l'hôpital, les syphilitiques, et l'on fit à plusieurs reprises des agrandissements. Entre temps la Maternité fut transportée à l'hôpital Saint-Jean, à la suite d'une grave épidémie de fièvre puerpérale.

L'hôpital Saint-Pierre a 360 lits d'hommes et 337 de femmes. Il reçoit les malades de la partie sud de la ville et des faubourgs avoisinants.

Il a des quartiers pour les affections contagieuses, pour les enfants malades (au 3e étage), pour les maladies cutanées, des salles spéciales pour les fièvres typhoïdes, pour les pneumonies, pour les ophtalmies.

Les salles ont constamment un nombre variable de malades, 38, 40, 44.

La salle d'opérations où j'ai eu l'occasion de voir opérer l'éminent chirurgien Thiriar, est au 3e étage, bien éclairée, avec amphithéâtre; à côté sont des chambres où sont transportés les opérés.

Un grand quartier de baraques est préparé pour le choléra. Il se compose de deux pavillons à 24 lits chauffés chacun par deux poêles; d'autres pavillons de l'enclos sont destinés aux services spéciaux des cholériques.

Un autre hôpital de Bruxelles est l'Infirmerie dite du grand Béguinage, parce qu'il s'y était installé des communautés de béguines, femmes ou filles dévotes portant un habit particulier, ne faisant que des vœux simples, et jouissant de la faculté de rentrer dans le monde.

Le béguinage qui fut transformé en infirmerie était, en 1272, administré par quatre maîtresses « prudentes, sages et discrètes », « un seul curé » et quatre « mambours » ou plus au besoin. La duchesse Jeanne de Brabant (1372) accorda à cette grande infirmerie les biens des béguines y décédées sans enfants légitimes.

Plus tard, il y eut «abus des administrateurs» envers les pauvres béguines, et il fallut qu'un règlement introduisît dans le conseil un élément civil égal à l'élément ecclésiastique. Sous la domination française, les biens de l'Infirmerie, d'après les lois du 16 vendémiaire et du 7 frimaire an V, passèrent aux mains des administrations de bienfaisance de la ville, tout en servant, conformément à l'ordonnance royale du 20 décembre 1819, à entretenir des béguines encore existantes et leurs habitations, « avant d'être employés à d'autres dépenses de charité plus générales ».

D'autres femmes indigentes furent admises à l'Infirmerie, puis des hommes. Et bientôt, grâce au délabrement des 150 maisons qui composaient le Béguinage, on dut songer à une reconstruction, qui fut achevée en 1827, au prix de 985,488 fr.

On ne maintint à l'Infirmerie que les incurables et les pensionnaires jouissant de lits fondés. Ils sont soignés par des laïques, ils ont des jours de sortie. On laissa dans leurs familles tous les vieillards des deux sexes méritants (1142 au 31 décembre 1891 coûtant, 136,858 fr.), et on leur fournit une pension mensuelle de 9 à 15 fr., délivrée directement par le Conseil général des hospices; on plaça chez des nourriciers, en ville ou à la campagne, les vieillards sans parents.

C'est aussi dans une partie de l'Infirmerie que furent versés, petit à petit, les asilés d'une vingtaine d'Hospices, appelés Hospices réunis.

Un de ces hospices échappa à cette concentration, c'est l'hospice Pacheco, fondé le 19 juin 1713, pour des dames célibataires ou veuves, et de préférence appartenant « à de nobles et bonnes familles». Chaque pensionnaire doit recevoir une quantité fixe de bois et charbon, plus 50 florins. Cette situation fut modifiée lors de l'occupation française, et remise en vigueur par le Conseil des Hospices (1816), tout en tenant compte de la diminution de revenus occasionnée par cette occupation. L'hospice Pacheco fut réédifié en 1835: il a coûté près de 310,000 fr.

§ 3. — Les enfants secourus.

Passons maintenant aux enfants secourus. Il y en a de plusieurs sortes :

1° Les orphelins ;
2° Les enfants trouvés ;
3° Les abandonnés ;
4° Les enfants à la charge de la bienfaisance ;
5° Ceux dont les parents sont en prison ou au dépôt ;
6° Ceux dont les parents sont à l'hôpital ;
7° Les enfants de moins d'un an.

Des enfants des catégories 4, 5 et 6 nous nous occuperons en parlant de la Bienfaisance proprement dite.

Un édit de Charles-Quint, du 3 janvier 1538, réglemente l'assistance aux orphelins « que l'on dirigera selon qu'il conviendra le mieux à chacun d'eux, et, en tout autre cas, en leur faisant apprendre au moins le symbole des apôtres en tudesque et en latin, et en les appliquant, les uns à un métier afin de gagner leur subsistance, en envoyant et maintenant les autres à l'école, ou encore en les plaçant au service de bonnes et honnêtes gens. » Le règlement insiste sur leur envoi aux offices, sur les vêtements à leur donner, sur la cure de leur gale et autres maladies.

On reconnut bientôt que les enfants prenaient et rapportaient chez eux de mauvaises habitudes ; on acheta plusieurs maisons pour leur installer une sorte d'asile, l'hospice de l'Egalité, qui, en 1794, contenait 95 garçons et 138 filles. A ce moment, on sépara les deux sexes, et on leur donna un asile particulier jusqu'au jour où une décision du Conseil des hospices, du 22 décembre 1810, renvoya à la campagne les 108 garçons, devançant le décret du 19 janvier 1811, qui prescrit, par son article 9, d'une manière générale, la mise en pension des orphelins pauvres, âgés de plus de 6 ans, chez des artisans ou des cultivateurs.

Les filles restèrent internées ; on construisit pour elles un asile en 1873 ; elles y sont admises de 1 an à 10 ans. Il y a deux divisions, de 1 à 14 ans et de 14 à 18 ans, époque de leur sortie. Celles que, pour raison de santé, l'on met chez des nourrices, vont à l'école gardienne de 2 à 6 ans. Les orphelins placés à la campagne y sont soignés par le médecin résidant dans la localité. On paie pour eux 120 fr de la naissance à 1 an; 80 fr. de 1 an à 14 ans, plus un trousseau annuel de 30 fr.

On s'est occupé de tout temps, à Bruxelles, des enfants trouvés, et un document de 1770 indique les soins qu'on en prenait chez les nourrices qui les gardaient, moyennant une pension allant chaque année en diminuant, jusqu'à l'âge où les pauvres abandonnés entraient dans la vie munis d'un habillement complet avec quatre chemises. Les ressources nécessaires à leur entretien venaient de dons et de quêtes ; mais, le 7 mars 1608, le magistrat mit à leur destination un droit de demi-sou par chaque entrée aux représentations des comédiens, saltimbanques, etc., augmenta le droit de bourgeoisie et le droit d'entrée dans une profession.

Plus tard, on créa des hospices séparés pour garçons et filles.

Un arrêté du Directoire du 30 ventôse an V chargea toutes les Commissions administratives du pays de placer les enfants abandonnés « chez des nourrices ou autres habitants des campagnes et de pourvoir, en attendant, à tous leurs besoins, sous la surveillance des autorités dont elles dépendent ».

Bruxelles, ayant à sa charge des enfants venus du dehors, fut obligée d'avancer des sommes très élevées qui lui furent remboursées, puis l'Etat donna une subvention de 4 millions applicable à tout le pays, à la condition que les enfants serviraient comme marins.

Un décret du 11 septembre 1811 ordonna une levée de 6,000 enfants d'un âge supérieur à 15 ans, à choisir dans la classe des enfants trouvés et abandonnés, et dans celle des enfants orphelins légitimes, pour le recrutement du corps des pupilles de la garde, en garnison à Versailles.

Un décret du roi Guillaume (19 mars 1819) autorisa le recrutement de la marine parmi les enfants d'au moins 17 ans, entretenus dans les hospices du royaume.

La position des enfants trouvés, négligée par la loi du 28 novembre 1818 sur le domicile de secours, fut assurée par des arrêtés subséquents. On mit à la charge des communes les enfants de domicile de secours nul ou inconnu ; on autorisait bien les communes à se faire rembourser les frais d'entretien des enfants trouvés ou abandonnés par leur commune d'origine, mais la recherche du domicile était gênée par le secret à garder sur toutes les femmes admises à la Maternité.

Plus tard, le gouvernement belge prit à sa charge une partie de l'entretien des enfants trouvés, la province et la commune y contribuant de leur côté. Les membres de la Commission des hospices durent désigner à chaque enfant trouvé un tuteur.

Depuis le 1er janvier 1851, les enfants trouvés de Bruxelles sont dans une dépendance de l'hôpital Saint-Jean.

Un tour avait été créé en Belgique, comme dans le reste du territoire français par le décret du 19 janvier 1811. Il existait déjà à Bruxelles par un ordre du préfet du 9 mai 1809, à cause des accidents auxquels étaient exposés les enfants par la misère ou la honte de leur mère.

Les tours né disparurent que peu à peu à Bruxelles, Nivelles et Louvain, où les avait fait installer un arrêté du Ministre de l'Intérieur, du 16 mars 1813.

La loi du 23 août 1834 n'en parle pas, ce silence voulant exprimer sans doute le désir qu'a l'État de voir disparaître ces moyens d'un autre âge [1].

A Bruxelles, après quelques essais de suppression, on décida (9 novembre 1850) que le tour ne sera accessible que de 6 heures

---

[1] Voir (sur les tours en Espagne) ma mission dans ce pays concernant l'hygiène et l'assistance publique (à la *Société des éditions scientifiques*).

du soir à minuit, et que le directeur recevra dans le jour « les enfants qui seront présentés munis d'une invitation du bourgmestre ou d'un procès-verbal d'abandon dressé par le commissaire de police et visé par le bourgmestre».

Le tour ne fut supprimé à Bruxelles que par décision du Conseil communal du 20 décembre 1856 ; on n'eut plus à l'hospice que les enfants abandonnés, et la population en fut réduite des neuf dixièmes environ.

Au 31 décembre 1856, la population de l'hospice était de 1911. La première année de la disparition du tour, elle s'abaissa à 1682, et le 31 décembre 1856 elle n'était plus que de 1463.

La mortalité diminua par ce fait. Elle était, entre 1853 et 1856, de 12 %, elle passa en 1858 à 3,10 %.

68 enfants abandonnés ont été admis en 1892, soit 54 légitimes et 14 illégitimes.

L'inspection des enfants est confiée à 4 inspecteurs qui reçoivent maintenant des honoraires convenables ; au lieu des 150 fr. par an que leur attribuait le règlement du 19 juin 1830, on leur donne de 2,700 à 3,400 fr. plus 5 à 8 fr. pour frais de déplacement quotidien.

Les parents ne savent pas où sont leurs enfants.

Nous avons parlé plus haut des « enfants à charge de la Bienfaisance». Ce sont les enfants privés du père ou de mère, auxquels la caisse de la bienfaisance vient en aide. Ils forment trois catégories :

A. Ceux maintenus en subsistance à l'hospice des enfants trouvés et abandonnés (ce sont ceux non sevrés admis dans les hôpitaux avec leurs parents).

B. Ceux admis à l'hospice en attendant leur placement en pension (ceux abandonnés sur procès-verbal d'abandon, ou fils de parents disparus ou détenus, ceux dont les pères ou mères se trouvent dans l'impossibilité de les élever).

C. Enfants à charge de la Bienfaisance maintenus en pension dans leurs familles. Ce sont ceux qui, ayant perdu leur père ou leur mère, restent sous la garde du parent survivant, qui reçoit une pension de 46 fr. et d'un trousseau de 20 fr., jusqu'à ce que l'enfant ait 12 ans.

Les subsides aux enfants secourus cessent quand les enfants de moins de 12 ans ne fréquentent pas une école, et quand la position des parents s'améliore.

L'Administration des hospices de Bruxelles accorde aussi des secours à des enfants placés à l'hospice des enfants rachitiques et valétudinaires d'Ixelles, à des idiots, sourds-muets et aveugles (filles) placés dans les Instituts de Bruxelles et de Liège (garçons), aux Sourds-muets de Berchem, aux Aveugles de Glin, les soins de ces infirmes ayant été prescrits par la loi du 14 mars 1876.

Elle envoie des enfants à la colonie agricole de Bienfaisance de Hoogstraten, qui, en 1891, en a reçu 2342 (il en existait, au 31 décembre, 683) et aux écoles agricoles de Rysselède-Beernem, où il en est entré cette année-là 56 (il en existait, au 31 décembre, 218).

Les hospices de Bruxelles entretiennent également des enfants pauvres et rachitiques à l'hôpital de Middlekerke, fondé en 1879 par le legs Grunerghe pour l'agglomération bruxelloise.

Il y a encore l'hôpital des aveugles entretenu par la Société de philanthropie, qui reçoit des aveugles de tout culte et de toute nationalité.

Voici quelques détails sur les frais des hospices de Bruxelles en 1892.

Comme alimentation, le blé mis en adjudication a produit 138,33 kilogr. de pain par 100 gram. de farine, le prix du pain revenant à 0,2625 par kilogr. (0,27 en 1891).

450,450 kilogr. de blé ont été transformés en pain.

374,717 kilogr. de viande sur pied ont été achetés au prix moyen de 0,968 le kilogr. et ont donné 218,104 kilogr. de viande au prix moyen de 1,42. En 1891, les hospices avaient consommé 185,575^k,50 de viande au prix de 1,45.

Les recettes se sont élevées à 1,745,012 fr. 14, les dépenses ont été de 1,951,950 fr. 95, dans lesquelles l'hôpital Saint-Pierre, avec 200,727 journées, entre pour 476,043 fr. 30, et l'hôpital Saint-Jean, avec 130,038 journées, pour 432,593 fr. 67, la journée revenant à 2,71.

Il y a eu déficit total pour 1892 de 206,938 fr. 91.

Le nombre des malades entrés aux hôpitaux a été de 8,061 pour Saint-Pierre, 3,329 pour Saint-Jean, avec une mortalité de 7,10 et 10,20 % (1,102 payants au lieu de 2,332 en 1891, le prix de la chambre variant de 2,50 à 11 fr. pour les femmes, de 2,95 à 6 fr. pour les hommes). L'Hospice de l'infirmerie (vieillards) a donné une mortalité de 19 % sur 269 pensionnaires ; les vieillards placés dans d'autres communes (74) ont donné une mortalité de 7,37 %. De l'hôpital de Middlekerke, où sont reçus les enfants, sur 140 enfants traités, il est sorti 48 guéris, 14 améliorés, 15 repris par leurs parents.

§ 4. — SECOURS A DOMICILE.

Les secours à domicile furent organisés par Charles-Quint, par l'institution de ce qu'il appelait la « Suprême charité » Il créa des maîtres de charité chefs et des maîtres particuliers chargés des enquêtes et distributions ; un ou deux «bons hommes d'honneur» par paroisse, est-il dit dans l'arrêté du 3 janvier 1538.

Une ordonnance du 24 janvier 1541 insiste pour que les maîtres de charité «excitent et forcent, au besoin, tous les pauvres, ainsi que leurs enfants, à quelque travail non prohibé, chacun selon son aptitude et ses goûts ».

L'instruction est pour eux obligatoire.

Le conseil général a été substitué à la Suprême charité et aux maîtres de charité généraux ; les visiteurs des pauvres ont remplacé les maîtres de charité particuliers.

Mais plus tard, on ne trouve plus de visiteurs ou maîtres des pauvres ; il fallut imposer ces fonctions, au moins pour une durée d'un an. Il est vrai qu'on exemptait les visiteurs du logement militaire ; des places d'honneur dans les églises, dans les cérémonies officielles, leur étaient réservées.

Le service médical à domicile fut organisé en l'an V, mais le nombre des médecins, d'abord fixé à 13, fut abaissé en l'an XIII à 4 nommés primitivement par le préfet, sur la proposition du Conseil des hospices, puis par le Conseil, et, dès 1837, grâce à une décision ministérielle, la nomination doit être approuvée par le Conseil communal. Ils eurent dès 1844 (arrêté du 11 mai) l'inspection des écoles. Ils font leur consultation au dispensaire de chaque maison de secours, et, tous les ans, ils visitent tous les pauvres de leur paroisse.

Ils doivent en outre leurs soins aux pompiers et à certains agents de police et à leurs familles.

Les médecins des pauvres, actuellement au nombre de 10, à Bruxelles, sont nommés pour trois ans ; ils font chaque jour de leurs visites un relevé qu'ils envoient au secrétaire du comité de charité, à qui ils adressent un rapport spécial, s'il s'agit de maladie contagieuse, de désinfection, d'envoi à l'hôpital ; on leur recommande d'user largement de cartes de bains.

Chaque année ils adressent un rapport au Conseil.

Il y a aussi des accoucheuses à domicile instituées par délibération du 26 juin 1878. Elles reçoivent, depuis 1875, 6 fr. par accouchement.

D'après la loi communale de 1836, confirmant l'organisation de la charité par le roi Guillaume (septembre 1822), la répartition des secours à domicile est faite par les soins d'une Commission composée de cinq membres nommés comme celle des hospices.

Les ressources sont tirées des biens anciennement affectés au même usage, du produit de loteries spéciales, de dons et legs, des impôts sur les plaisirs, de collectes à domicile, de subventions communales en cas d'insuffisance de ressources.

Les congrégations hospitalières de femmes, ayant pour objet de desservir des hospices et de porter les secours à domicile, peuvent, aux termes du décret du 18 février 1809, obtenir la personnalité civile à condition que leurs services soient gratuits, c'est-à-dire dans l'intérêt seul des pauvres.

En conformité de la loi du 30 mars de 1836, on a créé à

Bruxelles, en 1845, des Comités de charité qui distribuent des subsides aux pauvres dans des maisons de secours. Chaque Comité est composé de neuf membres nommés par le Collège échevinal, sur une liste double présentée par le Conseil général des hospices. Ils font des enquêtes sur les pauvres ; une de leurs attributions est de signaler aux Comités scolaires les enfants qui ne fréquentent pas les écoles, de payer leur écolage, et de leur donner des vêtements.

La loi du 28 novembre 1818, contrairement à celle des 24-27 vendémiaire an II, accorda à la commune, ayant donné des secours à un malheureux, le droit de réclamer le remboursement de ses avances aux communes dans lesquelles ces malheureux avaient leur domicile de secours ; et la loi du 18 février 1845 éleva de 4 ans à 8 ans le nombre d'années nécessaires à l'obtention du droit de domicile. Une année avant cette loi, fut dénoncé, par la ville de Bruxelles, comme trop onéreux, son traité avec les villes d'Anvers, Gand, Liège, Louvain, Mons, Tournai, pour la gratuité des soins donnés par les hôpitaux de chacune de ces villes aux indigents des autres villes.

Quant aux frais de journée, que durent faire payer dès lors les hôpitaux de Bruxelles aux étrangers, ils allèrent grandissant (de 0 fr. 80 à 1 fr. 40 en 1841 et 2 fr. 88 en 1857). Il y eut de ce chef de nombreuses discussions entre le Conseil communal et le Conseil des hospices. On arriva enfin à une transaction : 1 fr. 50 pour les hôpitaux et la Maternité.

Les frais d'hôpitaux pour les prostituées incombent, de par le décret du 9 octobre 1855, aux communes où ces femmes exercent leur triste profession.

§ 5. — LES NOUVELLES LOIS D'ASSISTANCE.

C'est le 27 novembre 1892 qu'ont été rendues, en Belgique, trois lois qui intéressent l'Assistance publique, les secours médicaux, et la répression du vagabondage et de la mendicité.

La première loi a pour objet l'Assistance publique. Elle contient 44 articles qu'il serait trop long d'analyser.

L'article premier détermine bien exactement le but du législateur. Les secours de la bienfaisance, dit-il, sont fournis aux indigents par la commune sur le territoire de laquelle ceux-ci se trouvent au moment où l'assistance devient nécessaire ; mais l'article 2 stipule que les frais nécessités par le séjour de l'individu à l'hôpital, et les secours à sa famille, seront remboursés, si l'individu a son domicile de secours dans une autre commune ou est étranger à la Belgique, par cette commune ou l'État. Le séjour d'un mois dans une commune impose à celle-ci les frais des premiers dix jours ; de même l'entrée par suite d'accident arrivé à un ouvrier, à un apprenti ou à un domestique.

C'est le domicile du père ou de la mère qui indique le domicile du majeur légitime ou illégitime. Pour les enfants trouvés, pour les aliénés et sourds-muets, le domicile est la commune où on les a trouvés.

Le domicile de secours est remplacé par la commune où, depuis sa majorité ou son émancipation, l'indigent a habité en dernier lieu pendant trois années consécutives ; de même pour l'individu né à l'étranger, ou en Belgique, de parents qui n'y habitaient pas au moment de sa naissance. Les absences de six mois consécutifs pendant les trois ans n'interrompent pas les effets de cette clause.

Dans chaque province, toutes les communes participent par moitié à un fonds commun, d'après leur population, et pour moitié, au prorata de leurs impôts. Cet argent est versé aux hospices et bureaux de bienfaisance, et géré par la députation permanente du Conseil provincial.

Ce fonds commun paie pour une moitié, la province et l'État paient pour l'autre moitié, les frais d'entretien des indigents, aliénés, aveugles et sourds-muets. La commune qui a fait ce placement en donne avis au gouverneur, afin que celui qui doit payer soit recherché.

La deuxième loi, celle sur l'assistance médicale, impose aux

communes les soins médicaux des indigents qui se trouvent sur
leur territoire, soit par l'organisation d'hôpitaux, soit par des
secours médicaux à domicile. En cas d'inaction de la commune,
le gouvernement pourra, la députation permanente entendue,
désigner un établissement hospitalier pour soins à donner.

La troisième loi du 27 novembre 1891 concerne la mendicité
et le vagabondage.

Cette loi ne considère plus ces actes comme des délits, et elle
donne au Gouvernement le droit d'interner les vagabonds et
les mendiants dans trois catégories d'établissements, sur lesquels
nous allons dire quelques mots.

1° Les *dépôts de mendicité* sont destinés aux mendiants et aux
gens qui vivent en état de vagabondage. C'est le juge de paix qui
détermine la durée de l'internement. Les frais d'entretien sont
par tiers à la charge des communes, de l'Etat et de la province.
Autrefois les individus entraient, s'ils le voulaient, dans ces dépôts,
et la commune supportait ainsi une dépense onéreuse. Pour
Bruxelles, il y avait à entretenir 1,500 individus par jour ; de
plus, le travail imposé aux asiles était une concurrence à l'industrie privée. La loi de 1848 modifia cette situation, mais sans
stipuler le temps d'internement ; elle sépara seulement des adultes les enfants pour lesquels elle institua d'excellentes écoles de
réforme. Une loi de 1866, plus sévère pour les vagabonds valides,
qu'elle soumettait à la détention, n'empêcha pas ceux-ci de se
faire condamner pour entrer au dépôt, en sortir et y retourner.
La loi de 1891 a créé trois sortes d'établissements : dépôts,
maisons de refuge, écoles de bienfaisance, mais souvent on envoie
dans l'une des deux premières ceux qui devraient être dans
l'autre, et réciproquement. Il y aura lieu à réforme.

2° Les *maisons de refuge* servent à l'internement des individus
qu'une première faute, ou la nécessité, ont poussés au vagabondage
ou à la mendicité. Ils sont mis en liberté, lorsque leur masse de
sortie atteint le chiffre fixé par le Ministre de la justice, d'après
la catégorie et d'après le métier exercé. En aucun cas ils ne peuvent y être retenus contre leur gré, au delà d'un an.

Les frais des valides se partagent à partie égale entre la commune, la province et l'Etat ; la commune supporte seule les frais des invalides. Les communes peuvent y placer à leurs frais leurs invalides ; mais on remarque que souvent les juges de paix y envoient des individus paresseux et débauchés[1].

3° Les *écoles de bienfaisance* reçoivent les individus qui, âgés de moins de 18 ans, sont trouvés en état de vagabondage ou mendiant. Ils sont mis à la disposition du Gouvernement jusqu'à leur majorité. Ils peuvent, après six mois de séjour, être placés en apprentissage ou rendus à leurs parents. Les communes peuvent entretenir dans ces écoles de jeunes indigents. On y envoie aussi les enfants de moins de 16 ans, que le juge ne condamne ni à l'amende ni à la prison pour cas de vagabondage, que le code punit de 8 jours de prison et de 25 fr. d'amende. De même les cours et tribunaux pour les individus de moins de 18 ans.

Dans ces écoles, on sépare les enfants de moins de 13 ans de ceux de 13 à 16 ans et de ceux de plus de 16 ans.

Les frais d'entretien sont supportés moitié par l'Etat, moitié par la commune domicile de secours ou celle qui a demandé l'internement.

Voici quelques chiffres du budget de 1892 du bureau de bienfaisance de Bruxelles. Les recettes ont été de 629,459 fr. 42 et les dépenses de 658,672 fr. 63, d'où déficit de 29,213 fr. 21.

Les secours en argent ont été de 59,530 fr. 68, en nature de 109,239 fr. 89. On a donné aux indigents étrangers 10,429 fr. 77.

Il y a 1,167 vieillards ou infirmes pensionnés à domicile, 49 dans d'autres communes, 282 enfants.

Les médecins des pauvres ont donné 36,951 consultations et fait 4,114 visites, les sages-femmes ont fait 1,684 accouchements, il y a eu 2 décès. On a donné aux hospices 3,095 bains, dont 2,474 sulfureux, aux indigents.

---

[1] L'organisation des refuges laisse beaucoup à désirer : beaucoup de paresse, peu de travail que les surveillants n'ont pas intérêt à faire augmenter.

§ 6. — Œuvres privées.

A côté des institutions officielles, la charité bruxelloise a créé des œuvres de bienfaisance qui contribuent au soulagement d'un grand nombre de misères. Nous allons jeter un coup d'œil sur quelques-unes de ces créations.

La *Société royale de Philanthropie*, qui a 63 ans d'existence et un budget de dépenses de 63,000 fr., se divise en plusieurs branches : la crèche dont l'organisation est excellente, un hospice de vieillards aveugles et surtout une caisse d'avances aux pensionnaires de l'Etat (officiers, employés, veuves d'officiers, etc.), qui ne peuvent pas toujours attendre le payement du trimestre de leur pension. A l'avant-dernier exercice, on avait ainsi fait pour 300,000 fr. d'avances à 392 pensionnés. La Société de philanthropie se charge aussi d'examiner avec grand soin les pétitions que l'on adresse au Roi, pour obtenir de lui un secours.

L'*Association pour secourir les pauvres honteux* date de 1853, et a dépensé depuis cette époque jusqu'en 1892 le somme de 735,832 fr. Elle a pour mission de venir en aide aux personnes qui ont connu l'aisance, et qui sont déchues par suite de revers immérités, ainsi qu'aux artisans qui sont momentanément dans le besoin par causes indépendantes de leur volonté.

Dès le mois de novembre 1890, et pour remédier à l'état de division dans lequel se trouvaient deux Sociétés charitables françaises, la Société française de bienfaisance et la Société fraternelle, un groupe de 22 Français établis à Bruxelles fonda l'Union française, société de secours et d'assistance. C'était une fusion surtout avec la seconde de ces œuvres, et M. Ch. Rolland, président de la chambre de commerce française, y contribua puissamment. La Société est présidée par M. Bourée, ministre de France ; elle a une subvention des gouvernements français et belge, et plusieurs Belges en font partie.

Elle est administrée par un comité qui examine tous les huit jours les demandes de secours, lesquelles sont immédiatement accueillies si l'infortune est connue, mais qui, au cas contraire, sont soumises à une enquête faite par un visiteur ; celui-ci, en cas d'urgence, a le droit de laisser 10 fr. au maximum à l'impétrant.

Pour les cas urgents, maladies, misères noires, décès, l'administrateur de service, le président et le trésorier sont chargés des mesures.

Des consultations pour les indigents français ont lieu trois fois par semaine ; les remèdes sont gratuitement délivrés par ses pharmaciens.

Dans le premier exercice, l'Union française a secouru 1,049 familles et opéré 184 rapatriements.

Les dépenses ont été de 14,012 fr. 49, et l'avoir de la Société est de 13,035 fr. 97.

A Liège, il y a une association française de bienfaisance, qui, sous la présidence de notre zélé compatriote M. E. Larroque, fait beaucoup de bien aux Français malheureux fixés dans cette ville. Les habitants concourent aux fêtes que donne l'association, ils ont aussi contribué à l'érection d'un monument à la mémoire des Français morts en Belgique en 1870-71, dû à l'initiative de l'association.

La *Société protectrice* de l'enfance s'est fondée en décembre 1866 pour venir en aide aux mères pauvres qui consentent à garder et nourrir leurs enfants, pour provoquer partout la fondation des crèches, pouponnières et établissements analogues, instituant des prix en faveur des mères et nourrices méritantes, un dispensaire pour les enfants malades, etc.

La première crèche fut installée en 1868 à Bruxelles, rue de Malines, puis rue du Sureau, rue des Chartreux et enfin rue du T'kint ; et le succès en fut tel que la mortalité des enfants recueillis fut de 17°/₀ au lieu de 50°/₀ dans les centres populeux.

Plus tard, une crèche rivale fut créée par les membres de la Société que n'animait pas l'esprit de tolérance ; la crèche fondée fut désertée, mais bientôt repeuplée. Les dépenses en 1892 se sont élevées à 24,448 fr. et la Société n'avait, en décembre 1892, que 492 membres.

On a recueilli 297 enfants à la crèche, 98 à la pouponnière, 197 à l'école frœbelienne.

La rétribution pour les enfants est fixée à 75 centimes par semaine, avec faculté d'admission gratuite par le Comité. Un règlement pour les soins à donner aux enfants contient tout ce qui peut contribuer à les entretenir propres et bien portants.

Il s'est créé récemment à Bruxelles une *Société protectrice des enfants martyrs*, qui a pour objet de protéger la personne morale et la personne physique des enfants de toutes conditions et de tout âge, contre l'abandon, l'incurie, la misère, l'exploitation, les mauvais traitements, l'éducation pernicieuse ou criminelle, les exemples immoraux.

Chaque membre de la Société reçoit un livret dans lequel sont inscrites toutes les prescriptions des lois concernant la santé et la moralité des enfants, et chacun doit signaler à l'autorité compétente, toutes les infractions dont il est témoin, qu'il s'agisse d'abandon d'enfants, de travail à eux imposés dans les ateliers ou sur la rue, d'hygiène des maisons, de vaccination négligée ou d'abus de la puissance paternelle.

Chaque culte, à Bruxelles, a installé dans son sein des œuvres spéciales, malgré l'accueil tolérant fait par les œuvres officielles et même par certaines œuvres privées aux malheureux de tous les cultes.

C'est ainsi qu'il y a à Bruxelles l'œuvre si méritante des Petites-Sœurs des pauvres, qui vivent de la charité publique au jour le jour, allant chaque matin prendre chez les particuliers, et dans les hôtels, les restes des repas, et se servant de ces ressources pour abriter et nourrir de pauvres vieillards. Rue Haute, il y a un orphelinat religieux, et rue des Chartreux et au boulevard du Midi, des crèches.

Les Israélites, à Bruxelles, ont aussi plusieurs œuvres ; une Société de bienfaisance officielle, qui donne à ses coreligionnaires des secours d'argent, de vêtements et des remèdes, une «Société des mères », qui a établi une crèche, un asile d'orphelins qui procure un métier à ceux qui ont dépassé 12 ans, une Société de la Jeunesse et des apprentis, qui habille et met en apprentissage ses jeunes coreligionnaires, une maison de retraite pour femmes (il y en avait 17 en 1892), une Société des «Secours efficaces» qui prête sans-intérêt de 50 à 1000 fr. aux honnêtes gens dans le besoin.

L'*Hospitalité de nuit* a été créée à Bruxelles en 1886, et s'est chaque année améliorée; le dernier rapport que nous ayons sous les yeux (1889-90) constate que le nombre des asilés a été pour l'exercice (1888-89) de 7,514 hommes logeant 24,065 nuits, et de 1,006 femmes et enfants logeant 3,443 nuits. Pour l'exercice 1889-90, on a donné asile à 7,566 hommes (23,253 nuits) et à 1,435 femmes (4,059 nuits).

Comme annexe de cette œuvre on peut signaler :

La Bouchée de pain qui a distribué à 1,200 ou 1,500 personnes du pain et de la soupe. L'auteur du rapport avoue qu'il peut se glisser parmi eux de faux mendiants ; mais est-ce un abus bien grave, dit-il, de distribuer une miche de pain et un bol de soupe à consommer sur place à tous ceux qui nous disent : J'ai faim ! Du 1er novembre 1889 jusqu'au 31 mars 1890, on a donné 116,988 repas composés d'un bol de soupe et d'un quart de pain. Des fêtes sont régulièrement organisées avec succès au profit de cette œuvre.

Le rapport médical constate qu'aux asiles on a pris toutes les mesures de précaution (douches et désinfection), qu'on a envoyé des malades à l'hôpital et à la Maternité, et qu'on en a accueilli à l'asile des convalescents, comme cela se pratique à Berlin.

Le nombre des malades a été de 987 séjournant 5 jours en moyenne, celui des malades envoyés aux hôpitaux de 93, dont 42 femmes ; on a donné 1544 consultations. Les recettes de l'exercice 1889-90 se sont élevées à 61,671 fr. dont 15,572 produits par des fêtes ; on a dépensé 40,303 fr. dont 22,381 pour la nourriture et 2,478 pour le combustible.

Comme population, on a admis 6,558 Belges, 134 Allemands, 708 Français, 72 Hollandais, 24 Suisses, etc.

La profession qui a le plus donné est celle des journaliers et ouvriers de fabrique (1081) ; puis viennent 1051 terrassiers, 428 cultivateurs, 372 maçons, 280 peintres en bâtiment, 184 tailleurs d'habits, etc. Les vieux vêtements figurent parmi les secours en nature le plus fréquemment remis à l'administration de l'hospitalité.

On a reproché à cette œuvre de secourir bon nombre d'ouvriers étrangers à Bruxelles, et n'étant pas astreints à un travail, comme ceux que protège l'œuvre du travail dont nous parlerons.

M. Kuborn, qui est médecin depuis dix-sept ans de la crèche de Seraing, près Liège, donne sur ce genre d'établissement les renseignements les plus intéressants. Les crèches sont faites pour abriter et nourrir les petits nourrissons pendant que leurs mères vont au travail. Elles peuvent, du reste, à l'heure des repas, venir donner elles-mêmes à téter aux petits. C'est une alimentation mixte, mais qui, bien surveillée, n'a pas les inconvénients qu'elle a en ville. Le lait est toujours bouilli, et le biberon est proscrit de la crèche ; aussi les maladies gastro-intestinales sont-elles rares. Dans une statistique embrassant dix années, M. Kuborn a montré que, si la proportion de décès par gastro-entérite avait été de 378 pour 1000 enfants vivants de 15 jours à 3 ans dans la ville de Seraing, elle n'avait été, à la crèche, que de 38,4.

Pour la rougeole, le croup, les maladies inflammatoires des organes de la respiration, la proportion a été de 112 à 30, de 23,3 à 5,3, de 180 à 10,5 pour 1000.

La façon de procéder dans cette crèche est très simple.

A leur entrée, les enfants sont déshabillés et revêtus de vêtements spéciaux qu'ils quitteront à la sortie, pour reprendre les leurs ; on profite de cette toilette pour les laver et pour peser chaque semaine les plus petits, tous les mois les plus âgés.

La crèche, qui peut contenir 25 berceaux dans une salle de 200 mèt. cubes environ et 9 dans une pièce de 85 mèt. située au-dessous de la première, reçoit la lumière du midi et de l'ouest.

Comme annexe il y a un cabinet de toilette attenant à la salle du bas, une buanderie et une cuisine. Le vestiaire est à l'étage.

Les enfants un peu grands jouent dans une cour bien aérée et bien abritée ; et au moment des jeux, les salles sont ouvertes et ainsi ventilées. Deux fois par semaine, tout est lavé à l'acide phénique à 5°/₀.

On emploie pour les matelas la fibre de tourbe, substance qui retient les liquides et joue le rôle de désinfectant.

M. Kuborn défend les crèches contre ceux qui les accusent de relàcher les liens de la famille, d'encourager les naissances illégitimes par l'aide que l'on porte ainsi aux filles-mères, de favoriser la propagation des maladies contagieuses. Il n'a pas de peine à montrer, pour cette dernière accusation en particulier, combien les soins de propreté, la modération et le choix dans l'alimentation assurent la santé de ces petits ètres que l'incurie et la misère du foyer maternel condamnent parfois à la mort.

Dans la discussion qui a eu lieu sur les crèches au Congrès d'hygiène de 1889, les médecins belges ont parlé de l'influence fàcheuse des féculents donnés à l'enfant à la mamelle. M. Desguin, échevin de l'Instruction publique à Anvers, a montré la maison paternelle nuisible à l'enfance par la mauvaise alimentation, par la chaleur et l'encombrement excessif, par la fumée du tabac, par les préjugés qui, au lieu des soins du médecin appelé à temps, appliquent à l'enfant les pratiques de la plus sotte superstition.

§ 7. — L'ASSISTANCE AUX OUVRIERS.

Avant de passer aux diverses œuvres d'assistance hospitalière de la Belgique, je vais dire quelques mots sur l'assistance aux ouvriers sous ses différentes formes. Ainsi que le fait remarquer M. Bourée, notre Ministre en Belgique, c'est à la suite d'une vaste enquête organisée en 1886 que furent recueillies les doléances des travailleurs, et étudiés les moyens d'y donner satisfaction. De là, plusieurs projets de loi qui ont été adoptés concernant l'encouragement à l'épargne, la constitution des caisses de retraites et de secours en cas de maladies et d'accidents, et l'installation de maisons ouvrières.

D'ailleurs, les ouvriers belges sont dignes de l'intérêt que leur porte l'Etat. Parlant de ceux des centres charbonniers, M. Bourée dit: «Leur rudesse paraît être, à la fois, un résultat de leur genre de travail et un vice d'éducation. Elle n'exclut nullement l'intelligence ni le cœur. Leur aptitude au travail est, au contraire, très remarquable, et leur dévouement a été mis maintes fois à l'épreuve dans des catastrophes où la vie d'autres ouvriers était mise en péril ». M. Bourée ajoute que les liens de solidarité sont très forts chez les ouvriers belges, et que la moralité y est assez générale; la plupart des liaisons illégitimes sont régularisées.

L'État n'aime pas à intervenir dans les contrats de travail, et l'ouvrier lui-même n'est pas partisan de cette intervention. Pour la durée du travail, cette neutralité a été observée; mais les industriels, spontanément, ou d'accord avec leur personnel, ont diminué la journée de travail; dans certains charbonnages, par exemple, la journée de 10 heures a été abaissée à 9. Cela, du reste, dépend du genre d'industrie; ainsi M. Bourée nous dit qu'à Gand, dans les ateliers de tissage, les ouvriers qui ne travaillent que sur un métier ont une journée de 12 heures; elle est de 11 h. 1/2 et même de 11 heures chez les ouvriers qui travaillent sur plusieurs métiers, et les salaires y sont plus élevés.

J'ai visité avec l'excellent Dr Denis, médecin en chef des usines Cokerill, à Seraing sur Meuse, le bel établissement de ce nom, dans lequel travaillent avec une activité extraordinaire plus de 10,000 ouvriers.

C'est un monde que cette usine, où des travaux de tout genre sont exécutés sur les commandes de l'univers entier, et l'on comprend qu'intéressés au bien-être et à la santé de leurs ouvriers, les directeurs des établissements Cokerill aient voulu venir en aide à leurs collaborateurs et aux enfants de ceux-ci.

L'usine a créé l'école industrielle de Seraing, l'école spéciale de mineurs; elle a institué, pour chacune de ses fosses, une école où les enfants de 14 ans qui travaillent dans l'usine viennent, pendant une heure chaque jour, continuer leur instruction; elle a, dans son chantier de Hoboken, créé une école industrielle et des classes préparatoires pour les jeunes gens admis dans cette division de l'établissement.

Il y a, à peu de distance, un hôpital pour les malades, qui peut recevoir 230 lits.

On y admet gratuitement les malades et blessés de l'usine, et, moyennant une légère rétribution, ceux des établissements industriels et des communes du voisinage.

L'hôpital loge aussi les orphelins de pères ayant été ouvriers, et pour ces enfants des deux sexes (40 garçons et 60 filles), il y a des écoles dirigées par des sœurs, et qu'il serait bon d'installer conformément aux règles de l'hygiène, et un dortoir, un réfectoire, un atelier d'ouvrages de main, un préau pour la gymnastique.

Les filles, par l'épargne sur le produit de leur travail, se constituent une dot; les enfants entrent à l'usine à l'âge fixé par la loi.

Dans l'hôpital aussi, j'ai vu des incurables et des vieillards.

Tout près est un lazaret contenant des pavillons complets d'isolement pour les maladies contagieuses.

Il y a quatre médecins, dont un en chef, M. le Dr Denis, qui autrefois était seul. Ils donnent gratuitement des consultations et font des visites aux employés. Un médecin oculiste est aussi attaché aux usines, et les remèdes sont fournis gratuitement par une pharmacie spéciale qui coûte 25 à 30,000 fr. par an, sauf aux enfants au-dessus de 14 ans, qui payent médecin et remèdes.

La journée de travail, qui était avant 1848 de 11 h. 1/2, a été réduite à 10 heures; on n'admet pas les femmes mariées, et on n'emploie les jeunes filles qu'à des travaux de tirages ou autres aussi faciles; les enfants ne sont employés qu'à l'âge de 13 ans, et s'ils savent lire.

Une caisse de secours, instituée d'abord avec participation des ouvriers, fut supprimée en 1869. Puis elle fut reprise par la Société avec ses propres fonds, sauf pour quelques anciens ouvriers qui ont tenu à verser leur quote-part.

La caisse paie aux employés et ouvriers les 3/4 de leur dernier salaire, et cette pension est reversible sur la tête de leurs veuves.

Depuis 1872, existe une caisse d'épargne qui paie 4 % d'intérêt.

Des maisons ouvrières installées depuis 1817 par la Société ont été reprises pour l'agrandissement des usines. Il ne reste plus que des maisons pour le logement d'une cinquantaine de chefs ouvriers de la fabrique de fer, ayant un jardin, et louées 15 francs par mois.

Les ouvriers sont sobres. Cependant ils ont la manie du jeu, et comme d'autres parient sur les chevaux de courses, ils parient des sommes relativement importantes sur les concours de pigeons voyageurs.

La ville de Seraing refuse l'eau à l'usine, qui bientôt organisera une distribution pour ses ouvriers, et pour la ville de Seraing même qui se sert d'eau de puits.

Depuis le mois de mai 1868, la Compagnie du Grand Central belge a organisé une caisse de prévoyance et de secours médicaux qui, moyennant des retenues sur les salaires, des subsides de l'administration, des dons, produits d'amendes, etc., assure aux ouvriers malades, blessés ou incapables de travailler, totalité ou partie de leurs salaires, vient en aide à leurs veuves, à leurs enfants, à leurs ascendants âgés, leur fournit l'assistance médicale, les remèdes et bains, ainsi que les frais de funérailles.

La caisse est administrée par des agents supérieurs et subalternes présidés par le directeur général.

A partir du quatrième jour, pour maladies ou blessures ordinaires, l'ouvrier ou employé reçoit la moitié de sa solde pendant six mois. Mais les trois premiers jours sont payés au même taux, si la durée de la maladie se prolonge au delà de huit jours ; s'il s'agit de blessures en service, le payement est intégral pendant six mois.

Si le salaire de l'agent est inférieur à 1 franc, il lui est intégralement payé en cas de maladie ; s'il y a incapacité absolue de travail par suite du service, la Commission de la caisse peut, en outre, accorder une subvention qui, dans aucun cas, ne dépassera le montant des retenues faites à l'agent depuis sa participation à la caisse. Pour les veuves et enfants, on calcule l'allocation ainsi qu'il suit : en cas de maladies ordinaires, le salaire intégral du mois pendant lequel le décès est survenu, plus un autre mois de traitement, avec 50 francs par enfant âgé de moins de 18 ans.

La moitié des retenues peut être accordée à la veuve et aux enfants, ou, à défaut, aux ascendants que le défunt faisait vivre.

Si la blessure a été contractée en service, la subvention est de trois mois de traitement en tout, avec 100 francs par enfant. Toutes les retenues de l'agent peuvent être données aux veuves, enfants, ou ascendants.

Il y a aussi, au Grand Central belge, une caisse d'assistance et de retraite qui, moyennant une retenue, assure un patrimoine égal à cinq fois le montant du dernier traitement après 65 ans d'âge et dix ans de service. Tout agent qui quitte volontairement la Compagnie, ou est révoqué, perd tous ses droits.

La veuve et les enfants ont, suivant le cas, la totalité du patrimoine, ou bien chacun la moitié.

La retenue qui donne droit à la retraite provient de trois sources :

1° Retenue de 4 %, sur le montant du traitement.

2° Retenue du 12°, une fois payé, de toute augmentation.

3° Retenue égale au 12° de la première année de traitement.

Dans l'exercice 1892, la Compagnie a employé 4,311 agents ; 51 agents sont morts de maladies ordinaires (56 en 1891) excepté 1 qui s'est suicidé. Les allocations aux malades se sont élevées à 10,593 fr. 13. La part des veuves a été de 5,278 fr. 29 et celle des orphelins de 1,378 fr. 23. On a dépensé 22,702 fr. 16 de remèdes, soit 5 fr. 27 par agent, et la dépense n'était que 3 fr. 77 en 1886. On a délivré 19,888 bains pris aux salles de la Compagnie, plus 566 délivrés chez des particuliers. La caisse a présenté un déficit que la Compagnie a dû combler, en élevant le montant de sa subvention.

Quant à la Compagnie des chemins de fer du Nord belge, elle est la même que la Compagnie du Nord France.

Le service médical et le service des secours aux employés sont à peu près les mêmes que ceux que nous venons de décrire.

Nous signalerons cependant quelques particularités spéciales à cette Compagnie.

Pour l'admission des candidats aux emplois, on se montre très sévère sur la condition des yeux, on vérifie avec soin leur aspect, le champ visuel, l'acuité de la vision, le sens chromatique, les anomalies de la réfraction.

Les chefs de gare, d'atelier, de trains, reçoivent une instruction imprimée pour secours en cas d'accidents, et une partie de ces instructions sous le titre : « ce qu'il ne faut pas faire », a été copiée par l'administration des chemins de fer de l'Etat belge.

Les employés reçoivent aussi des instructions pour éviter les accidents.

La vaccination est gratuite pour eux et leurs familles, et quand ils sont candidats, ils doivent avoir été vaccinés depuis moins de huit ans (c'est deux ans dans d'autres compagnies françaises). Il y a dans les principales gares, pour les employés, des bains gratuits, des réfectoires où l'on réchauffe les mets qu'ils emportent en voyage, des dortoirs où ils payent leur nuit de coucher.

Les médecins sont agréés pour trois ans, avec renouvellement du mandat. Ils sont payés par visite, ou par consultation, quand il est établi que c'est chez eux qu'ils la font. Dans certaines gares, la consultation a lieu à un dispensaire ; le médecin est alors payé tant par an. La visite de jour est payée 1 fr., celle de nuit 2 fr.; la consultation chez le médecin 75 centimes ; la réduction d'une fracture, une amputation, sont payées 15 fr. La délivrance d'un certificat de visite des candidats est payée 2 et 3 fr. (en France rien).

Les blessés reçoivent la totalité de leur salaire ; en cas de mort, la veuve touche de la caisse de prévoyance la moitié ou les trois quarts du salaire du mari.

Pour les chemins de l'Etat, il est dit que les hôpitaux militaires peuvent recevoir des employés blessés. Le certificat de visite des candidats est payé au médecin. Celui-ci doit soigner gratuitement les pensionnés en retraite. La vacation de revaccination est payée 1 fr. la demi-heure (en France rien).

Les charbonnages de la province de Liège n'ont pas tous des institutions d'assistance pour les ouvriers. Quelques-uns ont tout d'abord installé de semblables œuvres, mais sans y persister.

Cependant il existe, dit M. Kuborn, dans un excellent mémoire, des caisses provinciales de prévoyance destinées à pensionner définitivement ou provisoirement les ouvriers mutilés, les infirmes, les veuves, les enfants, les vieux parents, les ouvriers victimes d'un accident dans les travaux.

La caisse provinciale liégeoise met pour condition à la pension un travail minier de quinze ans et soixante ans d'âge. Après trente ans de travail, la condition de l'âge disparaît, et il n'y a aucune condition de travail ou d'âge si, par quelque cause inhérente au travail, l'ouvrier est devenu incapable de continuer.

La retenue qui avait été établie sur la paye du mineur a été abolie en 1882. C'est la caisse qui verse 4 fr. 75 % des salaires mêmes qu'elle paie, et ce qu'elle a versé de ce chef jusqu'à ce jour dépasse certainement 13 millions.

En outre de la caisse provinciale, chaque charbonnage en a une spéciale alimentée, moitié par une retenue sur les salaires (2 fr. 5 %), moitié par un versement de l'entreprise.

Un relevé de dépenses fait par M. Kuborn, en 1889, constate que dans les quatre sociétés charbonnières de Seraing, qui occupent 5,604 houilleurs, la moyenne annuelle des secours de 1880 à 1888 a été de 138,875 fr. ainsi répartis : 87,506 fr. secours en argent ; 31,755 fr. remèdes ; 11,878 fr. honoraires des médecins ; 6,946 fr. secours en nature.

Le charbonnage des six Bonniers a ajouté à ces éléments de l'assistance des magasins de vêtements et de denrées.

§ 8. — HABITATIONS OUVRIÈRES.

C'est après une enquête très sérieuse entreprise en 1886, que les Belges ont pris la résolution de légiférer sur les habitations ouvrières. Des comités de patronage constitués dans les principales circonscriptions du pays ont complété les renseignements obtenus par l'enquête.

Et naturellement on a constaté en Belgique, comme ailleurs, les inconvénients et les dangers, aux points de vue matériel et moral, résultant de l'encombrement des familles ouvrières dans des demeures trop étroites.

Pour Bruxelles, par exemple, le rapport de MM. Lagasse et de Quecker constate que les familles ouvrières, au nombre de 19,284, qui habitent cette ville peuvent être réparties de la façon suivante :

Familles occupant	1 maison	491
— —	3 chambres et plus...	1.371
— —	2 chambres	8.058
— —	1 chambre	6.978
— —	1 mansarde	2.186
— —	1 cave	200

Dans les trois dernières catégories, soit pour l'habitation d'une seule pièce, il y a 9,364 familles. Sur ce nombre 1,511 comptent plus de cinq personnes. 2,895 de ces familles ayant des garçons et des filles et 405 d'entre elles laissant coucher leurs enfants des deux sexes dans le même lit.

C'est de l'enquête de 1886, ai-je dit, qu'est sortie la loi du 9 août 1889.

La loi crée dans chaque arrondissement administratif des Comités de patronage chargés de favoriser la construction et la location d'habitations ouvrières salubres et leur vente aux ouvriers, d'étudier tout ce qui concerne la salubrité des maisons occupées par les classes laborieuses, et l'hygiène des localités où elles sont tout spécialement établies ; d'encourager le développement de l'épargne et de l'assurance, ainsi que des institutions de crédit ou de secours mutuels et de retraite. Ils ont le droit de distribuer des prix d'ordre, de propreté et d'épargne, et ils renseignent le gouvernement pour tout ce qui concerne leurs attributions, de même qu'ils donnent les avis qu'on leur demande.

La Caisse d'épargne et de retraite est autorisée à employer une partie de ses fonds disponibles en prêts faits en faveur de la construction ou de l'achat de maisons ouvrières, après avoir, au préalable, demandé l'avis du Comité de patronage.

Le rapport présenté par M. le Dr Janssens sur les habitations ouvrières du Brabant ne fait que confirmer tout ce qu'on sait sur l'hygiène des ouvriers. Pour 1 à 4 fr. par semaine, les ouvriers de Bruxelles gagnant de 1 à 4 fr. par jour, ont un logement qui, à part quelques exceptions, pêche par l'encombrement et la négligence. L'usage d'un escalier commun et de latrines banales est une cause d'immoralité et d'insalubrité.

L'hygiène des habitants des communes voisines venant travailler à Bruxelles est encore plus défectueuse. Car pour être à proximité de leur atelier, ils viennent, du lundi au samedi soir, loger dans des taudis infects, contracter des vices et des maladies. Le mieux serait donc de procurer, hors ville, des logements sains à bon marché, et d'où l'ouvrier pût se rendre à l'atelier par des moyens de transport faciles et peu coûteux.

M. Janssens cite le bon aménagement d'une cité ouvrière créée par la ville près de l'usine à gaz. Le prix de location des quartiers est de 12 à 14 fr. par mois ; tout y est propre, un fourneau économique procure des aliments à bas prix.

Le taux est de 3 % pour les sociétés de construction, et de 2,50 % pour les sociétés de crédit qui facilitent aux ouvriers la construction et l'achat des maisons. Et, par une combinaison ingénieuse, les prêts sont garantis par une assurance sur la vie des débiteurs contractée à 3 % par la caisse d'épargne et de retraite. Un dixième seulement du capital suffit pour la constitution de ces sociétés de crédit, et la caisse d'épargne et de retraite avance la moitié du capital souscrit, et, en outre, la moitié ou les trois cinquièmes de la valeur des immeubles construits.

On favorise, d'ailleurs, les ouvriers en exemptant les maisons construites pour eux de la contribution personnelle et de toute taxe provinciale ou communale analogue, à raison de la valeur locative des portes et fenêtres et du mobilier (le revenu cadastral variant suivant le chiffre de la population[1]). Pour droits de timbre et enregistrement, les ouvriers constructeurs jouissent de certaines faveurs.

Les puits sont souvent souillés par le voisinage des fosses d'aisance ou par les eaux de ménage, mais dans certaines communes de l'agglomération bruxelloise, comme à Bruxelles, on exige dans chaque impasse, habitation ouvrière, etc., l'existence d'un puits d'eau potable ou d'un robinet d'eau de la Ville, et l'on fait de son absence une cause d'insalubrité entraînant l'interdiction de l'habitation. Seulement ce sont les propriétaires qui limitent l'usage de leur eau, de crainte de gaspillage.

L'Administration bruxelloise ne tolère plus, d'ailleurs, de fosses, et elle prescrit l'établissement de lieux à fermeture hydraulique, sauf dans les impasses où elle tolère une latrine pour 25 personnes.

Comme exemple de l'influence des réformes hygièniques sur la santé, M. Janssens cite une impasse dans laquelle de petits jardinets recevaient les immondices ; une ophtalmie qui y régnait disparut avec la destruction des jardinets.

M. Janssens termine cette partie de son rapport en montrant les bons effets de la surveillance, de la rigueur des règlements, des récompenses accordées pour leur propreté à certains ménages.

Passant aux habitations des campagnes, M. Janssens y trouve aussi de l'encombrement, du mauvais pavage ; le sol est couvert de paille, d'argile, de bois ; sous le lit est le trou aux pommes de terre ; la chambre donne sur l'étable, le purin déborde aux abords de la maison ; les chemins d'ailleurs sont mal empierrés faute de ressources.

M. Janssens finit en signalant la nécessité d'une bonne règlementation, dont les effets sont cependant empêchés quand les bourgmestres se préoccupent plus de leur réélection que de la

---

[1] Malheureusement, ce ne sont pas toujours les ouvriers qui en profitent, et en 1892 la ville de Bruxelles a subi de ce chef une diminution de recettes de 140,000 fr. dont avaient profité les propriétaires et seulement 3 ouvriers, ainsi que l'a prouvé une enquête de M. de Quecker.

santé de leurs électeurs. Il faudrait donc l'intervention de l'État pour une réglementation générale mieux obéie, comme aussi pour une enquête sur la qualité des eaux des diverses communes, et une subvention à celles-ci dans le dessein de les pourvoir d'eau potable, enfin pour la distribution de prix de propreté.

Parmi les villes qui ont fait construire des maisons ouvrières, Anvers vient en première ligne. L'idée première remonte à 1849, elle n'a été exécutée qu'en 1865. Depuis, trois autres groupes ont été construits. C'est le Bureau de bienfaisance qui a fait toutes ces constructions. Les premières étaient surtout des maisons pour ouvriers ; les dernières, vu la cherté du terrain, étaient destinées à des bourgeois, et on trouvait l'avantage de ne pas séparer les indigents d'habitants plus aisés. Bien que fondées par une institution charitable, personne n'est logé gratis dans ces maisons, et le locataire en entrant doit payer 100 fr. ; mais, pour éviter l'ennui de poursuites contre les mauvais payeurs, le Bureau a traité avec une société d'assurances, laquelle se charge, moyennant un abonnement déterminé, de la rentrée des loyers. Les expulsions sont fort rares. Les maisons du Bureau de bienfaisance ont façade sur rue et ont derrière cour ou jardin. Beaucoup d'ateliers y sont installés, tailleurs, cordonniers, boulangers, bouchers, forgerons, blanchisseurs. Dans ce quartier très animé est une école gardienne propre et gaie, fréquentée par 450 enfants. Les boutiques et maisons bourgeoises sont louées 20 à 40 fr. par mois, les maisons ouvrières 4 à 6 fr. par semaine. Le revenu net de ces maisons est de 65,000 fr.

Une Société particulière a aussi fait bâtir des maisons dont les occupants peuvent devenir acquéreurs ; elle en a 211 louées à raison de 3 fr. 50 à 6 fr. par semaine.

A Liège, une société, au capital de 2 millions, à laquelle ont contribué la ville pour 550,000 fr., les hospices pour 197,000 fr., le bureau de bienfaisance pour 450,000 fr., s'est fondée pour l'amélioration des logements de la classe ouvrière.

418 maisons étaient bâties déjà en 1886, mais une crise a arrêté la construction et diminué le dividende de la société. 217

maisons étaient déjà vendues à cette époque ; elles sont payables par mensualités en 14, 15 ou 17 ans ; on a adopté le système de deux maisons contiguës coûtant 5,471 fr. chaque.

Une autre société a bâti déjà 74 maisons.

Les maisons qu'a fait bâtir le bureau de bienfaisance de Mons coûtent 2,800 fr. y compris les travaux de voirie. Le prix de ces maisons à 4 pièces, dont 2 à l'étage, est de 10 à 12 fr. par mois s'il est payé régulièrement, de 11 à 13 dans le cas contraire.

A Nivelles, le bureau de bienfaisance a construit 12 maisons coûtant 1921 fr. et que l'occupant peut acheter en ajoutant 4 fr. au loyer de 6 fr. 25 par mois. Toutes ont été payées, et le 26 octobre 1884 l'autorité communale a fait la remise solennelle aux douze chefs de famille occupant les maisons des titres qui leur confèrent la propriété de leurs habitations.

A Tournai, une société particulière a, dès 1871, fait bâtir 35 maisons ; le Bureau de bienfaisance a pris le 8ᵉ des actions, la société prélève pour sa location 5 à 6 % du capital engagé.

Une société particulière s'est créée à Bruxelles en 1868 pour bâtir des habitations ouvrières pour prêter sur hypothèque ; le bureau de bienfaisance a souscrit 1,300,000 fr. sur le capital de 5 millions. Il y a deux catégories de constructions, des groupes de 4 maisons à un ou deux ménages avec jardin, et des habitations à plusieurs appartements.

La société a déjà construit six cités : 252 pour maisons à un ménage, et 24 maisons comprenant 226 appartements d'un ménage. Les maisons isolées coûtant 4,830 et 4,950 fr., le prix de location par jour est de 0,55 à 0,73. Quant aux appartements, leur loyer revient à 0,56 et à 0,86.

Malgré les facilités données, aucun occupant n'a acheté sa maison.

Deux cités ouvrières pour 1800 habitants environ ont été construites par la société l'Immobilière bruxellois .

L'*OEuvre du travail* cherche, comme son nom l'indique, à procurer du travail aux ouvriers qu'elle accueille et secourt. Déjà elle a créé la *Bourse du travail* et le *Comptoir du travail* qui donnent de l'ouvrage aux ouvriers et aux mères de famille *et la maison du travail*, qui recueille les sans-gîte et les y fait travailler en attendant leur placement définitif. Elle cherche maintenant à créer, comme en Allemagne, «des Maisons de travail».

C'est M. de Quecker, secrétaire de M. le Bourgmestre de Bruxelles et membre très actif de plusieurs sociétés charitables, qui a été étudier sur place, en Angleterre, en Allemagne, en France, ces œuvres, pour les implanter en Belgique.

La société hospitalière, qu'il a vue fonctionner en Allemagne, a des ramifications dans tout le pays et possède 447 auberges où l'ouvrier qui voyage à la recherche d'une occupation, reçoit la nourriture et le logis, moyennant quelques heures de travail.

A ces auberges sont annexées 193 maisons de travail, où l'ouvrier est occupé soit à fendre du bois, soit à cultiver un jardin. Il n'a droit qu'à la nourriture et au logement, mais on peut lui donner un petit salaire, si au bout de quelques jours il montre de la capacité et du zèle. On tient note de son gain comme aussi des dépenses que l'on fait pour lui, et quand il quitte la maison pour aller prendre la place qu'on lui a procurée, il emporte son petit pécule et son petit trousseau.

C'est cette œuvre que M. de Quecker a réussi à créer à Bruxelles.

La Maison du travail sur le modèle de celle de Berne s'est ouverte le 9 février 1893. Les hommes recueillis se sont facilement habitués au travail, qui est interrompu par le repos, les récréations, les lectures en flamand et en français ; ils peuvent même sortir en en demandant la permission.

Tous les jeudis, ils ont une conférence roulant sur les hommes remarquables qu'a produits la classe ouvrière, sur l'abus des boissons, etc. Le dimanche est consacré au repos, et les exercices religieux sont libres. On renvoie ceux qui se sont montrés pendant trois jours réfractaires au travail.

Ils ont, entre autres travaux, à défricher et planter un terrain de la ville, ils consomment les légumes récoltés. On a placé plusieurs pensionnaires grâce à la Bourse du travail, et ils ont eu le droit, en payant un franc par jour, d'être logés et nourris une semaine à la «Maison», mais l'idéal de l'œuvre, c'est d'avoir à la disposition des pensionnaires de vastes espaces à cultiver et aussi une somme pour élever une maison nouvelle, à l'édification de laquelle travailleraient les pensionnaires.

Le *marché du travail*, qui sert à la réunion des ouvriers cherchant du travail et des patrons cherchant des ouvriers (dans la proportion de 190 à 40 à peu près), s'est ouvert à Bruxelles le 25 mai 1891 et a produit d'excellents résultats; sur 1000 ouvriers s'inscrivant, la moitié appartenait à l'agglomération bruxelloise et un douzième était étranger à la Belgique ; les 6/10 étaient des hommes mariés, il y avait 100 femmes, mariées, veuves ou filles ; 313 sur 1000 avaient été condamnés ; les professions les plus nombreuses sont les garçons de magasins, employés, journaliers ; sur 500 jeunes ouvrières de Bruxelles, 26 ont des enfants naturels; sur 500 servantes de Bruxelles, 21 ont des enfants naturels ; la proportion monte à 37 pour les servantes étrangères à la ville.

En 5 ans (1889-1893), la Bourse du travail a inscrit 6,000 femmes à gages, dont les 4/5 viennent de la campagne, les filles de Bruxelles n'étant pas faites pour cette vie de servitude; ce sont les mineures qui sont le mieux payées (40 à 50 fr.) elles boivent beaucoup; les demoiselles de magasin, vu leur nombre, sont peu payées (15 à 25 fr.), et on les force à être bien habillées, c'est-à-dire à chercher des ressources en dehors de leur état, ce qui avec l'aide des mauvaises conditions des magasins contribue à élever le chiffre de leur mortalité.

La nourriture des servantes est abondante, surtout de celles, et elles sont nombreuses, qui servent des « dames seules ».

Autrefois les maîtresses donnaient tous les semestres ou tous les ans une pièce de vêtement à leurs servantes, aujourd'hui on s'inquiète à peine de la propreté de leur linge, dont le lavage n'est pas confondu avec celui du linge de la maîtresse.

Comme coucher, le plus malsain est celui des cuisinières d'hôtel, qui couchent à côté de leur cuisine, laquelle est le plus souvent presque une cave [1].

Un détail : les maîtres, neuf fois sur dix, ne s'occupent pas des « relations» de leurs servantes; la bourgeoisie et les fonctionnaires donnent cependant de bons conseils à leurs domestiques ; à peine si quelques maîtres imposent à leurs domestiques de suivre l'office ou renseignent les parents de celles-ci sur leur conduite.

Les Bourses du travail ont fondé une « fédération belge des Bourses du travail » qui a pour but de créer entre les Bourses affiliées des relations leur facilitant le placement des personnes qui s'adressent à elles, d'étudier les questions qui se rattachent à l'organisation des bourses et d'en créer de nouvelles.

§ 9. ŒUVRES DE BIENFAISANCE ET HÔPITAUX.

Je n'ai pas visité toutes les œuvres d'assistance, tous les hôpitaux et hospices de Belgique ; mais si je n'ai pas été partout, j'ai eu sur les principales fondations des renseignements utiles et suffisants, grâce à l'obligeance des bourgmestres et des commissions charitables. En outre, dans quelques-unes des villes d'où j'ai obtenu des réponses à mes questionnaires, j'ai pu voir par moi-même d'excellentes organisations.

Je vais donc dire quelques mots concernant mes recherches directes et indirectes, en choisissant parmi les 450 établissements hospitaliers publics ou privés que possède la Belgique.

Disons, tout d'abord, qu'au point de vue de l'hygiène des hôpitaux le conseil supérieur d'hygiène a fixé à 40 mèt. carrés par lit la capacité des salles d'hôpital, la hauteur étant de 4^m,50. Les lits doivent correspondre à l'entre-fenêtres et être séparés les uns des autres de 1^m,30, la longueur du corridor longitudinal de la salle entre les deux rangees étant de 4 mètres.

La surface des croisées doit être de 3^m,9 par lit.

Tournai compte plus de 20 sociétés privées s'occupant de

---

[1] Toutes ces données résultent d'une enquête qui a été faite par M. de Quecker, secrétaire de la Bourse du travail.

secourir les pauvres et un hôpital qui peut recevoir plus de 150 malades et a des salles d'isolement. La petite ville d'Huy n'a, en fait de sociétés privées, que celle de Saint-Vincent de Paule ; elle a en outre trois hôpitaux ou hospices pouvant contenir : l'un, une centaine de malades, les deux autres, chacun 15 asilés. Spa a trois sociétés privées, dont l'une de dames, qui confectionne et distribue des vêtements, et un hospice Saint-Charles où l'on ne reçoit que les pauvres âgés de 60 ans et quelques malades au nombre de 80 environ.

A Dinant, les sociétés particulières sont les dames de la Miséricorde et la société de Saint-Vincent de Paule. L'hôpital a vingt lits, sans salle d'isolement.

A Seraing, c'est la société Cokerill qui a installé un hôpital, un orphelinat et deux écoles.

Pas d'hôpital à Braine-l'Alleud et une seule société, celle de Saint-Vincent de Paule, dont les ressources sont peu abondantes.

Verviers a, en outre du bureau de bienfaisance, des œuvres diverses : l'hospitalité de jour et de nuit, l'œuvre de la Bouchée de pain, etc. Son hôpital, récemment construit, peut contenir 200 malades ; mais il y a un hôpital spécial pour maladies contagieuses. L'hôpital a à sa tête une directrice ; l'heure de la visite des médecins est le matin de 8 à 9. Ils ne font que le service des salles, on confie aux aides le soin des consultations. Le rôle des sœurs est, d'après les règlements, de donner des soins aux malades, de leur administrer les médicaments sous la surveillance du médecin assistant, qu'elles aident, lorsqu'il pratique les opérations de petite chirurgie et les pansements dans le service de médecine et dans le service de chirurgie des femmes.

Toutes les précautions sont prises au sujet des secours de la religion, qui ne doivent être donnés qu'aux malades qui les demandent ; un aumônier cependant réside à l'hôpital. Pour le quartier des syphilitiques, il y a des infirmiers et des infirmières laïques ; on ne leur permet de recevoir que leurs parents.

Mons (25,500 âmes) a 12 établissements hospitaliers, entre autres un hôpital civil et un hôpital militaire qui, en cas d'accident,

peut recevoir tout individu pour lui donner les premiers soins.
L'hôpital a des salles d'isolement, il peut contenir 300 malades.
Le règlement est le même qu'à Verviers.

Louvain (38,000 âmes) est fourni d'établissements et de
sociétés. En outre du bureau de bienfaisance, il y a l'œuvre de
la Bouchée de pain et l'hospitalité de nuit qui procure aux passagers indigents en hiver gîte et nourriture et qui fait des distributions de soupe, de pain et charbon aux ouvriers momentanément sans ouvrage; l'œuvre de la crèche, école gardienne qui
accueille et élève les enfants jusqu'à 6 ans; la société de Saint-
Vincent-de-Paule qui distribue secours et soins médicaux à certains indigents; la société de Saint-François-Régis, qui s'occupe
de régulariser les unions illégitimes parmi les pauvres, et distribue aux nouveaux ménages des objets de literie et parfois des
secours en argent. Le seul hôpital civil de Louvain est l'hôpital
Saint-Pierre, pour 280 lits avec 6 salles d'isolement, plus une
salle d'expectation, une maternité avec 18 lits, un hospice des
orphelins et vieillards avec 115 lits, un hospice de l'infirmerie
pour vieilles femmes avec 63 lits, un hospice pour orphelines
avec 67 places, un hospice Saint-Remy de 100 lits pour aveugles
et incurables, le refuge de charité pour vieillards des deux sexes
ayant 214 lits, et enfin l'hospice des enfants trouvés et abandonnés
ayant 12 lits.

Les médecins des pauvres envoient les malades à l'hôpital,
mais ils peuvent y être envoyés en cas d'urgence par tout médecin
de la ville. Les enfants abandonnés ne sont pas tous à l'hospice
des orphelins et à celui des enfants trouvés; on en envoie aussi
à la campagne chez des nourrices. Les enfants trouvés ayant
dépassé 14 ans cessent de recevoir pension et trousseau. De
même les infirmes, et on les place chez des nourriciers. On a
choisi leur résidence dans un rayon de 20 kilomètres.

La ville de Gand (145,000 habitants) a 8 établissements de bienfaisance sans compter les nombreuses sociétés charitables et les
secours spéciaux en cas de submersion, comme aussi les boîtes
de secours, sont l'objet d'un soin particulier. L'hôpital civil a plus

de 500 lits, les hospices en contiennent tous ensemble plus de 900.

J'ai visité très en détail l'hôpital de Gand, grâce à l'obligeance de son directeur. Il est parmi les meilleurs de la Belgique, et le service médical y est confié à des praticiens très distingués. Gand est d'ailleurs le siège d'une université de l'État, comme Liège.

L'hôpital de Gand est rangé, par les auteurs de l'*Encyclopédie d'Hygiène*, dans la catégorie des constructions « linéaires simples à pavillons perpendiculaires à l'entrée, avec galerie médiane ».

Il se compose de deux grands rez-de-chaussée de dimension inégale, que sépare ladite galerie médiane ou bâtiment central.

Ce bâtiment central à rez-de-chaussée et à étage se compose d'une longue galerie parallèle à la façade, et de quatre pavillons séparés, deux par deux, par une cour, les deux médians, l'entrée et la longue galerie, entourant eux-mêmes un beau pas-perdus très spacieux et de large aspect. Dans ces galerie et pavillons sont, au rez-de-chaussée, les cuisines, laboratoires, cabinet du directeur, salles de consultation, bureaux, etc.; à l'étage, les services des sœurs, les appartements du directeur et des pharmaciens, deux longues salles de malades.

Au rez-de-chaussée, dans le pas-perdus, se trouve en face de la porte d'entrée celle de la chapelle. Ce monument avance dans l'intérieur d'une cour qui sépare les deux grands rez-de-chaussée, dont nous allons parler.

Celui de droite est un rectangle, il comprend deux séries de quatre pavillons ou salles de malades, parallèles entre elles et à la rue; une cour sépare les deux séries de pavillons, ces derniers étant aussi séparés les uns des autres par une cour plus petite. La première série de pavillons ne donne pas directement sur la rue ; un grand espace planté les en sépare, et cette disposition donne à l'hôpital un aspect riant.

Les salles ont chacune tous les services accessoires, elles sont hautes et bien éclairées. Il y a des chambres d'isolement en dehors d'elles éclairées par la cour où est la chapelle. Tout ce rez-de-chaussée de droite constitue la partie neuve (1884).

Le rez-de-chaussée de gauche ne présente, comme constructions neuves, qu'une série de quatre pavillons; au delà de cette série se trouve une très grande salle de malades de hauteur démesurée, reste de l'ancien hôpital, plus cinq autres salles, vieilles aussi, et de grandeurs diverses. C'est par delà que se trouvent les services de clinique de la Faculté de Médecine.

L'hôpital a reçu, en 1891, 5,225 malades, soit 387 de plus qu'en 1890; les décès ont été au nombre de 550, soit 10,5 % du nombre des malades traités. Une épidémie de variole et une d'influenza sont la cause de la mortalité supérieure de 1890.

Il y a à Gand un institut de sourds-muets comprenant 75 élèves ; le directeur a sous ses ordres sept professeurs de classe, un professeur d'horticulture (c'est à Gand que se trouve le grand établissement d'horticulture de Van Houtte), un professeur de coupe, un maître cordonnier et un professeur de gymnastique.

En quittant l'hôpital de Gand, j'ai visité l'orphelinat des garçons, dont le directeur M. Verstraete, ancien officier, m'a fait, avec une bonne grâce et une compétence parfaites, l'historique des orphelinats belges, et l'histoire particulière de celui de Gand ; il m'en a montré toutes les parties.

L'origine de ce genre d'établissements chez nos voisins est dans les léproseries, qui, après leur suppression, laissèrent disponibles de vastes immeubles et d'immenses ressources.

Mais jusqu'en 1864, ce qui s'appelait l'orphelinat de Gand était un établissement mal tenu par les religieux, à qui en était incombée la charge, et où l'indiscipline avait produit d'incroyables désordres.

Une réforme s'imposait. L'orphelinat fut confié en 1864 à M. Verstraete, qui y appliqua le régime suivi à l'Ecole des enfants de troupe de Belgique, où il avait rempli les fonctions de professeur.

Le premier soin du directeur fut d'établir une discipline sévère et paternelle à la fois, basée sur la séparation complète des petits d'avec les grands, l'interdiction aux pupilles de s'écarter ou de pénétrer dans les bâtiments, qui sont construits sans cours ni angles rentrants.

La section maternelle qui, sur 250 pensionnaires, en comprend 25 à 30 âgés de 3 à 8 ans, est logée dans un quartier séparé composé d'un réfectoire, d'une salle de jeux, d'une cour et d'un dortoir. Les enfants sont dirigés par une femme (une fille-mère) qui se dévoue à sa tâche avec une tendresse touchante; deux institutrices font la classe.

Une seconde section, la moyenne, renferme les enfants de 8 à 11 ans qui fréquentent les écoles primaires annexées à l'école, dans des conditions excellentes d'hygiène et reçoivent aussi des élèves du dehors (600 en tout); les enfants de cette section ont des préaux, des salles de jeux, des classes, des dortoirs séparés et ne voient les grands que dans le réfectoire, qui est commun à cette section et à la suivante, mais où ils occupent des places à part.

Enfin, la division des grands comprend les pupilles de 14 à 18 ans, qui apprennent leur métier dans les ateliers de la ville, ou continuent leurs études à l'école professionnelle, à l'école payante, à l'Athénée (Lycée) ou à l'Université (Facultés diverses). Ils ont leurs locaux absolument séparés aussi.

Des bains hebdomadaires sont donnés à tous les enfants. Ceux des deux sections supérieures, outre ces bains tièdes, prennent, l'été, deux bains froids par semaine à la rivière.

Ce n'est pas le seul moyen employé pour fortifier les élèves. Comme me le disait M. Verstraete, le fait que l'enfant est orphelin de bonne heure prouve, dans la plupart des cas, que les parents étaient déjà atteints, au moment de sa naissance, souvent même avant qu'il vînt au monde, de la maladie à laquelle eux-mêmes ont succombé.

Or, les trois quarts des ouvriers gantois — et cela m'a été confirmé par les médecins de l'hôpital — sont emportés par la phtisie. Il faut donc soumettre leurs enfants à un régime préventif pour essayer de combattre ces prédispositions héréditaires. Aussi M. Verstraete a-t-il tout fait converger vers la préservation de l'enfant de certaines habitudes vicieuses qui altéraient sa

santé, et vers la reconstitution de son corps. De là, cette surveillance incessante et rigoureuse, qui ne permet pas à l'écolier
de rester seul avec un autre, de là cette séparation en trois sections, et surtout ces exercices de gymnastique raisonnée, et ces
petites manœuvres militaires que je leur ai vu fort bien exécuter.
Ils ne jouent pas au soldat, mais ils se préparent véritablement,
et en jouant, au métier de soldat.

La santé et le moral des pupilles se sont ressentis de cette éducation. En un quart de siècle il n'y a presque pas eu d'expul-
sion pour vices caractérisés, et la mortalité n'a été que de 23
pour 1,000, soit moins de 1 par an sur 250. C'est une mortalité
quatre fois moindre que celle des enfants de la Belgique entière.

M. Verstraete est l'ennemi de l'apprentissage à l'école, qui,
d'après lui, est toujours incomplet. L'enfant, à 14 ans, entre
dans un atelier où il va travailler toute la journée, revenant à
l'heure du repas s'asseoir au réfectoire commun. De la sorte, il
se mêle aux autres et n'est pas dépaysé quand, plus tard, il est
lancé dans la vie.

L'apprenti touche chaque semaine le produit de son travail et
l'inscrit sur un livret dont on affiche le montant tous les trois
mois dans les cours de l'établissement ; on l'inscrit également
sur le bulletin trimestriel envoyé à la famille.

Car le pupille qui a encore des parents continue à entretenir
avec eux des relations ; il leur demande des conseils pour le choix
d'un métier, il reçoit leurs visites quand ils le désirent, et, s'il se
conduit bien, il peut aller plusieurs fois par mois passer la
journée chez eux.

Le tiers du salaire du pupille lui est attribué, en outre d'une
gratification dont le montant dépend de sa conduite et de son
assiduité. Responsable de ses outils, qu'il achète lui-même, il
en prend grand soin. Lorsqu'il quitte la maison, ses parents assis-
tent à la reddition de ses comptes, le conseillent sur l'achat de
son trousseau et le prennent chez eux ou l'installent dans un
logement. Le solde définitif du compte n'est donné au jeune homme
qu'à sa majorité.

M. Verstraete me faisait remarquer que la vie de cel apprenti est beaucoup moins factice que celle de l'orphelin que l'on place, comme le fait Bruxelles (qui n'a pas d'orphelinat), dans une famille; celui-ci travaille donc pour une famille qui n'est pas la sienne, et qui souvent le garde et le retient plutôt par intérêt que par affection.

Les résultats de cette direction ont été excellents. De 1864 à 1891, il est sorti de l'orphelinat 750 pupilles, parmi lésquels on compte des officiers, des professeurs, des employés d'administrations diverses, des industriels, etc.

J'ajouterai quelques mots concernant la discipline. Les pupilles obéissent aux employés, qui ne peuvent se permettre aucun mauvais traitement; tous les jours ils peuvent formuler leurs plaintes et réclamations au directeur; ils profitent, paraît-il, largement de cette faculté. Tous les dimanches, ils doivent se présenter devant lui à tour de rôle.

Les pupilles sont divisés en sections de moins en moins nombreuses, que commandent des sergents-majors, sergents et caporaux nommés au mérite et touchant une solde hebdomadaire supplémentaire. Ces chefs veillent à ce que leurs soldats fassent leur lit, se lavent bien, s'habillent avec soin ; il les servent à table et les commandent à l'exercice; mais ils n'exercent aucune autorité directe; ils agissent comme aides des employés qui, chacun dans son service, doivent toujours être présents. .

M. Verstraete est fier des résultats obtenus. On les lui rappelait le jour où l'orphelinat fêtait le 25ᵉ anniversaire de sa fondation, et où 400 anciens pupilles étaient réunis autour de leur directeur. Le président de la Commission des hospices remit à M. Verstraete un beau bronze, en lui adressant un discours dans lequel je prends ce passage :

«Ces anciens pupilles sont là pour dire si ce n'est pas dans vos bonnes leçons, dans vos sages conseils, qu'ils ont trouvé le courage et la force nécessaires pour passer sans faiblir à travers les orages de la vie, pour devenir des citoyens utiles, estimés, honorés, et honorant celui qui leur a ouvert cette voie où ils ont su conquérir l'estime et la considération publique... Ce que vous en avez fait, un mot le dit, mot aussi doux que vrai ; vous en avez fait vos enfants. »

Liège (127,000 habitants) est au nombre des villes qui comptent le plus de sociétés charitables, et les sociétés d'agrément s'occupent aussi de soulager certaines infortunes à l'aide de représentations, fêtes et souscriptions.

L'hôpital de Bavière et l'hôpital des Anglais sont, avec la Maternité, les hôpitaux civils de la ville. Ils ont des salles d'isolement. L'hôpital Saint-Julien est spécialement destiné aux varioleux, on met les vénériennes à l'hôpital des Récollets. A Liège, il y a en tout 14 établissements hospitaliers pouvant fournir 400 lits d'hôpital et 500 lits d'hospice.

Le nouvel hôpital de Liège, qui était en voie d'achèvement lorsque j'ai passé dans cette ville, est très important et, malgré le rapprochement de certains bâtiments qui le composent, et l'étroitesse de certaines cours, il ressemble aux hôpitaux les plus récents du Havre et de Vichy.

On peut lui reprocher cependant quelques défauts.

Il est construit au fond d'une vallée et dans une des parties les plus basses de la ville; le terrain a été grandement remblayé parce qu'il était encore inondable, et les matériaux organiques qu'on y a apportés comme remblais en font un sol douteux au point de vue de la salubrité.

De plus, le terrain est limité par les voies de communications qui le bordent, et il ne sera pas possible d'agrandir l'édifice lorsque la nécessité s'en fera sentir.

L'hôpital n'est fait que pour 315 malades, et il n'occupe qu'un espace de 26,500 m. c., alors que les plans primitifs n'en offraient que 22,500 soit 84 mèt. carrés par lit, ce qui est insuffisant d'après les autorités en matière d'hygiène, et d'après ce que présentent les hôpitaux récemment construits ; exemple : Saint-Denis 130 m. c., Montpellier 150, Lazaret de Moabit à Berlin 155, hôpital de Wiesbaden 163, Le Havre 200, hôpital militaire de Bourges 231, hôpital de Mons 330.

On a pu porter contre le nouvel hôpital de Liège le reproche d'avoir des pavillons à étage, mais, malgré le désavantage de ceux-ci, il n'en est pas moins vrai que ce sont encore des hôpitaux d'une salubrité suffisante. Ici cependant un critique expérimenté, M. le professeur Putzeys émet le reproche que le pavillon de chirurgie a deux étages, vu que les caves seront un véritable rez-de-chaussée.

En outre, dans les pavillons de chirurgie à partie supérieure surélevée, on a disposé au-dessous du plafond, et de chaque côté, une série de fenêtres pour la ventilation, système qui ne fonctionnant pas automatiquement sera peut-être manié par des mains inexpérimentées.

L'hôpital a des pavillons d'isolement. Le bâtiment réservé à à la désinfection est insuffisant.

Quant au chauffage à l'air chaud, on sait à combien de critiques il prête.

Anvers a deux hôpitaux, celui de Stuyvenberg, sur lequel nous nous étendrons, et celui de Sainte-Elisabeth dont nous dirons ensuite quelques mots.

L'hôpital de Stuyvenberg, inauguré le 6 octobre 1884, occupe une étendue de 4 hectares ; il comprend 36 bâtiments, dont 26 affectés aux malades et 2 aux services généraux.

Il renferme 380 lits dont 320 dans les salles communes et 60 dans les chambres dépavées (36 chambres d'isolement et 24 chambres payantes).

De chaque côté d'un hexagone allongé, il y a extérieurement au côté médian le plus long, 4 salles circulaires[1] à chaque côté d'étages qui aboutissent perpendiculairement à ce côté. C'est en tout 10 salles de 20 lits ; à ces salles communiquent par un corridor couvert de 4 mètres d'un côté (extérieur) : 1° un petit pavillon contenant deux waterclosets, deux urinoirs, trois lavabos, une tisanerie et une salle de bains ; 2° un autre pavillon plus grand à cheval sur le grand côté de l'hexagone et compre-

---

[1] Les bâtiments qui les contiennent ont donc la forme de tours rondes.

nant trois chambres d'isolement ayant de 14 à 20 mèt. de surface et 56^m,80 de capacité, plus un escalier et la place de l'ascenseur.

Chaque salle a 18 croisées, une de chaque côté d'un lit ; la surface vitrée donne 2^m,90 par lit et 22 centim. par mètre superficiel.

Le chauffage et la ventilation sont faits par l'air chaud ; le programme évaluait à 100 mèt. cubes la quantité d'air à renouveler par lit et par heure, et le maintien de la température à 17° même quand le thermomètre descend à 10° au-dessous de zéro. Les appareils sont placés dans les caves. Ce sont des chambres de chauffe en serpentin et se trouvant en communication, d'une part avec le canal d'insufflation pour ventilation, d'autre part avec des colonnes creuses pour la circulation de l'air chaud. L'air pénètre dans les salles près du plafond par des gaines annulaires en fer placées horizontalement sur les chapiteaux. L'air chaud est projeté par des machines installées dans la buanderie.

La ventilation par pulsion est produite par deux ventilateurs à hélice de 1^m,20 de diamètre faisant de 500 à 700 évolutions par minute et pouvant insuffler 64,000 mèt. cubes d'air par heure.

La ventilation est double. En hiver, l'air circule de haut en bas pour échauffer les salles et, en été, de bas en haut pour les rafraîchir ; il y a des ouvertures au bas des colonnes, et les gaines montantes ménagées dans chaque trumeau sont entaillées jusqu'aux naissances des voûtes du premier étage, pour l'extraction de l'air vicié. Dans ce dessein, il y a dans les cheminées d'évacuation, dans les combles, des serpentins chauffés par la vapeur.

Les planchers des salles sont formés par des lambourdes en bois sur voûtes en briques au rez-de-chaussée, et sur solives en fer au premier et revêtus de parquets de sapin.

A chaque étage est une trémie dans laquelle on déverse le linge sale, qui descend jusqu'au rez-de-chaussée, où on le prend pour le porter à la buanderie. Celle-ci fait le service des divers hôpitaux et hospices d'Anvers.

Pour la vapeur nécessaire à chauffer et ventiler tous les locaux, il y a trois chaudières multilobulaires inexplosibles de 80 chevaux chacune, l'une d'elles restant en réserve. En été, une seule fonctionne pour la buanderie, la ventilation, les bains, la cuisine, la pharmacie.

La cuisine contient un appareil de 6 marmites dont 3 d'une capacité de 225 litres et les 3 autres de 150 litres. Il y a également d'autres vases à chauffer ou cuire le lait, les pommes de terre, le café, les tisanes, etc.

Les côtés de l'hexagone dont nous avons parlé sont reliés par des bâtiments latéraux à destinations diverses, services généraux, salles pour enfants; ceux-ci ont, en effet, 2 salles de chirurgie et 2 de médecine, avec réfectoire et chambres d'isolement. Le jour où je visitai l'hôpital, une de ces chambres renfermait un enfant du dehors que l'on avait trachéotomisé.

Dans le rez-de-chaussée, près des cuisines, sont les baignoires, au nombre de 20, et la salle d'hydrothérapie.

J'ai parlé des ascenseurs ; ils servent à conduire les malades à l'étage, mais on en a installé un spécial pour descendre, à l'abri des regards, les morts que l'on transporte jusqu'à la descente dans des civières, dont les roues caoutchoutées ne font pas de bruit. Il y a en bas aussi des soufrières pour désinfecter les voitures qui ont conduit des contagieux ; il y a un appareil de crémation pour les linges.

La buanderie lave par jour 100 kilogr. de linge pour tous les établissements; le lavage revient à 5 centimes le kilogr.

Une mesure recommandable est la réunion trimestrielle des médecins de l'hôpital.

La morgue, vaste, bien outillée est bien organisée. Il en existe une toute spéciale réservée au culte israélite, qui y lave ses morts avec un surcroît de précautions qui date de bien avant la découverte de l'antisepsie.

Près de là est un atelier de bactériologie qui va être transformé en laboratoire spécial bien outillé.

C'est le système Pierron qui est employé comme étuve à désinfection. Elle peut donner 180°, mais on ne se sert que de 120°. Il n'y avait pas encore de système pour séparer le linge infecté du linge désinfecté ; on va l'établir.

N'oublions pas de dire que l'air impur des salles descend au niveau des serpentins chauds qui le désinfectent, puis il s'échappe par les toits.

Quand on veut désinfecter une salle, on met en bas du soufre, on l'enflamme, et on ouvre une soupape qui laisse monter les vapeurs bactéricides.

L'hôpital de Stuyvenberg a, depuis son ouverture (2 janvier 1885), reçu chaque année un nombre de malades variant de 3,100 à 5,500. La mortalité a été de 15,18 °/₀ la première année, s'est abaissée ensuite de 13 à 11 °/₀, pour remonter, en 1892, à 12,81 °/₀.

L'hôpital de Sainte-Elisabeth, plus ancien, et qui a reçu 6,400 malades en 1884, n'en reçoit plus, l'année de l'ouverture du nouvel hôpital, que 4,080, l'autre en recevant 3,109, soit en tout 7,189, chiffre supérieur, on le voit, à la population des malades antérieure à cette création. En 1892, le chiffre comparatif des entrées (en totalité 10,296) se trouve renversé, c'est le nouvel hôpital qui reçoit 5,480 malades et l'ancien 4,816 seulement.

Il faut remarquer que, lors du choléra de 1892, on a dû élever à Stuyvenberg des baraques pour soigner l'influenza, et que 243 ménages chassés de leur maison, qu'on désinfectait à raison du choléra, ont trouvé un refuge à Stuyvenberg. Comme cas de cette maladie, il y a eu 177 entrées et 113 sorties, soit 64 décès, les mesures ont été énergiques et efficaces.

La mortalité à Sainte-Elisabeth a été toujours inférieure à celle du Stuyvenberg : 9,87 contre 15,18 °/₀; 8,37 contre 11,38 ; 7,48 contre 11,21 ; 6,96 (en 1892) contre 12,81 (choléra).

En 1884 cependant, la mortalité a été à Sainte-Elisabeth de 12,47, c'est la dernière année où il n'y a qu'un seul hôpital à Anvers.

La maternité est à l'hôpital Sainte-Elisabeth. Elle est bien installée, reçoit une population annuelle de 400 à 700 (en 1892), avec une mortalité qui a été jusqu'à 2,25 en 1882, et s'est abaissée à 1,56 en 1884, à 0,55 ou 0,60 pendant les dernières années, soit 3 morts sur 600 accouchées. Il y a aussi à Sainte-Elisabeth un institut ophtalmique dans lequel, en 1892, on a fait 655 opérations et donné 18,437 consultations.

Les établissements charitables d'Anvers sont nombreux. Un hospice dit Bogaerts reçoit 110 vieillards. On place à la campagne et en ville environ 450 vieillards et plus de 200 enfants légitimes (150) et illégitimes (70). Des hospices de charité logent en moyenne 115 hommes et 280 femmes au-dessus de 60 ans. Un asile d'aliénés a 140 à 145 déments (86 hommes et 56 femmes en 1892), et 120 sont reçus dans d'autres asiles. Il y a dans des établissements privés 200 indigents malades.

Un hôpital Saint-Julien, administré par un Directeur et douze membres du conseil, donne l'hospitalité aux voyageurs pauvres, ainsi qu'aux individus momentanément sans asile, aux personnes dont s'occupent les comités de patronage et aux enfants moralement abandonnés, en attendant le placement des uns et des autres.

En 1892, il y est entré 1,444 personnes, mais 472 seulement en 1877 et 1,934 en 1888.

L'orphelinat de filles d'Anvers, inauguré le 21 août 1882, est bien distribué; il a 315 lits et abrite 250 enfants de tout âge et même une pouponnière. Les deux sexes sont reçus jusqu'à 6 ans; à cet âge, les garçons sont envoyés à l'orphelinat qui leur est spécial.

Je me rsuis endu compte de la nourriture de ces enfants. Quatre fois par semaine, on leur donne de la viande, et les autres jours la soupe leur est donnée le soir. Le mardi, jour de ma visite, elles avaient pour souper de l'eau bouillie avec du riz, du sirop et quelques cuillerées de crème de tartre jetées dans une grande chaudière. Un autre soir, elles ont un verre de bière et des tartines beurrées.

Les enfants vont aux écoles de 6 à 14 ans, puis restent à la maison, mais suivent le soir les cours d'adultes. Elles prennent des bains tous les jours, ayant une salle convenable à 16 baignoires, les petites sont baignées également tous les jours, mais dans la même baignoire, ce qui pourrait bien être évité.

Elles travaillent à la propreté de la maison, au lessivage, au repassage, apprennent la confection pour faire leurs robes et leurs manteaux et entretiennent le linge des garçons. Quand elles sortent à 19 ans, on leur donne 3 robes, 2 draps, 8 chemises, 3 paires de souliers; elles se placent comme servantes, institutrices, ou dans des magasins.

Les enfants assistés d'Anvers étaient autrefois placés chez des nourriciers ; on les en a retirés à cause des abus. Ils ont leurs établissements pour les deux sexes dans le quartier des maisons ouvrières. Celui des filles n'est pas neuf, mais il est assez convenable pour les 72 filles qui y travaillent à la couture, à la machine à tricoter, au lavage du linge de la maison et de l'établissement des garçons, au repassage. Elles suivent les cours de l'école primaire du quartier. Quant aux garçons, ils sont dans un établissement fort bien aménagé. C'est là qu'est la boulangerie, qui trois fois par semaine envoie le pain au bureau de bienfaisance. On fabriquait 1,600 pains par jour à l'époque où j'ai visité cette boulangerie, qui a un pétrin mécanique et un four à deux étages chauffé à l'eau chaude. Le boulanger chef est aidé de trois des enfants orphelins, il est logé et touche 1,200 fr.

L'hôpital de Molenbeck a été bâti en 1885. Il se compose de 8 pavillons dont 2 à un étage réservés aux contagieux, chacun de ces deux pavillons est divisé en 22 chambres à un lit.

Chaque pavillon ordinaire a 66 lits avec chambre isolée, une chambre à bain, des water-closets, une chambre pour l'infirmière. Il y a en tout 155 lits.

Les pavillons sont reliés par un passage couvert ou galerie.

L'hôpital a un jardin ; on y a placé loin la salle des morts, l'étuve, la salle d'autopsie.

Le chauffage est à circulation d'eau chaude. Le bâtiment d'entrée contient les services généraux, la salle d'admission, les chambres à bains, etc. Chaque malade reçoit à son entrée un bain, et en sortant du bain revêt le costume de la maison.

Le terrain sur lequel est bâti l'hôpital a coûté 55,000 francs, la construction 300,000 francs, soit en tout 355,000 francs, ce qui fait 2,290 francs par lit.

D'une enquête personnelle faite par Martin et Napias (*Encyclopédie d'hygiène*, tom. V), il résulte que la capacité donnée dans les hôpitaux de Belgique à chaque lit varie, pour les lits ordinaires, de 15 (Ninove) à 125 Tournai, les moyennes étant 30 à 35 (Shaerbeck, Braune-le-Comte) 40 à 50 (Saint-Jean-de-Bruxelles, Courtrai, Ypres, Enghien, Dinant, Namur, Ostende) et pour les lits de contagieux de 23 (Huy), (130) Tournai, les moyennes étant de 30 à 40 (Malines, Verviers) de 60 à 75 (Molenbeck, Louvain).

Il n'y a guère d'hôpitaux réservés aux maladies contagieuses (Huy, Verviers). A Bruges, il y a un hôpital démontable de 20 lits.

Dans certaines communes de la Flandre occidentale et du Brabant, il y a aussi des hôpitaux en fer que l'on transporte dans les communes où éclate une épidémie.

Parmi les hôpitaux qui ont des étuves, nous citerons ceux de Malines, Ypres, Bruges, Louvain et Mons, qui ont un système à air chaud, celui de Laeken, qui possède une étuve à gaz ; ceux de Bruxelles et d'Ostende, qui ont une étuve du système Léoni ; à Schœrbeck, c'est le système Degraef.

En vertu de la loi du 18 juin 1850, modifiée par la loi du 28 décembre 1873, il faut, pour qu'une personne soit admise dans un asile d'aliénés, que la demande soit faite par une personne parente de l'individu ou en relation avec lui. Tous les détails d'état civil sont indiqués. Deux médecins délivrent le certificat et font les constatations nécessaires.

Le Bourgmestre envoie l'individu dans un hôpital où le fou présumé est mis en observation. Il prend un arrêté à cet effet et en prévient dans les trois jours le procureur du roi ou le juge de paix (avec copie du rapport médical), le conseil des hospices, le directeur de l'hôpital et le Ministre de la justice.

Si après observation l'individu est reconnu fou, le Bourgmestre ordonne son transfert à un hospice ; les frais en sont supportés par la famille, et avis en est donné au procureur du roi, au conseil des hospices et au directeur de l'hôpital provisoire.

Si l'individu n'est pas reconnu aliéné, le Bourgmestre prévient le directeur de cet hôpital qu'il n'y a pas lieu quant à présent d'ordonner la claustration de l'individu, et il l'invite à le mettre en liberté.

On n'envoie l'aliéné d'office à un asile que s'il est un danger pour la sécurité publique (loi communale du 30 mars 1836, art. 95).

Les frais auxquels donne lieu l'aliéné sont à la charge de la famille, ou, si elle est indigente, de la commune de secours du fou.

Le dépôt des aliénés, à Bruxelles, est l'hôpital Saint-Jean; si l'aliéné est étranger à la ville, on l'envoie à sa commune; s'il est de Bruxelles, il est envoyé à Gheel, dont l'organisation est trop connue pour qu'on en parle ici.

Il y a en Belgique 40 asiles, dont les 2/3 sont privés[1]. L'Etat possède quatre des établissements publics : asiles de Froidmond et Mons, colonies de Gheel et de Liernenx.

---

[1] Ces établissements donnent lieu à de fréquentes plaintes dans la presse et dans les administrations publiques. M. Dentin, député permanent du Brabant, a visité récemment un de ces asiles privés comprenant plus de 500 aliénés indigents, et où il n'existait de lits que pour 430 personnes !

II. — Hygiène publique.

§ 1. — Organisation.

L'article 3 du titre XI de la loi française du 16-24 avril 1790, loi qui est encore en vigueur en Belgique, et l'article 131 (n° 11) de la loi communale du 30 mars 1806, font de la salubrité publique une des attributions les plus importantes de l'autorité communale de ce pays.

Nous montrerons comment ces lois parvinrent à leur but, en indiquant l'organisation sanitaire de quelques villes belges et les résultats de cette organisation.

Mais malgré le degré de décentralisation auquel sont arrivés les Belges, si jaloux de leurs franchises communales, et bien que les bourgmestres aient le pouvoir de prendre les mesures de police et les mesures d'hygiène pour le maintien de la salubrité, la direction générale de la santé publique est dans les mains du pouvoir central, et, sous bien des rapports, tout se passe dans ce pays comme dans le nôtre.

Le Ministre de l'Agriculture, de l'Industrie et des Travaux publics, chef de ce grand service, délègue ses pouvoirs à un inspecteur du service de santé civil, et il a, à côté de lui, pour donner des avis, un conseil supérieur d'hygiène institué par un arrêté royal du 15 mars 1849, modifié le 30 décembre 1884, analogue à notre Comité consultatif d'hygiène et composé de 21 membres, parmi lesquels il y a au moins 5 médecins, 1 vétérinaire, 1 pharmacien, 1 ingénieur, 1 architecte, 5 fonctionnaires publics.

Certaines questions sont aussi étudiées et discutées au grand jour par l'Académie royale de médecine, créée en septembre 1841, dont les statuts ont été revisés les 23 février 1857 et 7

avril 1881 et qui, sous le rapport de la thérapeutique et de l'hygiène, vient en aide au gouvernement, soit par des réponses à ses
questions, soit par des études spontanément entreprises, grâce à
l'activité et au savoir de ses membres.

Dans chaque province, un décret du 12 décembre 1848 a créé,
sur le modèle de nos conseils d'hygiène et de salubrité départementaux ou d'arrondissement, des commissions médicales provinciales.

Leur but multiple est d'examiner les titres médicaux des
praticiens, de délivrer, comme autrefois nos jurys d'examen
départementaux, des diplômes pour chirurgien de ville, de
campagne et de navire, accoucheur, sage-femme, droguiste,
herboriste, dentiste, de veiller à l'exercice de ces diverses professions, de surveiller la santé publique, de parer au danger des
maladies épidémiques et épizootiques, d'inspecter les pharmacies
de la province, d'inspecter également les abattoirs, les garnis,
les manufactures, les dépôts de matières dangereuses ou insalu·
bres, de propager la vaccination, de dresser des statistiques démo·
graphiques, etc.

Les commissions provinciales comprennent au moins 5 médecins, 2 pharmaciens, 1 vétérinaire.

L'article premier de l'arrêté royal du 31 mars 1880, qui les
reconstitue, leur adjoint, en tant qu'elles agissent comme comités
provinciaux de salubrité publique, un ingénieur et un architecte.

En cas d'apparition dans la province de maladies transmissibles ou pouvant devenir épidémiques ou épizootiques, le président de la commission médicale provinciale, aussitôt qu'il en est
informé, se transporte sur les lieux ou délègue un membre de la
commission pour examiner la nature de la maladie, et pour se
concerter avec les administrations locales sur les mesures à
prendre (art. 23).

Le président est tenu de rendre compte, sans délai, au gouvor·
neur et celui-ci au ministre, du diagnostic de la maladie et des
mesures proposées et adoptées pour en arrêter les progrès. S'il
juge que la maladie est de nature à pouvoir aisément se propager

au delà des limites de la province, il doit avertir sur-le-champ les présidents des commissions médicales des provinces limitrophes (art. 24).

Dans chaque ville importante, la loi a régularisé ce qui avait été institué dans quelques villes telles qu'Ostende et Nieuport (arrêtés du 22 avril 1848). Elle a créé des commissions sanitaires locales, ou plutôt elle autorise leur organisation par les soins des administrations municipales dans toutes les communes où se trouvent établis soit au moins trois médecins, soit au moins deux médecins et un pharmacien ; on y peut faire entrer d'autres personnes compétentes en matière d'hygiène publique (art. 35).

Ces commissions font l'office de comités locaux de salubrité.

Dans les villes où elles n'existent pas, le gouvernement nomme des membres correspondants de la commission médicale provinciale.

L'arrêté royal du 28 février 1889 institue deux sortes de correspondants, les premiers choisis parmi les médecins, les pharmaciens, désignés sous le nom de membres correspondants de la commission médicale provinciale, les seconds parmi les personnes reconnues aptes à donner des renseignements sur les faits concernant la salubrité, et désignés sous le nom de membres correspondants du comité provincial de salubrité publique.

Les uns et les autres sont tenus d'avertir le Président et la commission de tous les faits intéressant l'hygiène et la salubrité, et, notamment, de cas de maladies transmissibles ou pouvant devenir épidémiques.

C'est aussi le rôle des commissions médicales locales, et c'est avec eux ou avec celles-ci que se concerte le président pour mesures à prendre ou à soumettre au bourgmestre.

§ 2. — MESURES EN CAS DE MALADIES ÉPIDÉMIQUES.

Quant à l'organisation des mesures en cas de maladies épidémiques, elle a été réglée conformément aux conclusions d'un rapport de M. le Dr Janssens, le savant et zélé inspecteur en chef de santé de la ville de Bruxelles.

Le ministère de l'Agriculture, de l'Industrie et des Travaux publics publia le 30 avril 1890, à la suite de ce rapport, une circulaire commentant l'arrêté royal du 1er mars 1888.

C'est au chef de famille, au directeur d'établissement, à l'hôtelier, au logeur et, à défaut de ceux-ci, au médecin traitant, qu'incombe le devoir d'avertir le bourgmestre de l'apparition dûment caractérisée de toute affection aiguë transmissible.

Cette information explicitement prescrite aux personnes de par l'article 41 de l'arrêté royal du 4 mars 1818 et rappelée par l'article 23 de l'arrêté royal du 31 mars 1885, est considérée en réalité comme facultative par la grande majorité des médecins belges. Le Dr Janssens voudrait qu'elle fût l'objet d'une sanction analogue à celle qui oblige le médecin à déclarer une naissance.

Sitôt la déclaration de maladie faite, le bourgmestre prescrit une enquête sur les conditions d'insalubrité du logement et les moyens d'y remédier.

On pratique l'isolement du malade ou son transfert à l'hôpital ou dans des baraques spéciales. Le transport des malades atteints de cette sorte d'affections est interdit aux voitures ordinaires, et quand on est forcé de les employer on les désinfecte; mais, autant que possible, les communes doivent installer des voitures spéciales qu'on soumet également à la désinfection après chaque transport.

Il est ordonné de renvoyer chez lui l'enfant d'une école atteint d'une maladie zymotique et de refuser d'admettre à l'école des enfants habitant un logement contaminé par la présence d'un malade contagieux, et enfin, si les cas se multiplient, de fermer l'école.

On doit procéder à l'inhumation aussi prompte que possible des individus ayant succombé à une maladie zymotique et, à la rigueur, on doit supprimer les cérémonies religieuses.

Quant au domicile occupé par le défunt et aux objets qui lui ont servi, on les soumet à une désinfection locale, à l'incinération ou on les transfère à une étuve.

Pour les campagnes, on doit se servir d'étuves mobiles que l'on conduit à la commune infectée.

Dans les cas où la chambre qu'il y a lieu de désinfecter constitue l'unique logement d'une famille, celle-ci doit être hébergée aux frais de la commune dans un local approprié, pendant un jour ou deux.

La circulaire énumère tous les désinfectants employés pour les linges et les déjections; le sublimé ne figure pas sur cette liste; l'Académie royale de Belgique ayant donné pour motif le danger qu'il y a de mettre cette substance entre les mains des employés subalternes des administrations communales; sans doute ce danger ne sera-t-il plus pris en considération le jour où, grâce aux conférences que vont faire sur la désinfection des médecins délégués par le ministère, on aura formé dans chaque commune des agents instruits. MM. Janssens, Putzeys, professeur d'hygiène à l'Université de Liége, figurent parmi les médecins chargés de cette vulgarisation.

Une indemnité doit être accordée aux propriétaires des objets détruits.

Comme les causes multiples qui préparent le terrain à l'invasion des maladies zymotiques et en favorisent la propagation doivent être combattues, on engage les administrations communales à veiller à la propreté du sol, à la pureté des eaux, à l'encombrement des logements, à l'enlèvement des boues, fumiers et immondices, à surveiller les marchés et les produits alimentaires, les garnis (logements), les vacheries, les établissements insalubres, les water-closets publics, les fosses d'aisance, les égouts, etc.

La circulaire aborde ensuite les précautions à prendre pour chaque maladie zymotique; elle spécifie pour la variole la propagation de la vaccine. La revaccination, à l'âge de 10 ans, des enfants des écoles est ordonnée.

En ce qui concerne les ophtalmies des nouveau-nés, on recommande aux médecins de l'état civil qui les visitent avant le quatrième jour, d'examiner les yeux des enfants et de les faire soigner sans retard en cas d'ophtalmie purulente.

Une circulaire, en date du 9 mars 1892, a d'ailleurs prescrit les mesures suivantes concernant les ophtalmies : enquête sur l'importance et le nombre des cas, isolement des malades et surtout de ceux de la classe nécessiteuse dans des cliniques spéciales qu'il faudra construire, s'il n'en existe pas; visite minutieuse des garnis, orphelinats, écoles, pour se renseigner sur les maladies des yeux y existant, et sur les conditions d'hygiène des locaux.

On doit avoir en vue, dit la circulaire, l'amélioration des demeures pauvres, la construction de maisons ouvrières et la création d'asiles destinés aux inflammations des yeux.

Les instructions tracées par le Dr Janssens, et dont beaucoup ont été visées par la circulaire du 30 avril 1890 que j'ai analysée plus haut, ont été refaites à propos du choléra.

Elles s'adressent aux administrations (entretien des voies publiques et égouts) ou aux particuliers (entretien des égouts, des fosses, des coupe-air hydrauliques à installer et à pourvoir d'eau).

Elles parlent des mesures à prendre dans les endroits publics, de l'interdiction des foires, kermesses, pèlerinages.

Elles donnent des conseils aux particuliers pour l'entretien de la maison et pour le régime individuel, pour l'appel du médecin en cas de la moindre indisposition, pour les précautions à prendre par les personnes qui gardent les malades, pour la désinfection des locaux, vêtements, linges, déjections, etc.

Ces conseils, ainsi que d'autres précautions indiquées pour la période épidémique sont analogues à ceux rédigés par le Comité consultatif d'hygiène de France.

Ces conseils ont été suivis à l'occasion des diverses épidémies dans les villes qui ont été atteintes.

Quant à la déclaration des maladies zymotiques, elle subit les fluctuations de la volonté des administrations et de la résistance des médecins.

Appliquée de temps immémorial à Alost (2,000 hab.), depuis longtemps à Seraing et à Huy, depuis quatre ou cinq ans à Verviers, elle n'est prescrite ni à Gand, ni à Dinant.

C'est le secret professionnel qui empêche les médecins de Liège et de Louvain de faire cette déclaration.

A Bruxelles depuis longtemps, à Spa, à Tournai les médecins y sont invités, mais les déclarations sont peu pratiquées.

Il faut ajouter que, dans la plupart des villes, cette déclaration est obligatoire pour les médecins des bureaux de bienfaisance, médecins et directeurs d'hôpitaux, et qu'en tous cas, comme je l'ai dit plus haut, la Commission médicale locale, ou le correspondant de la Commission médicale provinciale tiennent au courant le Président de cette Commission.

Les mesures de désinfection sont prises avec beaucoup de soin dans plusieurs villes, Anvers, Alost, Bruxelles, Brainne-le-Comte, Dinant, Gand, Huy, Liège, Louvain, Seraing, Spa, Tournai, Verviers, Mons, où un règlement d'hygiène très bien conçu a été récemment rédigé.

Gand a une organisation plus complète : un bureau d'hygiène, 2 lazarets en bois de 20 lits, 4 postes sanitaires pour les familles pendant qu'on désinfecte leur demeure.

Plusieurs de ces villes ont des étuves Geneste. Spa va acheter un appareil de Reck ; il y a un projet d'achat à Verviers.

Des voitures spéciales sont employées à Gand, Tournai, Schœrbeck, Ixelles, Malines, Louvain, Bruges, Malenbeck, Saint-Gilles, etc.

Bien qu'il ne s'agisse plus de maladies existantes, mais de leurs causes possibles, je peux citer, après ce que l'on vient de lire, un arrêté du 1er février 1891 prescrivant l'assèchement et le nettoyage des communes ravagées par une inondation et en plus l'aération des maisons.

On prescrit d'enlever les planchers mouillés, de mettre sur le

sol, avant de les replacer, une couche de charbon de bois con-
cassé, de sable ou de poussière de coke ; de gratter les murs, de
les badigeonner au lait de chaux ; les puits doivent être vidés,
puis on y fera descendre une couche de charbon de bois sec.

Si les eaux potables ont été atteintes par les eaux d'inondation,
on les filtrera, on les soumettra à l'ébullition ; on désinfectera
par l'alun les eaux destinées au bétail.

§. 3. — Travaux des commissions médicales provinciales
(1891-1892).

Le rapport présenté par M. Kuborn à l'Académie de Médecine
sur les travaux des Commissions médicales provinciales, en 1891,
peut montrer la situation de la Belgique au point de vue hygiènique et en même temps indiquer quelles sont les réformes désirables.

L'hygiène de certains locaux, surtout dans les campagnes, est
déplorable et elle n'est pas surveillée, pas plus que la production
du lait, l'écoulement des eaux et matières fécales, le forage des
puits. Les Comités de salubrité sont sans initiative ; ils ne peuvent se réunir que sur la convocation du bourgmestre, les correspondants des Commissions médicales provinciales ne corres-
pondent que lorsqu'il s'agit de leur intérêt ; de plus, la loi ne
rendant l'institution des Commissions locales obligatoires que
pour les villes, il en manque dans des agglomérations industrielles de 30,000 et 40,000 habitants.

Faute de vérification exacte des décès, on voit les enfants illégitimes, les vieillards à la charge de leur famille, succomber en
grand nombre ; on voit des villes mettre en adjudication les
soins médicaux et la fourniture des remèdes, des sages-femmes
payées 4 fr. pour des accouchements même laborieux, suivis de
6 à 8 visites.

Les denrées sont souvent mal surveillées et surtout la bière.

L'enfouissement des bêtes malades n'est pas toujours fait avec
tout le soin et toute l'efficacité désirables.

M. Kuborn envisage dans son rapport les remèdes à apporter à cette situation, et il s'aide, pour cela, des vœux et des décisions des Commissions médicales provinciales.

Une première mesure serait la déclaration obligatoire des cas de maladies contagieuses ; et il demande qu'une répression sévère punisse le défaut de déclaration qui aujourd'hui s'abrite, au préjudice de la santé publique, sous le secret professionnel qui n'a rien à y voir. Il serait bon aussi d'établir, entre la France et la Belgique, un système d'information internationale, comme il en existe entre la Belgique et la Hollande, l'Allemagne et le duché de Bade ; dans l'intérieur du pays, cette information doit exister (comme à Bruxelles), entre les bourgmestres des communes voisines.

L'enseignement de l'hygiène doit être donné aux enfants des écoles ; et puisque les conférences sur l'antisepsie sont faites avec succès aux sages-femmes dans cinq ou six provinces, il faut en créer partout.

L'Etat doit prendre en main la santé publique que les communes négligent ; il doit subventionner les villes pour leur alimentation hydraulique, pour l'organisation de l'analyse permanente des eaux, et aussi celle des denrées prescrite par la loi de 1891, il fait arriver à la répression de l'ivresse par le monopole de l'alcool. L'Etat doit aussi créer la vérification et la notification des décès, édicter des règlements généraux concernant la construction des maisons et leur surveillance, s'occuper de la création de petits hôpitaux avec salles d'isolement dans chaque commune qu'il a conseillée mais qu'on néglige. De même pour la désinfection et l'établissement d'étuves fixes ou mobiles. Il y aurait lieu d'étendre à toutes les provinces l'obligation de la vaccination établie par un règlement du conseil provincial du Hainaut que le gouvernement a ratifié.

Il y aurait lieu aussi à l'installation, par grandes communes ou par groupes de communes moins importantes, de ces usines qui fonctionnent à Anvers d'une part, dans les communes d'Ixelles et de Josse réunies d'autre part, pour transformer en un engrais pulvérulent et inodore, et en graisses industrielles, les corps des animaux morts de maladies contagieuses.

L'inspection médicale des écoles, qui n'existe que dans quelques villes, est réclamée pour toutes, et on demande que l'Etat réglemente la matière.

Enfin, là où l'on ne peut établir des bureaux d'hygiène urbains, M. Kuborn pense qu'il faudrait créer un poste d'inspecteur investi du droit de dresser procès-verbal des contraventions qu'il constaterait, ainsi que cela se pratique à Ixelles près Bruxelles.

Ajoutons que, dans son rapport sur l'organisation de l'enseignement de l'hygiène en Belgique, M. le Dr Kuborn a présenté au Congrès d'hygiène de Vienne (1887) une critique très fondée.

Ni dans les écoles primaires, ni dans certaines écoles moyennes, ni dans les séminaires, ni à l'école polytechnique de Bruxelles, ni dans les écoles vétérinaires, on n'enseigne l'hygiène. Cette absence est surtout regrettable pour l'école du génie civil à Gand et des mines, arts et manufactures à Liège, qui sont établissements d'Etat. M. Kuborn s'étonne à bon droit que les ingénieurs sortant de ces écoles, avec la mission de veiller à la sécurité des ateliers et des usines, n'y reçoivent aucune des notions qui leur seraient utiles et indispensables pour l'exercice de cette surveillance.

Dans le rapport sur les travaux des commissions médicales provinciales présenté au conseil supérieur d'hygiène pour 1892 par M. le professeur Putzeys, de Liège, les desiderata de l'hygiène en Belgique sont aussi visés et, pour ainsi dire, renforcés par la compétence de l'auteur.

M. Putzeys fait remarquer lui aussi que les commissions locales ne sont presque jamais réunies (5 sur 32 dans la province de Liège) et que les correspondants des commissions provinciales ne sont pas toujours avertis des épidémies qui éclatent autour d'eux. La faute en est, nous le répétons, aux préoccupations électorales des bourgmestres, et à la crainte des populations d'être troublées dans leur indifférente quiétude.

Une enquête prescrite par le gouvernement sur les différentes étuves a fourni à M. le professeur Van Emergen, de Gand, l'occasion de prôner les avantages des étuves à saturation à 100° (Henneberg, Reck, Van Overbeck de Meyer) et le rapporteur, M. Putzeys, ajoute que ces étuves n'ont pas une lenteur de fonctionnement si grande qu'on l'a dit (étuves de Geneste et Hersscher à vapeur sous pression 40 minutes, les autres à vapeur saturée à 100° 45 minutes).

M. Van Emergen insiste dans son rapport sur la nécessité de former surtout des agents de désinfection bien entraînés.

Les rapports de 1892 des commissions provinciales insistent sur l'opportunité de la vaccination obligatoire, qui déjà, ainsi que je l'ai dit, a été établie par les provinces de Luxembourg (1863) et du Hainaut (1891).

Le rapport de Liège signale la négligence et la culpabilité des filles mères qui se traduit par une mortalité des enfants naturels supérieure à celle des enfants légitimes. En effet, de 1881 à 1881 et de 1886 à 1893, la mortalité de ceux-ci a été de 17 % et de 13 % tandis que celle des enfants illégitimes a été dans ces deux périodes de 40 % et de 43 %.

Le rapport de 1892 constate que les comités de patronage pour les maisons ouvrières dont je parle à la première partie «Assistance publique» n'ont pas toute facilité pour fonctionner. Les habitants ne se soumettent pas sans peine à l'inspection de leurs maisons.

Les Commissions insistent sur la nécessité d'éloigner les détritus de l'enceinte des villes et d'avoir recours, comme à Bruxelles, à leur incinération.

Elles trouvent à la fièvre typhoïde d'autres origines que l'usage d'une eau coulant au voisinage d'infiltrations organiques : saleté des individus, contagion, délabrement de maisons, mauvaise hygiène. Elles ont demandé cependant l'interdiction de nombre de puits. Elles rapportent des observations d'origine aviaire de la diphtérie.

§ 4. — La Société de Médecine publique.

Pour favoriser l'établissement d'une statistique démographique, dont on s'occupait peu, malgré les circulaires ministérielles (1850, 1866, etc.) il se fonda le 20 octobre 1877, sous l'impulsion de MM. Feignaux, Janssens, Laussedat, Kuborn, Vleminck, une Société de Médecine publique dont le but est : 1° de déterminer les causes de la mortalité et, en général, les circonstances qui influent sur la santé publique ; 2° de dresser la topographie médicale du royaume ; 3° d'éclairer et d'aider les pouvoirs publics par des études et des recherches spéciales ; 4° de discuter, chaque année, en assises publiques, des questions ressortissant à l'œuvre.

Chaque membre est tenu d'envoyer au bureau central de la Société des renseignements de deux sortes.

La première statistique concerne tout ce qui a rapport à l'âge du décédé, aux causes de la mort, à la profession, etc., ainsi qu'à l'état de l'habitation, à sa situation, à la nature des eaux potables.

On verra plus tard que ce qui est demandé par la loi belge est pratiqué avec un grand luxe, et une grande précision de détails par le bureau d'hygiène de Bruxelles. Cette sorte de statistique est demandée aux membres médecins.

La seconde statistique est fournie principalement par les membres appartenant à l'ordre administratif ou judiciaire. Elle consiste en des renseignements relatifs à la mortalité, à la nuptialité, à la densité de la population, au mouvement des écoles, des asiles, hôpitaux, prisons, au recrutement, etc. Chaque membre paye une cotisation d'ailleurs minime (6 fr.) et s'engage, sous peine de radiation, à contribuer activement au fonctionnement de cette Société, laquelle est en relations suivies avec l'Administration.

La Belgique est divisée en douze zones dans lesquelles les membres de la Société appartenant à la zone recueillent les données dont nous avons parlé ; celles-ci sont mises en ordre par le service administratif de la Société, et confiées pour chaque zone à un rapporteur qui en fait un résumé raisonné ; le résumé est publié dans le Bulletin trimestriel de la Société qui présente ainsi fidèlement l'état sanitaire du pays.

Ces bulletins donnent aussi les comptes rendus des séances des assemblées des zones, ceux des assemblées générales dans lesquelles, à l'exemple de la Société de Médecine publique, de la Société française d'hygiène, et de l'Association française pour l'avancement des sciences, sont discutées des questions intéressant l'hygiène publique.

L'autorité y puise souvent les éléments de projets de loi importants qui sont ainsi bien préparés et étudiés.

Les enquêtes faites chaque mois et publiées par le Bulletin de la Société portent à la connaissance de tous ses membres, et des pouvoirs publics, les défectuosités de l'hygiène dans chaque province et en même temps proposent des remèdes.

Par elles, on apprend qu'à Gand les bateaux portant les immondices stationnent devant la Maternité, qu'il existe dans cette ville plus de 700 cours ou cités malsaines ; on suit à Malines pas à pas l'amélioration du cours de la Dyle, cette rivière dont les inondations sont parfois si préjudiciables à la salubrité de la ville archiépiscopale ; à Bruges, pour éviter l'extension du choléra, on a interdit aux habitants de trois enclos, dans lesquels ont éclaté des cas, de quitter leurs demeures, et on leur a prodigué tous les soins possibles.

D'intéressantes recherches sur l'origine aviaire et canine de la diphtérie sont publiées dans ces bulletins avec preuves à l'appui ; on y trouve le parallélisme des épidémies de diphtérie et de fièvre typhoïde dues aux souillures du sol pour la seconde, à celle du sous-sol pour la première. On y lit un excellent rapport sur l'hygiène de la batellerie fluviale aussi intéressante que celle des maisons dans ce pays de canaux, ou bien encore un travail sur des cas de trichinose à Herstal ; on a commencé à y publier l'analyse des eaux de toutes les villes de Belgique.

On y gourmande, en les signalant, les villes qui ne prennent pas de précautions contre la variole, ou suppriment, comme Gand, les subsides donnés aux parents qui font vacciner leurs enfants ;

on critique telle ville où les enfants sont vaccinés par leurs mères ou les sages-femmes, aussi incapables les unes que les autres de savoir si l'inoculation a réussi ; on mentionne toutes les villes dont les cours d'eau, sont souillés soit par les détritus de la fabrication du sucre de betteraves comme à Velm, soit par l'incurie des habitants.

On signale des villes, comme Saint-Trond, où 200 maisons manquent de latrines, où le fumier ramassé dans les rues est entassé devant les maisons; on montre à Gand le bureau d'hygiène impuissant en face de l'inertie, ou d'une hostilité qui a sa source dans des dissentiments politiques.

On montre aussi à Anvers, le choléra renaissant dans les mêmes docks et canaux que l'an dernier.

On signale la coïncidence des épidémies de variole avec le maniement des chiffons, avec l'installation non surveillée des foires, etc.

Depuis quelques années, la Société publie, en outre, des *Tablettes mensuelles* qui la renseignent sur l'état sanitaire de chacun des 208 cantons de la Belgique.

«Il ne s'agit plus, dit M. Kuborn, des causes de mortalité, mais des maladies aiguës régnantes, saisonnières, épidémiques, contagieuses. Ces Tablettes avertissent les administrations publiques, les comités de salubrité, les médecins, les familles, des affections qui viennent de naître dans leur voisinage».

Tous ces documents arriveront à permettre à la Société de rédiger la topographie médicale de la Belgique dont un arrêté royal du 20 juillet 1889 l'a chargée.

La Société a élaboré un programme de recherches et établi dans chaque zone un Comité spécial, qui a lui-même divisé la zone en circonscriptions.

La Société est administrée par un Comité central comprenant un président (M. Kuborn), un secrétaire général, un trésorier, deux médecins rapporteurs, douze présidents et douze secrétaires des zones ou cercles provinciaux.

Elle a plus de cinq cents correspondants médecins, et cent vingt correspondants météorologistes.

§ 5. — Enlèvement des détritus, Balayage, Égouts.

Pour se débarrasser des matières usées, les villes belges emploient des procédés différents. Nous aurons l'occasion de dire un mot des égouts de Bruxelles.

Liège en possède dans sa partie urbaine, et elle pratique là le tout à l'égout ; mais la portion rurale, qui en est dépourvue, possède, en guise de fosses, des baquets mòbiles dans lesquels on met de la cendre ou toute autre matière pulvérulente, et on vide leur contenu aux tombereaux qui passent dans les rues.

Spa a une rivière qui sert d'égout, mais elle a bien peu d'eau en été. On espère installer bientôt le système du tout à l'égout qui fera disparaître les fosses fixes et mobiles. Cet assainissement s'impose à une station thermale si fréquentée et qui, du reste, a sur son territoire tant de sources si riches.

A Louvain, l'emploi des fosses fixes est assez général, et peu d'entre elles sont étanches. On tolère, nous disent nos renseignements, que le trop-plein des water-closets aille à l'égout. A Mons aussi, il y a des fosses fixes bien tenues ainsi qu'à Tournai.

A Anvers, où les fosses sont bien cimentées, il y a une réglementation pour leur vidange, qui se fait rapidement, et même de jour, par le système Talard.

Les matières fécales sont envoyées par bateaux ou wagons dans les régions agricoles des provinces voisines et de la province même.

L'utilisation de l'engrais humain n'est pas aussi générale qu'on pourrait le croire (Dinant, Mons, Brainne-le-Comte, Seraing, etc.) et la désinfection de l'engrais transporté hors ville n'est pas toujours pratiquée (Gand, Huy, Spa, Tournai, Verviers, etc.).

L'évacuation des balayures et ordures ménagères se fait d'une façon variable suivant les villes.

Si, à Anvers, le balayage matinal se pratique par de grandes escouades, dont font partie des pauvres à qui ce travail sert de secours charitable, si dans cette même ville, comme à Bruxelles, un balayage supplémentaire est fait dans la journée par des ouvriers spéciaux et dans certains quartiers, dont on assainit ainsi quotidiennement les canaux souterrains, dans d'autres villes, le balayage n'a lieu que deux ou trois fois par semaine, soit par les soins des riverains des rues, soit par les soins de la ville, et les ordures gardées dans les maisons peuvent avoir de graves inconvénients pour la santé des habitants.

Quelque soin que l'on ait de la tenue de la maison, dans ce pays qui est renommé pour ses habitudes de propreté, on n'y veille pas assez à débarrasser l'habitation de tous les résidus; il faudrait, en ces matières, une réglementation uniforme et d'une grande sévérité.

Dans leur rapport sur les égouts présenté à la Société royale de Médecine publique de Belgique, MM. Devaux et le professeur Putzeys ont éliminé des rivières susceptibles d'être les déversoirs du tout à l'égout, les fleuves placés trop près de la mer, comme l'Escaut à Anvers, les rivières comme la Meuse dans lesquelles les barrages réduisent l'énergie du courant, ou comme la Vesdre, dans lesquelles il y a très peu d'eau à certaines époques de l'année, ou bien encore comme le Wayai, à Spa, qui reçoit le sewage en pleine traversée de la ville.

Les savants rapporteurs repoussent le déversement direct à la mer (Havre, Toulon, Marseille) à cause du rapport sur le rivage des sulfures produits par le contact de l'eau de mer avec les sulfates de soude et de magnésie contenus dans les eaux d'égout; ils blâment le déversement direct que l'on veut faire dans la jolie station maritime de Blackenberghe, déjà infectée par les émanations de son port. Aussi les rapporteurs ont-ils conseillé le tout à l'égout pour la partie de cette ville bâtie sur la jetée seulement, la suppression des puisards, le maintien des fossés dans le reste de la ville avec écoulement dans un égout des eaux pluviales et ménagères.

MM. Devaux et Putzeys passent en revue les égouts des principales villes belges. J'étudierai à part ceux de Bruxelles.

Ils signalent le mauvais état des égouts de Liége jusqu'à ces dernières années.

Pour éviter les inconvénients résultant de cette situation, on a fait un égout collecteur latéral de la Meuse, qui, bâti sans pente, s'engorge souvent ; de plus la Meuse, à cause des barrages, a un cours lent, son niveau s'élève et bouche les orifices des égouts. On a dû diviser la ville en trois zones d'inégale étendue ayant chacune son collecteur ; le type du radier est celui du rayon de courbure le moins développé, 1/8 du diamètre transversal ; à Liège comme à Spa, les égouts secondaires seront en grès. C'est plus économique et plus facile à surveiller.

A Anvers, les égouts vont à l'Escaut et à de petits affluents de ce fleuve, mais ils ne reçoivent que les eaux ménagères, industrielles et pluviales, car les matières fécales vont aux fossés. Il y a 44 écluses dans les égouts, qui, manœuvrées chaque jour, font affluer à marée haute l'eau de l'Escaut, pour produire des chasses, et aussi dans la nouvelle ville de l'eau douce venant du canal d'Hérenthals; à Spa on se propose de séparer les eaux pluviales du reste des eaux d'égout.

Pour le lavage des égouts, on emploie, à Liège, les eaux de la Meuse et de l'Ourthe ; à Spa, de l'eau du bassin de natation et recevant directement l'eau du Wayai :

M. E. Putzeys, directeur des travaux de Bruxelles, a imaginé un siphon à surcharge variable et à décharge automatique, qui est excellent pour les chasses automatiques ; il a été expérimenté à Verviers.

Quant à la ventilation des égouts, MM. Devaux et Putzeys proposent des trous d'hommes, distants de 50 mèt. et recouverts de taques ajoutées. (Liège, Spa) ; dans les rues étroites, on pourra faire partir, de la couronne des égouts, des tuyaux qui se termineront au delà du faîte des bâtiments voisins.

Passant à la canalisation intérieure des habitations, MM. Devaux et Putzeys posent trois conditions :

1° L'éloignement complet et rapide des matières usées (canaux en grès de $0^m,16$ de diamètre avec pente de 3 à 5 $^o/_o$ rencontrant l'égout public suivant une courbe, chasse d'eau obtenue par réservoirs à siphon, coupe-air dont le contenu se renouvelle à chaque chasse).

2° Absence de relation entre l'air des canalisations et l'atmosphère des lieux habités : donner au drain une entrée et une sortie d'air distinctes ; interposer entre l'égout et le canal de la maison (drain) un coupe-air qui forme barrière, et, en outre, assure l'entrée de l'air dans le drain principal et reçoit les matières pesantes ; ce sont des siphons de pied possédant un orifice d'accès sur chacune de leurs branches.

Ils seront de préférence placés au fond d'un puits de visite ménagé dans le trottoir. Les tuyaux de chute des cabinets seront prolongés jusqu'aux toits ; les eaux d'évier auront une canalisation indépendante.

3° Protection de l'eau potable et de l'eau domestique contre toute pollution.

Il faut donc séparer ces eaux de celles qui vont aux water-closets pour les laver.

§ 6. — SURVEILLANCE DE L'ALIMENTATION.

Les articles 454, 503 du Code belge punissent de peines sévères, emprisonnement et amendes, les individus qui mélangent aux comestibles des substances nuisibles ou toxiques, et qui vendent de pareilles mixtures.

Les vendeurs de boissons ou autres substances alimentaires falsifiées sont punis de peines moins sévères; la suppression de la patente en est la conséquence.

Outre les lois françaises d'août 1790 et 1791, divers décrets et lois ont paru sur la matière (19 mai 1829, 17 mars 1856, 29 décembre 1887, 4 août 1890). Déjà la loi communale de 1836 chargeait les communes de la surveillance des denrées.

Pour ne parler que de la loi la plus récente, celle du 4 août 1890, elle autorise le gouvernement à réglementer et à surveiller le commerce des matières d'alimentation, et « elle ne préjudicie en rien, dit l'article 1er, aux droits que les lois en vigueur confèrent aux autorités communales, en vue de s'assurer de la fidélité du débit des denrées alimentaires et de leur salubrité, ainsi que de réprimer les infractions aux règlements portés en ces matières par lesdites autorités ».

On remarquera que la loi n'a pas organisé le service de surveillance ; elle se borne à donner au gouvernement le droit de réglementation. C'est qu'en effet une loi a besoin de tout prévoir et elle ne le peut ici. Elle devient vite surannée, et il n'est pas facile d'y toucher. Le droit de réglementer permet de suivre pas à pas les découvertes nouvelles et de prendre des mesures en conséquence ; on est toujours ainsi à même d'atteindre la fraude, sans que jamais la réglementation puisse faire obstacle au progrès.

La loi donne au bourgmestre le droit de visite dans les magasins où l'on vend les matières alimentaires, et dans les locaux servant à leur fabrication, et elle punit ceux qui s'opposent à cette visite. La loi s'applique également aux matières médicamenteuses.

Elle modifie l'article 561 du Code pénal qui mettait pour condition à la répression l'intention de frauder, et la punition atteint dans cet article modifié « ceux qui auront vendu, débité ou exposé en vente des comestibles, boissons, denrées ou substances alimentaires quelconques, gâtées, corrompues ou déclarées nuisibles par un règlement de l'Administration générale, provinciale ou communale ; ceux qui, sans intention frauduleuse exigée par l'article 500, auront vendu, débité ou exposé en vente des comestibles, boissons, denrées ou substances alimentaires quelconques falsifiés ou contrefaits. »

Conformément à l'autorisation que lui donne la loi, le gouvernement a, par arrêtés royaux, réglementé la surveillance des matières alimentaires.

L'arrêté du 28 février organise le service d'inspection, le mode de prise d'échantillons par les agents spéciaux et leur analyse au laboratoire.

Si les échantillons sont reconnus défectueux, il y a poursuite; sinon on indemnise le marchand ou fabricant des quantités qu'on a prises.

Un arrêté du 22 juin 1891 désigne, pour la haute surveillance des denrées, l'inspecteur des établissements dangereux avec le titre spécial d'inspecteur de la fabrication et du commerce des denrées alimentaires ; il charge le vétérinaire de l'Administration centrale, et les vétérinaires provinciaux, de la surveillance en ce qui concerne les viandes et poissons et les produits fabriqués qui en dérivent; enfin, l'inspecteur général du service de santé civil et de l'hygiène pourra rechercher et constater les infractions aux dispositions légales et réglementaires sur la vente et la fabrication des aliments, en tant qu'elles ont été prises dans l'intérêt de la santé publique.

Un arrêté du 22 juin 1891 établit des laboratoires d'Etat, chargés de l'analyse des terres, engrais et produits agricoles, semences, denrées et substances servant à l'alimentation de l'homme et des animaux; ils sont placés sous la surveillance d'une commission spéciale. D'autres laboratoires peuvent être agréés, pourvu qu'ils ne «dépendent en aucune façon de personnes engagées dans un commerce ou état ayant rapport avec la vente des substances alimentaires, et qu'ils soient dirigés par un analyste offrant toutes les garanties voulues (diplôme, expérience de plusieurs années)». Une commission surveille cette catégorie de laboratoires ; le directeur et le chef des travaux sont nommés par l'Etat. Il reçoivent l'un 3,500 à 4,500, l'autre 3,000 à 3,500.

L'arrêté donne le détail des prix d'analyse et des matières employées pour cette analyse.

Des laboratoires sont installés dans certaines villes de Belgique, à Anvers depuis 1875, à Bruxelles, à Gand en 1887, à Louvain, en 1882, à Bruges, à Courtrai. Dans d'autres, c'est un chimiste de la localité qui fait l'examen des denrées (Alost, Huy, Mons, Verviers).

C'est le laboratoire de l'Etat qui fait cette vérification à Liège ; à Seraing il y a un laboratoire agréé par l'Etat.

Depuis peu, l'Etat a institué un chimiste par arrondissement.

D'ailleurs les fraudes ne sont pas très fréquentes, sauf pour le beurre et le lait, et dans quelques villes l'établissement du laboratoire paraît avoir eu peu d'influence sur les falsifications.

Un arrêté du 10 décembre 1890 défend l'emploi, pour la coloration des denrées alimentaires, d'aucune matière colorante vénéneuse, et un arrêté du 17 juin 1891 donne la liste des matières colorantes inoffensives. « Il est également défendu d'employer pour la préparation, la conservation ou l'emballage des denrées alimentaires destinées à la vente, ou pour le débit de ces denrées, des vases, ustensiles, récipients ou objets divers dont les parties mises en contact avec lesdites denrées sont constituées par des matières vénéneuses ou nuisibles à la santé, ou renfermant de ces matières »; ex : zinc, plomb ou leurs alliages, mais le cuivre est toléré. Un arrêté de même date défend la vente de la margarine à moins d'indication apparente de la nature vraie de la matière exposée en vente. La même indication est obligatoire pour la saccharine. D'autres arrêtés réglementent le commerce des cafés, farines, maïs ; l'indication des farines autres que celles provenant du blé est obligatoire, ainsi que la marque du vendeur.

C'est encore en vertu des pouvoirs que lui donne la loi du 4 août 1890, que le Gouvernement belge a réglementé le commerce des viandes par un arrêté du 9 février 1891.

L'examen de la bête abattue par un expert nommé par la Commune ou l'Etat est obligatoire. Les communes peuvent à leurs frais faire procéder à un examen préalable à l'abatage. L'expert doit examiner les animaux douze heures au plus après l'abatage, et exiger que les organes adhèrent à la bête et principalement chez le cheval, le larynx et la trachée. Si l'animal est reconnu malade, l'expert délivre à l'intéressé un certificat constatant la nature de la maladie, les remèdes employés et l'évaluation approximative de la perte ; dans le cas où la totalité ou partie de la viande doit être rejetée de la consommation, le bourgmestre en sera averti, et décidera, l'expert entendu, si la bête peut être livrée en totalité ou partie à l'équarrissage, ou détruite.

L'intéressé peut en appeler de cette décision, et demander une seconde expertise dont il paye les frais s'il est condamné. L'expertise primitive coûte à l'intéressé 2 à 5 fr. par tête de choval, 1 à 6 fr. par taureau, 1 à 4 fr. par bœuf, 0 fr. 50 à 1 fr. par veau, 0 fr. 25 à 0 fr. 50 par agneau, 0 fr. 50 à 1 fr. 50 par mouton ou porc, etc., suivant l'importance des communes.

Les viandes ou produits d'animaux venant de dehors sont vérifiés aux frais de l'importateur. Quand il s'agit du transport d'une commune à une autre, celle-ci doit payer les frais d'un second examen, si elle le juge nécessaire.

L'inspection est conférée, non seulement à des vétérinaires diplômés, mais encore à des personnes ayant subi un examen spécial (arrêté ministériel du 25 février 1891). Il y a des cas où l'expert ainsi diplômé peut décider dans une expertise sans le secours d'un médecin vétérinaire : blessures, abcès, kystes, calculs, vers, altération chronique d'un organe, adhérences. L'arrêté du 28 avril 1891, qui contient cette observation, donne tous les détails concernant les cas dans lesquels la viande et les issues doivent être examinées par le vétérinaire, et ceux dans lesquels elles doivent être déclarées insalubres.

§ 7. — LES EAUX POTABLES.

Voici quelques renseignements sur l'alimentation hydraulique des villes belges.

La ville de Liège (165,000 habitants) tire son eau du sous-sol de la Hesbaye. Elle est distribuée à domicile depuis 1868 et n'est pas filtrée. 7,000 maisons sont actuellement alimentées à un tarif uniforme de 0 fr. 20 le mètre cube, l'abonnement ne pouvant être inférieur à 100 mètres cubes par an, soit 20 fr.

Au moment de mon passage, la quantité consommée était de 107 litres par jour et par habitant.

Ce sont des machines qui élèvent l'eau destinée aux parties hautes de la ville.

L'analyse faite récemment, par M. Malvoz, des eaux de Liège, prouve leur pureté (5 à 10 colonies microbiennes par centimètre cube au lieu de 60 80 à l'eau de la Vanne à Paris, et de 50 à 40 à l'eau de distribution de Berlin).

Les galeries de captation sont creusées dans la marne de la Hesbaye à une distance considérable de la surface du sol, et la nappe aquifère est séparée de la couche superficielle des terrains par une couche de limon hesbagien atteignant jusqu'à 12 mètres d'épaisseur ; une couche moins épaisse de silex et parfois des masses de sable. «C'est là, dit M.Malvoz, un terrain d'apparence homogène, à pores très fins, suffisamment épais pour protéger la nappe d'eau profonde contre la pénétration des microbes des couches arables superficielles».

La plupart des puits de Liège contiennent une eau peu propre à la boisson; quelques-uns ont 60 à 80 microbes par centim. cube d'autres 12,000, 30,000, 82,000, 167,000, etc. Cette impureté provient presque toujours du voisinage des fosses d'aisance, ou de tuyaux d'égouts. Sans être partisan absolu de la théorie aquatique de la fièvre typhoïde et tout en admettant l'intervention d'autres causes, M. Malvoz constate cependant que les maisons où se trouvent les puits à microbes plus nombreux ont présenté des cas de fièvre typhoïde.

A Tournai (34,443 habitants), à Seraing, à Dinant, à Brainne l'Alleud (7,323 habitants), à Huy (15,000 habitants), l'eau consommée vient de puits.

Seraing possède en outre une distribution qui alimente plusieurs quartiers.

C'est aussi l'eau de très nombreux puits que l'on boit à Louvain (40,899 habitants), malgré l'arrivée depuis trois ans d'une eau excellente venant des forêts du Sud, recueillie dans des puits à 2 kilom. de la ville, et refoulée par des machines. Ce service a à peine 400 abonnés, payant 12 fr. pour 36 mèt. et 0 fr. 35 par mèt. supplémentaire.

Mons (25,187 habitants) a de l'eau de source, fournie à 0 fr. 15 pour les 250 premiers mètres cubes et à 0 fr. 10 par mètre complémentaire. La consommation est de 45 litres par jour et par habitant.

A Verviers (50,000 habitants), on paye l'eau 0 fr. 15 le mètre cube, et la consommation est de 30 litres par habitant. C'est la Gileppe, affluent de la Vesdre, qui fournit l'eau à Verviers ; un barrage retient les eaux de ce ruisseau et forme un lac de 80 hectares. On retient ainsi 12 millions de mètres cubes qui sont conduits à Verviers par un canal de 9 kilom. Cette œuvre remarquable, exécutée de 1868 à 1878 par M. Moulon sur les plans de M. Bidant, a coûté 11 millions, dont 5 à la charge de l'Etat.

A Bruges (49,857 habitants), l'alimentation hydraulique a plusieurs origines :

1° Des puits dont l'eau provient d'une nappe supérieure peu profonde contiennent des matières salines et organiques (analyse de 1876), et communiquent parfois avec les fosses d'aisance.

2° Les toits recueillent l'eau de pluie qui va dans des citernes, lesquelles ne sont pas toujours étanches.

3° Le canal de Gand fournit une eau très impure. Les prises d'eau à ce canal (Moerbuizen) sont relativement peu nombreuses.

4° L'eau des canaux qui est suspecte, vu l'écoulement des eaux ménagères et des matières fécales des maisons voisines, sert à nettoyer les habitations. Pendant l'été, on voit presque à nu les dépôts de ces matières au fond des canaux.

Un projet de filtrage des dunes de Knoske a été présenté il y a quelques années, et la commission sanitaire locale a rédigé un rapport sur ce projet, et sur un captage possible de quelques ruisseaux amenant dans la canalisation souterraine les eaux d'un certain nombre de communes voisines. Il se fait en ce moment une enquête pour l'alimentation privée ; elle portera sur les 800 maisons de la ville.

Ce n'est presque que d'eau minérale que s'alimentent les habitants de Spa. Cependant des ruisseaux fournissent par canalisation de l'eau potable que l'on vend à raison de 16 fr. par an pour 1 hectolitre par jour (100 fr. pour 1 mèt.).

Des projets sont étudiés à Huy (15,000 habitants), où chaque habitant boit l'eau de puits ou de source non filtrée.

Des galeries filtrantes dans le sable yprésien donnent depuis dix ans de l'eau à Gand (153,290 habitants), qui s'alimente aussi d'eau des citernes. L'abonnement à l'eau de la ville coûte 4 centim. par hectolitre de 1 à 400 hectolitres, 3 centim. de 401 à 800. Pour les habitations ouvrières, le prix de l'hectolitre est de 2 centimes.

Les abonnés prennent en moyenne 90 litres par jour, et l'on estime à 20 litres par jour la quantité consommée par chaque habitant.

Comme sujet se rattachant à la question des eaux, disons que quelques villes de Belgique ont établi des bains à la portée de tous.

A Liège, l'établissement fondé par une société a coûté 142,000 fr.; un lavoir y est annexé. L'intérêt de l'argent (5 %) est garanti par la ville.

Les prix des bains de première classe est de 50 centim. et par abonnement de 40 centim.; ceux de seconde coûtent 25 et 20 centim. La baignoire enfoncée dépasse peu le sol.

Le lavoir fait une recette de 300 heures par jour à 8 centim. l'heure.

A Bruxelles, rue des Tanneurs, les bains populaires n'ont plus le lavoir qui y était jadis annexé. Les prix des bains sont les suivants :

1re classe 60 centimes avec 3 serviettes.
2e — 40 — 2 —
3e — 30 — 1 —

Il y a 18 baignoires de 1re, 12 de chaque autre classe.

A Louvain également, il y a des bains très confortables à bas prix.

§ 8. — ÉTABLISSEMENTS DANGEREUX.

L'autorisation d'ouvrir des établissements insalubres, dangereux et incommodes, est soumise à un genre différent d'enquête, suivant la classe des établissements.

Pour ceux de la première classe, la demande doit être adressée à la députation permanente du conseil provincial, qui décide, après avoir entendu le Collège échevinal.

On consulte le commissaire de police pour enquête et affichage, le commandant des pompiers pour mesures en cas d'incendie, les propriétaires et locataires, qui semblent devoir être, par la situation de leurs habitations, les plus exposés aux dangers et aux inconvénients résultant de l'exploitation projetée, et ceux-ci sont prévenus à domicile.

L'affichage dure quinze jours dans la commune intéressée et dans les communes limitrophes.

L'impétrant doit fournir l'indication de sa fabrication, le plan des lieux, avec leur situation par rapport aux routes (100 ou 200 mèt.) le nombre, l'âge, le sexe des ouvriers, la durée de la journée du travail de jour et de nuit; il doit indiquer les modes de chauffage, d'éclairage, de ventilation, les soins de propreté pour les locaux et les ouvriers, le cube d'air par ouvrier, les moyens de pourvoir aux soins médicaux en cas d'accident, d'incendie ou d'explosion, les précautions à prendre contre les dégagements de gaz, poussières et vapeurs, contre les atteintes des machines, les autres moyens, tels que salles de bains, lieux d'aisance, désinfectants, etc.

Pour les établissements de seconde classe, l'autorisation est demandée au collège des bourgmestres et échevins.

Pour les boucheries et étables, des prescriptions spéciales sont édictées, concernant l'aération, le pavage imperméable, le blanchiment des murs au lait de chaux, l'interdiction d'étaler des issues rouges et de suspendre des viandes à l'extérieur, la propreté des locaux et outils. De même pour les charcuteries.

Les boucheries de viandes de cheval sont exclusives à ce genre de commerce; l'indication en doit être mise sur un endroit apparent de l'étal.

Pour les étables, on prescrit un certain cubage, l'isolement de toute habitation, un pavé étanche.

Pour les magasins de combustibles, de comestibles, de préparation de peaux ou conserves, pour les boulangeries, il y a des prescriptions concernant l'isolement des locaux, le lavage, l'élimination des déchets, la hauteur des cheminées, etc.

Pour les machines à vapeur (arrêté du 28 mars 1886), le collège échevinal donne l'autorisation, après avoir pris l'avis des services des ponts et chaussées et des incendies.

L'autorisation d'un établissement est affichée dans les communes où a été affichée la demande, et elle est communiquée directement aux propriétaires d'établissements voisins qui ont été consultés lors de la demande.

Dans certains cas, l'autorisation n'est que provisoire, en vue de la possibilité d'opposition ou d'appel.

L'autorité a le droit de s'assurer si l'établissement fonctionne aux conditions imposées.

L'arrêté ministériel du 23 juin 1891 règle la surveillance des établissements dangereux et elle en établit une classification nouvelle.

Deux inspecteurs sont chargés des fabriques et des dépôts d'explosifs, des fabriques de produits chimiques, des établissements affectés au travail des métaux, à la céramique et à la verrerie, etc.

L'inspecteur du service de santé civil et de l'hygiène, qui est, comme on l'a vu, le délégué du ministre en matière d'hygiène, inspecte les industries ou dépôts pour ce qui est du travail des matières animales, de l'économie rurale et de l'hygiène communale.

Toutes les autres matières alimentaires rentrent dans le domaine de l'inspecteur, dont il est parlé au chapitre des falsifications.

Un inspecteur spécial s'occupe de l'abatage et équarrissage des animaux, et des ateliers de préparation et vente de viande et poisson.

Les ingénieurs des mines surveillent les usines métallurgiques, les machines à vapeur et chaudières : les ingénieurs des ponts et chaussées surveillent les usines placées sur les cours d'eau navigables.

La législation des établissements classés n'embrasse pas, en Belgique, les mêmes genres de fabrication que chez nous. En Belgique, on paraît s'inquiéter, plus encore qu'en France, des dangers d'incendie. A ce point de vue, les boucheries, boulangeries, fabriques d'étoffes, les théâtres, sont classés là-bas. Certaines fabrications ou usines ne le sont pas, tandis qu'elles le sont chez nous : laiteries en grand, fabrication de saucisses, conserves de sardines, etc.

§ 9. — TRAVAIL DES FEMMES ET ENFANTS.

L'initiative privée se fait sentir sous ce rapport en Belgique, comme sous beaucoup d'autres. Depuis longtemps, des sociétés de charbonnage n'admettent au travail des mines ni les femmes, ni les enfants peu âgés, surtout les filles.

L'article 69 de l'arrêté royal du 28 avril 1884 marque le premier acte public qui s'occupe de cette hygiène. Il est défendu, dit cet article, de laisser descendre ou travailler dans les usines, des garçons âgés de moins de 12 ans et des filles âgées de moins de 14 ans.

La loi du 13 décembre 1889 est venue renforcer ces prescriptions en les étendant à tout le travail industriel.

Elle interdit absolument le travail aux enfants des deux sexes âgés de moins de 12 ans.

Elle prescrit un travail ne dépassant pas douze heures séparées par un repos d'au moins une heure et demie, et elle défend le travail de nuit (de 9 heures du soir à 5 heures du matin) et le travail de plus de 6 jours par semaine aux enfants de 12 à 16 ans, aux femmes et filles de 16 à 21 ans.

Pendant les quatre semaines qui suivent leurs couches, les femmes ne sont pas admises au travail.

Quant au labeur dans les usines et souterrain, il est interdit aux filles et femmes au-dessous de 21 ans.

A côté de ces règles générales, la loi indique les cas où, après l'avis des Conseils de l'industrie et du travail, de la députation permanente du Conseil provincial, du Conseil supérieur d'hygiène publique, ou d'un Comité technique, le Ministre pourra autoriser ou interdire certains travaux spéciaux aux femmes et aux enfants.

Les chefs d'industries doivent afficher dans leurs ateliers la loi de 1889 et tous les règlements, conformément à ses prescriptions.

§ 10. — TRAVAIL DES OUVRIERS : LES MINES.

La loi de 1813 admettait dans les mines les enfants depuis l'âge de 10 ans. Cette tolérance fut supprimée par arrêté royal du 28 août 1844.

L'Académie royale de médecine belge ayant été chargée, en 1869, d'étudier les conditions propres à améliorer le sort des mineurs, cette discussion éclaira plusieurs exploitants de la province de Liège qui prirent, comme je l'ai dit, la résolution d'exclure les femmes des mines et de n'y admettre les enfants qu'à partir de 12 ans.

Cette mesure, disait M. Kuborn au Congrès de 1889, amena d'excellents résultats ; la longévité des mineurs s'était élevée de 37 ans en 1863-68, de 40 dans le bassin de Seraing.

A ce propos, il s'est élevé au sein du Congrès une discussion intéressante sur les maladies propres aux mineurs. La phtisie y est très rare, d'après Kuborn, la poussière de charbon jouant le rôle de stérilisateur, tandis que, d'après M. Fabre, de Commentry, la rareté de la phtisie vient de ce que les candidats à cette maladie ne se présentent pas aux mines.

Quoi qu'il en soit, la statistique dressée en 1849 pour Seraing accuse, chez les mineurs, une mortalité par phtisie quatre fois moindre que chez les habitants de la ville même.

La législation belge (avril 1884) est très sévère sur les accidents ; elle entre pour les conditions de l'aération des mines dans des détails très minutieux, et on tient la main à leur observation.

L'arrêté de 1884 stipule les dispositions relatives aux mines à grisou, l'éclairage, le mode d'exploitation, le moyen d'éviter les coups d'eau ; il défend l'admission aux mines de tout individu atteint d'une maladie ou d'une infirmité capables de compromettre ses jours.

Les Compagnies ont, de leur côté, ajouté aux précautions qui peuvent assurer la santé du mineur. C'est ainsi qu'au charbonnage des Six Bonniers (Liège) on a installé des lavoirs.

Le mineur, en arrivant, dépose ses vêtements dans une case portant un numéro, pour les reprendre à la sortie ; il trouve dans cette case son pantalon et sa veste de travail lavés et séchés depuis la veille, aussi regagne-t-il son domicile avec des vêtements chauds.

D'autres Compagnies ont établi des économats. La question de l'assurance, en cas d'accidents, est toujours à l'étude, bien que depuis 1838 tous les cahiers des charges des concessions des mines portent que les exploitants installeront une assurance de ce genre; mais, tandis que, dans certaines exploitations, les caisses sont alimentées et exploitées par les patrons seuls, dans d'autres les ouvriers sont admis au conseil, et ils versent à la caisse.

M. Bourée, notre ministre à Bruxelles, faisait remarquer, dans son rapport officiel sur les conditions du travail en Belgique que la situation peu brillante des caisses de prévoyance était due (en 1890) d'abord à ce que, les salaires ayant baissé de 1882 à 1887, les versements avaient baissé aussi, et avaient nécessité l'intervention pécuniaire des patrons ; ensuite à ce que, depuis 1870, les caisses servent non seulement à parer aux accidents, mais encore à assurer une retraite à de vieux ouvriers.

Pour remédier à ce dernier inconvénient on a créé dans les exploitations du centre des caisses de retraites séparées des caisses accidents.

Une loi recente (21 juillet 1890) consacre le désir qu'a eu le roi, à l'occasion du 25° anniversaire de son avénement, de créer une caisse de prévoyance et de secours en faveur des victimes des accidents de travail.

La caisse, qui a reçu une subvention de deux millions, a été également enrichie par les dons des compagnies et des particuliers par des subventions de villes et de provinces.

Les ressources de la caisse ont deux destinations ; l'encouragement de l'assurance contre les accidents et l'octroi des secours aux victimes ou à leurs familles..

Le rapport du deuxième exercice, clôturé le 10 novembre 1892, de cette caisse est intéressant.

L'œuvre a eu l'occasion de s'exercer en faveur des ouvriers atteints par diverses catastrophes (Anderlees, 11 mars 1891 Frameries, 1ᵉʳ septembre 1891). La Société charbonnière à Anderlees a distribué un million, la caisse de prévoyance des mineurs du bassin de Charleroi, la Société royale des sauveteurs de Belgique, ont contribué pour leur part en payant des pensions aux blessés et aux veuves des tués.

Par le concours des visiteurs de bonne volonté, l'enquête sur le bien-fondé des demandes se fait avec beaucoup d'exactitude.

Cette fondation est d'autant plus nécessaire qu'il y a en Belgique plus de 22,000 accidents du travail.

Le rapport parle de lois en préparation qui pourraient décharger la caisse de prévoyance des secours qu'elle donne à ceux qui y auraient droit de par la loi nouvelle[1].

§ 11. — La Vaccine.

Le gouvernement belge a, dans le dessein de propager la vaccination et de fournir le vaccin nécessaire à cette propagation, fondé, en 1868, une institution ayant pour objet le renouvellement du vaccin au moyen de la vaccination animale et la distribution du vaccin aux médecins. A ceux-ci il était distribué gratuitement ; mais aux particuliers il était vendu. On reconnut l'inconvénient de ce procédé, et l'Institut vaccinogène fut créé dans un pavillon de l'Ecole vétérinaire élevé à cet effet (15 février 1882).

L'Institut, entretenu aux frais de l'État, est dirigé par le pro-

---

[1] Le rapport de 1893 conclut à l'insuffisance absolue des ressources de la caisse. Elle est au déficit et devra suspendre ses travaux.

fesseur de clinique de l'Ecole (M. Degive) assisté d'une Commission composée de quatre membres qui sont MM. Tosquinet, médecin principal militaire ; Janssens, inspecteur en chef du service de santé de Bruxelles ; Wehenkel, directeur de l'Ecole ; Beco, directeur au ministère de l'intérieur.

Les pièces principales du pavillon sont le cabinet du directeur et la salle d'opérations attenante à une salle à dix stalles.

Les veaux de 3 à 4 mois pesant au moins 100 kil. sont fournis par un boucher de la ville, et l'on constate à l'entrée l'état de leur santé.

Pour l'inoculation, on transporte le veau sur une table de la salle d'opérations et dûment attaché, la région abdominale inférieure et la région scrotale bien rasées, on pratique des incisions au nombre de 60 à 80, sur lesquelles on applique le vaccin.

Après quelques minutes, le veau est conduit à l'étable toujours chauffée à 18°.

C'est le cinquième ou sixième jour qu'on recueille la pulpe, partie plus solide, et la lymphe, mélangeant la première par trituration à de la glycérine (pulpe glycérinée destinée à l'inoculation des veaux) ou à un glycérolé d'amidon (pulpe glycérolée destinée à la vaccination des personnes).

Ces pulpes sont mises en tubes ou en plaques ; quant à la lymphe obtenue du liquide séreux qui suinte après qu'on a râclé la pulpe, on la délaye avec de la glycérine et de la lymphe, et ce vaccin liquide est recueilli dans des tubes par un ingénieux procédé d'aspiration. On prépare également du vaccin en poudre, et on préserve ces divers produits de la chaleur et de la lumière. Quand on a épuisé toutes les pustules d'un veau vacciné, on l'abat et on l'autopsie; s'il est reconnu malade, on détruit le vaccin qu'il a fourni.

Les demandes de vaccin sont faites directement par les bourgmestres et les médecins qui contresignent celles des particuliers Les destinataires doivent indiquer à l'Office les résultats qu'ils ont obtenus et qui sont inscrits avec tous les détails usités en pareil cas sur un registre *ad hoc*. Les succès par la pulpe sont de 99 %, pour les vaccinations et de 57 pour les revaccinations.

A Bruxelles, l'inspecteur divisionnaire attaché au bureau d'hygiène constate sur le rapport de vérification de décès si la vaccination a été pratiquée dans la famille et dans l'habitation du décédé. Il fait prévenir les directeurs des écoles fréquentées par les enfants de la maison, et le jour même les habitants de cette de meure sont vaccinés. En cas de refus, les commissaires de charité prévenus refusent tout secours aux récalcitrants.

La vaccination se fait gratuitement à l'aide d'un scarificateur du Dr Buys, au bureau d'hygiène, qui, au reste, envoie moyennant 1 fr. une plaque de vaccin à quiconque la demande.

Les candidats aux emplois municipaux, les individus qui veulent suivre les cours du soir, doivent être vaccinés. Le médecin vaccinateur délivre des certificats et dresse une statistique des cas de vaccine.

Comme moyen de préservation contre la variole, on prescrit l'isolement ou l'envoi à l'hôpital. Des stalles spéciales sont réservées pour les varioleux à l'hôpital Saint-Jean, de Bruxelles.

Dans un très intéressant rapport à M. le Ministre de l'Agriculture, de l'Industrie et des Travaux publics, M. le Dr Devaux, inspecteur général du service de santé, a présenté l'état de la vaccination en Belgique et les moyens de la favoriser.

L'arrêté royal du 18 avril 1818, portant des mesures pour étendre l'usage de la vaccine, stipulait l'obligation de faire vacciner leurs enfants pour tous les indigents recevant des secours des administrations publiques. Les maîtres ne devaient pas recevoir dans leurs écoles les enfants qui habitent une maison où règne la variole.

L'arrêté instituait des primes consistant en une médaille de la valeur de 50 fl. pour les praticiens qui se seraient plus particulièrement rendus utiles par des vaccinations gratuites s'élevant au moins à 100.

Mais les Commissions provinciales invitées à veiller à l'exécution de l'arrêté l'ont fait d'une façon si irrégulière, que la pratique de la vaccination a souffert là où les Commissions montraient de la négligence, et que la variole y a pris une grande extension.

De plus, en créant l'Office vaccinogène de l'Etat, on a supprimé les primes données aux vaccinateurs et arrêté leur zèle. La vaccination n'est exigée que pour l'entrée dans les établissements publics d'instruction, et rien ne se fait pour l'enseignement privé ; mais la vaccination est obligatoire dans l'armée, au grand bénéfice des soldats, et les employés d'administration y sont soumis aussi.

Pour réformer la matière, l'honorable rapporteur constate que l'Académie de Médecine, le Conseil supérieur d'hygiène publique, la plupart des Commissions médicales provinciales, réclament la vaccination et la revaccination obligatoires.

M. Devaux les réclame à son tour, mais à côté de sa proposition ferme il suppose une autre organisation, dans le cas où les pouvoirs publics reculeraient devant l'obligation.

Cette organisation peut être traduite en quelques lignes: obligation d'un certificat de vaccine pour entrer dans tous les établissements d'instruction ou charitables et aussi dans les administrations ou établissements publics, revaccination des enfants des écoles ou établissements charitables à 12 ans, vaccination et revaccination gratuites de tous les indigents résidant dans la commune, nomination d'un vaccinateur dans chaque commune, payé soit par une somme fixe, soit par une allocation de 2 fr. pour chaque inoculation ; exclusion des enfants d'une école quand, dans les maisons qu'ils habitent, existent des cas de variole, encouragement en numéraire ou en nature aux indigents qui soumettront leurs enfants à l'inoculation préventive.

§ 12. — CONSTATATION DES NAISSANCES ET DÉCÈS.

Un arrêté du 1er octobre 1880 prescrit, pour la ville de Bruxelles, la constatation des naissances à domicile.

Il est mis en vigueur pour la Belgique.

Là où il n'y a pas de médecin, la constatation est faite par un membre de l'autorité communale.

Dans plusieurs villes la vérification n'a pas lieu (Brainne-le-Comte, Dinant, Gand, Spa, Tournai, etc.). Dans d'autres, c'est le médecin de la famille qui fait la déclaration et la constatation du diagnostic.

§ 13. — Réglementation des batisses.

Le 1ᵉʳ février 1844 a été publié un règlement pour les villes de plus de 2,000 habitants.

Défense est faite d'établir, élargir, construire rues, places, ruelles ou passages, sans l'autorisation du conseil communal, de la commission provinciale ou du roi.

On ne peut faire de changements aux bâtisses sans la permission du bourgmestre.

Les plans doivent être soumis et autorisés dans le délai de quinze jours.

§ 14. — L'enseignement de l'hygiène.

Comme exemple de l'enseignement de l'hygiène dans les Universités belges, je citerai les leçons données par M. le professeur Putzeys à celle de Liége. 1890-91 : l'atmosphère, le sol, les eaux. — 1891-92 : l'hygiène urbaine, organisation des services d'hygiène, la voie publique, le sous-sol, les distributions d'eaux, systèmes de canalisation, les bains publics, épuration et utilisation du sewage, enlèvement et destruction des résidus solides, destruction des cadavres d'animaux , police des inhumations, vérification des décès, dépôts mortuaires, morgues, cimetières, crémation. — 1892-93 : hygiène des habitations privées et collectives. — 1893-94 : l'atmosphère, le sol, les eaux, la prophylaxie des maladies infectieuses.

M. Destrée a fait, en 1891, à Bruxelles, un cours sur l'hygiène alimentaire avec étude des fonctions et de la composition des aliments, et de leurs falsifications. La démonstration a été surtout complète en ce qui concerne l'eau et les dangers de son impureté, les boissons alcooliques, leur action et les moyens d'y parer.

Dans un cours d'économie politique, en 1891, M. Denis n'a pas manqué d'attirer l'attention de ses auditeurs sur la question des salaires et sur la participation des ouvriers aux bénéfices, et il entreprend, dans le cours de 1893-94 l'étude, des effets du contrat de travail, celle des accidents du travail et de l'assistance ouvrière.

§ 15. — LE BUREAU D'HYGIÈNE D'ANVERS.

Le bureau d'hygiène d'Anvers a été, quelque temps après ma visite, transporté dans des locaux spéciaux, et il fonctionne très régulièrement depuis le 1er janvier 1893.

Il veille, comme celui de Bruxelles à la salubrité des maisons, rues, impasses ; à la pureté des eaux et des denrées, à l'occasion surtout de la présence de cas de maladies contagieuses. L'état des lieux, vérifié par un agent technique du bureau, est soumis à une visite de la Commission médicale qui décide les travaux à exécuter par le propriétaire.

Le laboratoire communal, chargé des eaux et des denrées, fait les analyses.

§ 16. — RÈGLEMENT DE LA PROSTITUTION.

Le système de la visite des prostituées à Bruxelles est excellent; on interdit dans cette ville les maisons de passe. Quant aux femmes, celles des maisons de tolérance y sont examinées, Les femmes isolées sont visitées chez elles. Les femmes qui se réunissent sont examinées dans les maisons qu'elles habitent en commun.

Au service de la prostitution des épingles de différentes couleurs indiquent sur une carte de la ville les 3 classes de prostituees. Les premières présentent 1,2 cas de maladie, sur 1,000, les secondes pas même 1, les autres 2 suivant la statistique de 1890.

                         DELVAILLE.

Quand les femmes étrangères à la ville y arrivent, on en trouve 433 pour 1,000 de malades.

Les prostituées clandestines donnent une proportion de malades de 2.075.

Le journal *The Lancet* qui a fait un travail sur la question, montrait la proportion de malades à Paris pendant une période de dix ans : 6,18 pour les femmes en cartes, 5,22 pour les femmes en maison, 166 pour les femmes non contrôlées, tandis que sur les femmes inscrites arrêtées il n'y en a que 38,42.

A Bruxelles, l'entrée d'une femme dans la vie de la prostitution est entourée de précautions ; on lui lit les pénalités et les conditions de cette vie. La carte qu'on donne porte tous les détails statistiques sauf le nom, si bien que, lorsque la femme quitte la prostitution, il ne reste pas de trace de sa vie de débauche. Entre autres détails, la carte porte l'état civil, le nombre des enfants, les causes de la prostitution.

La statistique de 1865 à 1884 montre que sur 3,505 femmes qui se sont fait inscrire, 1,522 ont été poussées par la pauvreté, 1,118 par passion sexuelle, 412 entraînées par de mauvaises compagnies, 316 par insuffisance de gain honnête, 101 par abandon de l'amant et 7 du mari, 10 par querelle avec leurs parents ; 2 ont été livrées par leur maris et 1 l'a été par ses parents.

Ajoutons que d'après les enquêtes le travail n'est pas facile à obtenir à Bruxelles, et la concurrence des couvents avec leur main-d'œuvre à bon marché est désastreuse.

§ 17. — Documents statistiques.

Voici quelques détails statistiques sur certaines villes de Belgique.

De 1888 à 1892, Anvers a eu 27,592 décès et 39,357 naissances, moyenne annuelle de l'excédant de naissances 2,340.

L'épidémie de choléra a fait en 1861, 2,961 victimes ; en 1892, 91 seulement.

Brainne-le-Comte a eu, dans la même période, 1,044 naissances et 691 décès, soit un excèdant annuel de 70. Le choléra a causé 135 décès en 1866. Dinant a eu un excédant de naissances, peu accusé, 14 seulement. Gand, au contraire, ville industrielle 852. Le choléra de 1866 y a fait 1,900 victimes, celui de 1892, 22. Liège a eu un excèdant annuel de 662 naissances, Louvain de 233, Seraing, petite ville industrielle de 391, Spa, petite ville d'eaux de 60, Verviers, ville industrielle importante de 318, Bruxelles de 511.

La variole a régné dans diverses villes depuis une dizaine d'années, faisant des ravages à Mons, Alost, Brainne, Verviers, Spa ; la fièvre typhoïde à Gand en 1888, à Liège en 1882-83 (3610 cas 344 décès).

Quant à la mortalité des enfants au-dessous d'un an, elle a été de 148 sur 1,000 de 1869 et de 1872 et de 159 de 1885 à 1888, la mortalité générale étant dans ces deux périodes respectivement de 24,43 et 20,25. La cause de cette mortalité est l'abandon du nourrissage des enfants par leurs mères.

La population de la Belgique a augmenté de 51,745 habitants, année moyenne depuis 1866.

Actuellement elle compte 5,520,009 résidents habituels au lieu de 4,827,833 en 1866. Au point de vue de l'instruction, la statistique donne : sachant lire et écrire 3,785,630 (dont 1,947,919 hommes et 1,837,720 femmes) soit 62 %;

Ne sachant ni lire ni écrire 2,283 682 (1,079,035 hommes et 1,204,647 femmes) soit 38 %.

Un travail présenté à l'Académie de Médecine de Belgique, en 1891, par M. Schrevens, traite de la mortalité des enfants au-dessous d'un an dans ce pays.

De 1841 à 1880, sur 100 naissances, il y avait à cet âge 149.4 décès. De 1881 à 1884, 157.2 ; de 1885 à 1858, 159.6. Comme extrêmes, Namur présente une mortalité de 114.8, et la Flandre Occidentale de 194.8.

Les causes reconnues par l'auteur sont les suivantes : maladies de l'estomac par nourriture défectueuse, âge (26,5 % au premier mois), sexe (garçons), état civil (à Tournai, de 1869 à 88 la mortalité chez les garçons a été de 120.8 pour les légitimes, de 209.6 pour les illégitimes ; chez les filles respectivement de 92.7 et 213.1) l'insalubrité des maisons, le froid, la pluralité des enfants d'une même famille, les saisons extrêmes, l'ignorance des règles de l'hygiène.

III. — L'Hygiène à Bruxelles.

§ I. — Organisation du bureau d'hygiène.

La création d'un bureau d'hygiène pour Bruxelles date virtuellement du jour (4 décembre 1871) où M. Janssens, médecin de l'administration communale, présenta au Collège échevinal un rapport sur la nécessité d'établir, à côté de la commission médicale locale, corps purement consultatif et composé d'hommes éminents, un corps exécutif, chargé d'appliquer toutes les mesures concernant la santé publique.

Ces gardiens vigilants auraient mission de surveiller en tout temps, et plus particulièrement en temps d'épidémie, les fluctuations quotidiennes de la mortalité, d'étudier sur place les causes de son accroissement, de tenir, par des enquêtes fréquentes et des rapports périodiques, l'attention de l'autorité sans cesse en éveil sur les améliorations à introduire dans les conditions sanitaires des quartiers atteints.

C'est conformément aux principes ci-dessus exposés, et en s'inspirant de l'organisation sanitaire des principales villes de l'Angleterre, que fut créé le bureau d'hygiène de Bruxelles, à la tête duquel le bourgmestre plaça M. le Dr Janssens avec le titre d'inspecteur en chef du service de santé (26 mai 1874).

Le bureau d'hygiène constitue la 4e division de l'administration communale et se subdivise de la façon suivante :

Service médical de l'état civil ;

Statistique démographique et médicale ;

Etat sanitaire de la ville ;

Soins médicaux aux fonctionnaires de la ville (police, fontaines, inhumations, etc.), certificat d'exemption de service pour le personnel enseignant, les fonctionnaires et agents communaux, certificats de mise à la retraite, examen des postulants à certains emplois dans l'administration, secours en cas d'accident ou de maladie subite, service médical public de nuit, service sanitaire des mœurs, aliénés, surveillance hygiénique et médicale permanente des écoles communales et médication préventive. Examen des plans de construction au point de vue de l'hygiène, inspection de la voirie, des impasses et des habitations ; mesures techniques et administratives au point de vue de la salubrité et de la sécurité publiques ; prophylaxie officielle contre la propagation des maladies contagieuses, vaccinations gratuites ; constatation de la qualité potable des eaux, des aliments, etc. ; laboratoire de chimie, vérification et analyse des boissons, aliments, etc.; examen des matériaux à la demande de l'administration ; désinfection des logements contaminés, établissements dangereux, insalubres ou incommodes, théâtres, mesures de sécurité ; cabarets, débits de boissons et hôtels ou maisons garnies ; police sanitaire, épidémies ; épizooties, abattoirs, boucheries, marchés et halles.

Le personnel comprend :

1° *Service médical.* — Un médecin inspecteur en chef (Dr Janssens), un médecin inspecteur adjoint (Dr Buys), cinq médecins divisionnaires, cinq suppléants, deux médecins du service sanitaire et un suppléant, des médecins auxiliaires, un chirurgien dentiste attaché aux écoles.

2° *Service administratif.* — Un chef de bureau, deux sous-chefs, sept commis.

3° *Service technique.* — Deux agents de la salubrité chargés de la visite des maisons et impasses insalubres, des établissements dangereux, insalubres ou incommodes, des maisons de logement, etc. Ces agents, assimilés à nos conducteurs des ponts et chaussées, dressent un rapport des constatations faites au cours de leurs visites. Ce rapport est adressé au médecin divisionnaire que la chose concerne et qui, à son tour, fait son rapport à l'inspecteur en chef. C'est le médecin qui assume la responsabilité des constatations faites par l'agent de la salubrité. Trois agents pour la désinfection des logements contaminés et trois messagers.

4° *Laboratoire de chimie*. — Chimiste chef, deux chimistes adjoints, un garçon de laboratoire.

Le service d'hygiène de Bruxelles est installé dans l'Hôtel de Brabant, derrière l'Hôtel-de-Ville. C'est là aussi que se trouvent remisées les voitures servant au transport des malades atteints de maladies contagieuses.

Je vais passer maintenant en revue les diverses opérations qui sont sous la dépendance du Bureau d'Hygiène, en laissant de côté pour un travail à part tout ce qui regarde l'hygiène scolaire.

§ 2. — Constatation des Naissances et Décès — Mariages — Obligations personnelles.

Pour la vérification des naissances et décès, les médecins divisionnaires du Bureau d'Hygiène portent le nom de « Médecins de l'État civil ».

Tous les jours à 3 heures, dimanches et fêtes à midi, les actes des déclarations des naissances, des fœtus, des mort-nés et des décès sont transmis à la division d'hygiène par les bureaux de l'état civil. Ces pièces sont accompagnées d'un inventaire servant de contrôle pour le personnel administratif chargé de la distribution des actes de naissances, des décès et des mort-nés aux médecins. A partir de 4 heures, les pièces, mises sous enveloppes sont déposées chez le concierge de l'Hôtel de Brabant. Les médecins sont tenus de venir prendre ou de faire chercher l'enveloppe qui leur est destinée. Un état négatif leur est remis s'ils n'ont rien à constater.

S'il s'agit d'un décès, on leur remet, au domicile du défunt, le certificat du médecin traitant qui constate la cause de la mort. Si cette constatation manque, le médecin vérificateur fait le diagnostic sur un certificat spécial qu'il envoie au médecin inspecteur en chef du service d'hygiène (formule de 1850, modifiée par circulaire ministérielle du 16 septembre 1866).

Sur le verso du certificat est inscrite la liste des diverses maladies portant chacune un numéro. Le médecin n'indique que le numéro et non le nom de la maladie.

Si l'état du cadavre ou toute autre cause éveillent les soupçons du médecin vérificateur, il en prévient par imprimé spécial l'officier de l'état civil et le commissaire de police de sa division.

Si le médecin divisionnaire a soigné le défunt, la vérification est confiée au médecin suppléant.

Pour les enfants mort-nés ou du premier âge, le médecin indique si l'enfant est mort avant, pendant ou après l'accouchement, et, dans ce cas, combien il a vécu après sa naissance. Le médecin doit joindre à sa déclaration un certificat du médecin ou de la sage-femme qui a assisté à l'accouchement. Il y a aussi un imprimé pour constater les décès d'enfants âgés de 0 à 1 an.

S'il doute de la mort, s'il s'agit d'une femme en état de grossesse, le médecin emploie tous les moyens pour rappeler l'individu ou l'enfant à la vie.

En cas de maladie épidémique, il prescrit l'envoi du cadavre au dépôt du cimetière; il en fait deux déclarations sur imprimé, l'une à envoyer au commissaire ou au bureau des inhumations, l'autre à attacher aux vêtements du mort. Dans ce cas, il prévient aussi l'inspecteur en chef, et, d'accord avec lui, prescrit les mesures nécessaires.

La constatation des naissances se fait à domicile.

La déclaration est faite dans les trois jours par le père ou à son défaut par le médecin, la sage-femme ou toute autre personne qui a assisté à l'accouchement, l'un ou l'autre accompagné de deux témoins et produisant l'acte de mariage, si l'enfant est légitime, et le bulletin constatant le domicile de la mère, s'il s'agit d'un enfant naturel.

On remet au déclarant une brochure contenant, sous le titre « de conseils aux pères de famille », des instructions sur la propreté, le vêtement, le couchage, le sommeil, l'alimentation, la promenade de l'enfant, etc...

Si le médecin divisionnaire a assisté à l'accouchement, c'est son suppléant qui fait la constatation.

C'est en réunissant les certificats médicaux à ceux du médecin de l'état civil que la statistique des décès se fait au bureau d'hygiène. Plusieurs imprimés sont en usage :

1° Le relevé quotidien dont on fait l'addition tous les mois.

2° Le bulletin hebdomadaire de statistique démographique et sanitaire dressé sur les documents officiels, et sur lequel sont inscrits tous les détails relatifs à l'état civil, à la légitimité ou illégitimité du nouveau-né, à la profession du décédé, à la cause de sa mort, etc.

3° Un relevé, par ordre de fréquence des causes principales de décès constatés pendant le mois dans la population résidant à Bruxelles, et portant les causes du décès, le domicile du mort, la comparaison avec les décès du mois précédent, la moyenne décennale du mois et le taux correspondant annuel de la mortalité sur 1000 habitants. Le tableau se termine par le relevé de la répartition de la mortalité entre les différents âges dans la ville.

4° Le tableau des causes de décès avec indications relatives aux décédés, aux secours médicaux qu'ils ont ou non reçus.

5° L'imprimé de la statistique mortuaire des professions avec degré d'aisance.

6° Un tableau qui donne tous les cinq ans le nombre des maladies générales et autres avec le taux annuel correspondant sur 1000 habitants, pour chacune des périodes quinquennales et décennales.

7° Un annuaire de statistique démographique et médicale sur l'état sanitaire de Bruxelles qui est publié dans le courant du 1er trimestre qui suit l'année.

Ce travail est inséré ensuite dans le rapport annuel que présente chaque année le Collège échevinal au conseil municipal.

Le délai pour la présentation de ce rapport sur la situation administrative de la ville de Bruxelles est fixé au premier lundi du mois d'octobre.

Chaque couple qui se marie devant l'état civil à Bruxelles reçoit un livret qui contient le nom des conjoints, la date du mariage, plus des cases vides pour les enfants qui naîtront, avec la place pour la date de la vaccination et le nom du vaccinateur (la vaccination étant obligatoire y est-il dit, pour l'entrée dans les diverses écoles, pour l'admission des enfants et adultes dans les établissements de bienfaisance, pour l'obtention des secours distribués par les comités de charité, etc.). Le livret se termine par un « résumé destiné à faciliter aux habitants de Bruxelles l'accomplissement des obligations relatives aux déclarations de résidence ou de demeure d'état-civil (naissances, mariages, décès) ».

Toutes les précautions sont prises, en effet, pour que l'individu qui se fixe à Bruxelles ne soit jamais perdu de vue.

Il doit se présenter dans les 4 jours de son arrivée au bureau de la population, et produire un certificat délivré par l'administration de la dernière résidence. Lorsqu'il change de logis ou quitte la commune, il doit aussi en faire la déclaration dans ces huit jours et se présenter ensuite à la nouvelle commune.

L'entrée et la sortie d'un locataire doivent de même être déclarées dans les trois jours par le propriétaire.

Ces déclarations sont reçues pour les étrangers à la chancellerie de leurs consulats.

Le livret contient les formalités pour naissances, mariages et décès, et aussi les conseils aux mères de famille dont nous avons parlé, des instructions pour la vaccine, pour le service militaire, pour la garde civique (de 21 à 50 ans), pour la naturalisation.

§ 3. — DES MALADIES CONTAGIEUSES.

La déclaration des maladies contagieuses, dont nous avons parlé en traitant de l'hygiène en Belgique, est visée pour la Belgique par l'arrêté royal du 31 mai 1885, pour Bruxelles par le règlement du 18 novembre 1824. Chaque année, le Bourgmestre adresse à tous les médecins de la ville une circulaire dans laquelle il leur rappelle les dispositions des art. 41 et 42 de cet arrêté royal.

«Parmi ces dispositions, dit-il, il en est une dont l'application immédiate, surtout dans les grands centres, contribuerait puissamment à éteindre les épidémies dans leur foyer primitif ou, tout au moins, à en circonscrire les ravages dans d'étroites limites. Cette mesure consiste à signaler à l'autorité sanitaire, capable d'unifier et de rendre efficaces les mesures d'assainissement indispensables, tous les cas de maladies qui revêtent ou sont susceptibles de revêtir un caractère épidémique.»

Le Bourgmestre finit en priant les médecins d'informer le service d'hygiène des cas de maladies épidémiques ou contagieuses qu'ils traitent; et la circulaire est accompagnée de vingt bulletins, qu'une fois remplis le médecin envoie au bureau d'hygiène, ou dépose dans une division de police, qui se charge de l'envoi à destination.

Ces bulletins mentionnent aussi les mesures que le médecin traitant conseille de prendre pour isoler le malade et assainir sa chambre et même la maison.

Le médecin peut, afin de sauvegarder le secret médical, inscrire la maladie sous le numéro qu'elle porte sur la liste des maladies dressée par le service de santé. Cette pratique est entrée dans les mœurs du corps médical bruxellois, et permet au bureau d'hygiène de prendre, au moment opportun, des mesures sanitaires efficaces.

La déclaration est d'ailleurs obligatoire pour tout médecin chargé d'un service public.

Par suite d'une convention (26 décembre 1874) les médecins urbains sont tenus de déclarer au bureau d'hygiène, ou au service compétent des faubourgs, les cas de maladies observés par eux.

Le bulletin de déclaration peut être adressé franco au bureau d'hygiène, et, s'il y a urgence, le médecin peut le remettre au premier agent de police qu'il rencontre, et qui est obligé de porter l'avis au service compétent.

Ce service, ainsi averti, envoie au domicile indiqué le médecin divisionnaire dans le rayon duquel le cas de maladie s'est produit.

Lorsque le médecin divisionnaire visite une maison où a eu lieu un décès par maladie transmissible, nous avons dit qu'il en envoyait l'indication au bureau. Il signe en effet une feuille où il inscrit les mesures à prendre pour la chambre, les lieux d'aisance, le linge, avec indication de la maladie, du nom du médecin, de la situation du malade, de l'eau qu'il boit, de l'état de santé des autres habitants ; il indique aussi les soins qu'ils reçoivent, l'endroit où l'on doit les transporter (hôpital ou poste sanitaire), les causes probables de la maladie, l'état du logement, le nombre des cas survenus dans le logis ou dans la famille, l'état de vaccination, et le consentement des habitants à se faire vacciner.

Le médecin inspecteur en chef prescrit la désinfection.

Si la famille s'y refuse, le bourgmestre, s'appuyant sur les lois des 14 décembre 1789, 16-24 avril 1790, 19-22 juillet 1791, 30 mars 1836 et 30 juin 1842, et l'ordonnance de police du 2 octobre 1865, prend un arrêté suivant qui stipule :

Il sera procédé par les soins de la division d'hygiène et de la police, qui s'entendront à cette fin, à la désinfection de la chambre qu'a occupée la personne atteinte dans la maison visée... Avis est notifié aux parents de la personne, aux propriétaires et locataires.

Lorsque des objets de couchage sont détruits par le bureau d'hygiène, l'inspecteur en chef en avertit le secrétaire du Comité de charité du quartier afin qu'il les remplace.

Pour la visite des bateaux en temps d'épidémie cholériforme, le médecin délégué de la division d'hygiène envoie à l'inspecteur en chef un certificat constatant la visite faite, et disant si le navire est en règle ou non (arrêté royal du 14 août 1803). Un double est remis au capitaine de navire.

La déclaration des cas de choléra est obligatoire. Cette disposition réglementaire a été prise par un arrêté du roi en date du

30 juillet 1893, et en exécution du décret sanitaire du 18 juillet 1831.

Et voici le libellé de l'article relatif à l'interdiction de l'usage de l'eau dans une maison contaminée par le choléra.

ADMINISTRATION COMMUNALE DE BRUXELLES.

4e Division.

Hygiène, Salubrité et Sécurité publiques.

Le Bourgmestre,

Vu les rapports desquels il résulte qu   cas de choléra produit   dans l   maison   située   en cette ville ;....

Considérant qu'en raison des circonstances actuelles, il y a lieu de prendre toutes les mesures et les précautions nécessaires pour empêcher le développement de l'épidémie ;

Considérant que l   maison   prédésignée   alimentée d'eau   de puits ;

Attendu qu'il n'est pas prouvé par l'analyse chimique et bactériologique que l'eau dont il s'agit est propre aux usages domestiques ;

Attendu qu'il convient, dans l'intérêt de la salubrité publique et en attendant les résultats de ces analyses, de prendre des mesures que la situation comporte ;

Vu les lois des 14 décembre 1789 ; 16-24 août 1790 ; 19-22 juillet 1791 : 30 mars 1836 et 30 juin 1842, ainsi que les ordonnances de police du 2 octobre 1848 et du 2 octobre 1865 ;

Arrête :

Avis est donné à...

propriétaire de   maison   que l pompe d   dite   maison   condamnée jusqu'à nouvel ordre et que le   bras de pompe   sera   immobilisé au moyen d'un cadenas.

Monsieur l'Ingénieur du Service des Eaux est chargé de prendre les mesures pour approvisionner d'eau de la distribution les habitants de   maison   susdite   ;

Monsieur le Commissaire de police de la   ͤ Division est chargé de notifier le présent arrêté au   propriétaire   et aux locataires de   immeuble   dont il s'agit et de prendre les mesures nécessaires en ce qui concerne l'immobilisation d   bras de pompe   ;

Monsieur l'Inspecteur en chef de la Division d'hygiène est chargé de la surveillance des mesures de prophylaxie ordonnées par le présent arrêté.

Fait à l'Hôtel-de-Ville, le   189

Le Bourgmestre,

Si un individu appartenant à une commune de l'agglomération bruxelloise est admis à un hôpital de Bruxelles, ou y meurt, le Directeur de l'hôpital en prévient la division d'hygiène, et le Bourgmestre averti en avise le Bourgmestre de la commune.

Pour le choléra, et toujours en temps d'épidémie, le Bourgmestre notifie le relevé des cas quotidiens observés à Bruxelles aux Bourgmestres de l'agglomération. En temps ordinaire, cette information est faite hebdomadairement.

Le Bourgmestre envoie aussi à l'inspecteur de service de santé de l'armée le relevé des cas de maladies contagieuses signalés dans la semaine au bureau d'hygiène, avec indication de la date de l'avis, de l'âge, du domicile.

L'hôpital militaire, de son côté, transmet au service d'hygiène les cas de maladies transmissibles observés.

La désinfection des maisons, dans les cas de maladies contagieuses, est opérée à l'aide du soufre, que l'on fait brûler à la dose de 40 à 50 gram. par mètre cube, quand le malade a quitté la chambre, par décès, par guérison, ou par transport à l'hôpital.

Tout le linge qui a servi au malade est, durant le cours ou après la sortie de celui-ci, bouilli dans un mélange de 240 gram. de sulfate de zinc et do 120 gram. de sel de cuisine par seau d'eau ou de 50 gram. de chlorure de zinc par litre d'eau.

Le badigeonnage au lait de chaux de la chambre contaminée est prescrit aussitôt, et des lavages à l'eau phéniquée ou créolinée sont ordonnés sur-le-champ.

La vaccination et la revaccination sont, au besoin, pratiquées à domicile en cas de variole.

Lorsque l'isolement du malade est impossible, et que des enfants fréquentant les écoles communales sont en contact avec le patient, leur exclusion provisoire de l'école est prescrite. Le chef d'école en reçoit avis par lettre officielle.

On brûle les objets sans valeur dans la cheminée de la pièce infectée ou dans les fourneaux de l'usine à gaz.

Les égouts publics du voisinage, de même que les water-closets de la maison du malade, sont désinfectés au sulfate de fer.

Chaque désinfection fait l'objet d'un rapport particulier au service d'hygiène.

Une voiture spéciale servant au transport des personnes atteintes de maladies contagieuses est remisée à la division d'hygiène ainsi que dans chaque commissariat de police.

Dès qu'un cas de ce genre est signalé au service d'hygiène, il fait arrêter la première voiture qui passe, la conduit au remisage; le cocher dételle son cheval, l'attelle à la voiture de désinfection, et va chercher le malade; le tarif du transport est de 50 % supérieur à celui des voitures ordinaires (Règlement du 4 mars 1881).

Les voitures sont en bois et fer, sans tentures, dépourvues de marchepied afin que personne n'y monte en route.

En 1891, on a transporté 328 malades, dont 258 varioleux, 57 typhoïques, 5 scarlatineux, 5 rubéoleux, 3 diphtériques.

En 1892, les voitures spéciales ont été requises 74 fois pour les affections suivantes : fièvre typhoïde, 22; affections cholériformes, 19; variole, 18; scarlatine, 8; croup, 5; rougeole, 2.

En 1893, 97 fois pour les affections suivantes : fièvre typhoïde, 39; variole, 28; scarlatine, 19; affection cholériforme, 5; croup, 3; rougeole, 3.

§ 4. — POSTES DE SECOURS. — SERVICE MÉDICAL DE NUIT. — DÉPÔTS MORTUAIRES.

Moins complets que les *Casas de Socorro* que j'ai observées en Espagne, sont les postes de secours que Bruxelles possède au nombre de 62, et destinés à secourir les personnes que la maladie ou un accident frappe dans la rue.

On y trouve un lit pouvant servir de civière, une voiture hamac, un chariot, une boîte de secours, des appareils pour fractures. A la caserne des pompiers, au dépôt mortuaire, au Parc, il y a des boîtes et appareils pour fractures ; à l'abattoir une boîte de secours pour noyés.

Il y a une boîte de secours petit modèle dans toutes les écoles. Il y a eu 316 accidents en 1891 et 253 en 1892.

En outre, on a installé un service médical de nuit.

Les personnes qui ne trouvent pas de médecin la nuit peuvent s'adresser aux commissariats de police.

Un agent de police est détaché aussitôt pour se rendre auprès du médecin, l'accompagne chez le malade, attend le praticien à la porte et le reconduit ensuite chez lui.

La visite médicale de nuit est tarifée au prix de 10 francs. Cette taxe est directement payée au médecin par la caisse communale sur présentation du réquisitoire visé par l'inspecteur en chef de la direction d'hygiène. Si les personnes sont solvables, la somme de 10 fr. est récupérée par le receveur communal ; s'il s'agit d'indigents, la dépense est supportée par la Bienfaisance publique.

Dans les postes de secours, le médecin, ou la personne qui a donné les premiers soins, inscrit sur un registre la date, l'heure, le nom du malade, la nature de l'accident et des soins, ainsi que l'endroit où le malade a été transporté.

Tous les agents reçoivent une instruction «des premiers secours à donner» écrite par le Dr Buys. Des conférences sont faites trimestriellement dans chacun des six commissariats de police par les soins des médecins divisionnaires, qui interrogent ensuite les agents et s'assurent s'ils ont compris leurs causeries.

Lorsque le bureau d'hygiène est prévenu par la police, ou par un médecin, d'un décès par maladie contagieuse, il donne asile aux survivants dans le poste sanitaire, maison dans laquelle il y a 13 lits (2 février 1887).

On fait prendre aux arrivants un bain instantanément chauffé: et pendant ce temps leurs habits sont désinfectés, et à la sortie du bain, on leur donne des vêtements de rechange qu'ils peuvent garder, si les leurs sont trop usés.

Le matin, les hommes et les femmes, après avoir pris une bonne tasse de café, vont à leur besogne munis d'un bon de dîner que leur remet le gardien au nom du Bourgmestre, et qui leur donne droit à prendre aux restaurants de la Société philanthropique un repas composé d'un litre de soupe, de 125 gram. de pain, de pommes de terre et de viande ; avec 5 centimes de plus on a un verre de bière. Les femmes qui allaitent ont droit à deux bons.

En 1892, le poste sanitaire a donné asile à 37 familles comprenant 160 personnes ; 185 bons de dîner ont été délivrés, et le gardien du poste sanitaire a donné 160 bains.

En 1893, 27 familles comprenant 93 personnes ont été hébergées, 89 bons de dîner ont été délivrés et 8 de bains.

Des bains-douches de propreté, au nombre de 1224 en 1891, 709 en 1892, et 678 en 1893, ont été donnés aux détenus à la prison communale.

Un dépôt mortuaire est installé près de l'église Sainte-Catherine, pour recevoir les corps que les familles, faute de place, ne peuvent pas garder chez elles; ils y restent jusqu'aux obsèques (*jamais plus de 48 heures*).

Les corps y sont transportés enveloppés d'une sorte de suaire en caoutchouc et posés sur une voiture spéciale ; mais on ne reçoit au dépôt ni les cadavres en putréfaction, ni les corps des personnes décédées à la suite de maladies transmissibles, épidémiques ou infectieuses.

L'autorisation de la famille est nécessaire pour le transport,

qui est ordonné par le médecin de l'état civil ou le médecin traitant ; un double de l'ordre est adressé au commissaire de police,
qui invite le gardien du dépôt à faire opérer le transport.

En 1892, le dépôt mortuaire a reçu 1,116 corps, savoir :
652 enfants au-dessous de 7 ans ; 383 corps d'enfants mort-nés
et 61 corps d'adultes.

En 1893, 1,078 corps ont été envoyés à ce dépôt : 593 corps
d'enfants au-dessus de 7 ans ; 406 corps d'enfants mort-nés et
79 corps d'adultes.

Le système du dépôt mortuaire est entré dans les mœurs
bruxelloises, et aucune objection n'est plus faite par les familles.

Il a reçu :

en 1892, 10 personnes du sexe masculin ;
1893, 17 — 14 hommes et 3 femmes.

§ 5. — LES EAUX DE BRUXELLES.

Sans entrer dans des détails sur les eaux que consomment
actuellement la ville de Bruxelles et les communes de son agglomération, nous dirons un mot du projet élaboré par M. Putzeys,
directeur des travaux de cette ville.

M. Putzeys constate tout d'abord que la ville dispose de
29,000 mèt. cubes d'eau de la rivière le Hain, de 8,000 mèt.
cubes de l'eau de drainage de la forêt de Soignes, lesquels pourraient être portés à 23,000, ce qui ferait un total de 52,000 mèt.
cubes, soit 100 litres quotidiens pour une population de 500,000
habitants.

Mais, si l'eau de boisson est abondante à Bruxelles, l'eau
d'usage pour les services industriels et municipaux fait défaut.

Où prendra-t-on cette eau? La commune de Nivelles s'oppose
à un nouveau drainage, la ville de Huy à la dérivation des sources
de Hoyoux.

M. Putzeys a pensé à l'eau de la Meuse, prise à 2 kilom. de
Namur, et dont le degré hydrotimétrique est de 15°, celui de
l'eau de Bruxelles étant de 28°.

L'eau passerait par un aqueduc de 65 kilom., serait descendue dans quatre bassins, où elle reposerait 12 heures, lesdits bassins recouverts de gazonnement de 40 centim. d'épaisseur. Une couche semblable recouvrirait les bassins de filtration.

Comme plans filtrants, il y aurait des graviers de diverses grosseurs formant une couche de support de 0,70, des sables de grains divers formant une couche de 0,60.

M. Putzeys critique, en passant, le système américain de filtration à ciel ouvert, qui expose l'eau aux souillures et aux variations de température, et il montre les bons résultats de la filtration opérée sur les eaux de la Meuse à Rotterdam. Le filtrage du sable enlève à l'eau de Meuse 98 à 99 %, de ses colonies bactériennes, et on y utilise d'ailleurs le système d'accélération de l'oxydation des matières organiques par le contact du fer (purificateur d'Anderson).

M. Putzeys cite aussi l'opinion du chimiste de l'Institut hygiènique de Berlin, d'où il résulte que l'eau du Tegel fournie à cette ville perd, par le filtrage, la majeure partie de ses microbes. Elle n'en contient plus que 12 à 30, et exceptionnellement 82 à 168 ; tandis que certaines eaux de sources en contiennent 7 à 180 (eau de Mangfall à Munich) 8 à 42, (la Lauf à Vienne).

L'exemple le plus probant est celui de la ville d'Altona, dont on a tant parlé à propos du choléra de Hambourg (Koch, Franckel, Arnould, etc.).

Altona prend l'eau de l'Elbe à 12 et 16 kilom. en aval du débouché des égouts de Hambourg, ville dans laquelle se pratique le « tout à l'égout », mais l'eau est filtrée à Altona.

Diverses analyses faites en 1891 et 1892, montrent que le nombre des microbes s'est abaissé par la filtration de 68,200 à 47, de 11,920 à 4, de 20,640 à 60, de 42,160 à 31, de 25,880 à 8, etc. ; aucun microbe pathogène n'a été trouvé (Walling et Reinsck), et les cas très rares de choléra à Altona sont attribués à une importation de Hambourg.

Dans cette dernière ville, qui boit l'eau de l'Elbe en amont, mais non filtrée, le choléra a fait les ravages que l'on sait.

Du reste l'analyse de l'eau de la Meuse faite par M. Malvoz, assistant du laboratoire de bactériologie de Liège, montre le nombre des microbes de cette rivière ne s'élevant qu'à 350 à 550 sur le trajet de Givet à Namur, et montant à plus d'un million, après qu'elle a reçu les matières du grand collecteur de Liège. Mais ce n'est que sur une faible étendue que se fait sentir la souillure de la Meuse, tandis que celle de la Seine, si énorme en aval de Paris, est déjà considérable en amont (27,000 à 53,000 à Choisy, d'après Levy et Miquel). Celle de l'Elbe, avant sa purification à Altona, contient de son côté 24,700 germes, celle de la Sprée avant la filtration, 111,000.

C'est donc à la filtration de l'eau de Meuse que s'attache M. Putzeys, repoussant l'utilisation de l'eau du *Modave* qui, en exposant à des procès, ne procurerait que 70,000 mètres cubes supplémentaires, tandis que la Meuse en donnera 130,000.

M. Putzeys pense que les Communes de l'agglomération préféreront cette eau à l'eau de puits trop profondément creusés et par ce fait difficiles à utiliser, sans compter l'impureté de leur eau causée par le voisinage des fossés.

Insérons ici une remarque qui ne manque pas d'intérêt et qui peut servir à beaucoup de villes. Lorsqu'on prend de l'eau de source captée par gravitation, on a tout de suite une grande quantité de liquide qui peut être, pendant les premiers temps, en proportion bien supérieure aux besoins, d'où dépense inutile, prix de revient exagéré. Avec le système des eaux de rivière et l'élévation de l'eau par machines, on échelonne la consommation, on ne prend chaque année que la quantité d'eau utile.

Aussi M. Putzeys propose-t-il, pour Bruxelles une double canalisation, l'actuelle, qui fournit l'eau potable, et la canalisation projetée, qui donnerait l'eau au service public et à l'industrie. On en prendrait peu d'abord, il n'est pas nécessaire à Bruxelles comme à Paris de faire deux lavages quotidiens des chaussées à grand gaspillage ; à Bruxelles, fait remarquer M. Putzeys, les tombereaux enlèvent ce qui, à Paris, va à l'égout et coûte si cher à y entraîner.

Ajoutons que la canalisation nouvelle, en rendant à la consommation 10,000 mèt. cubes d'eau potable employée comme eau industrielle, permettrait d'augmenter la charge disponible pour le service des incendies.

M. Putzeys enfin défend le système des machines, qui ne présente aucun inconvénient, et qu'on emploie depuis longtemps à Londres, Berlin, Paris (eau de la Vanne). D'ailleurs le charbon, qui ne coûte pas cher à Bruxelles, rend moins onéreux là que partout ailleurs l'emploi des machines, et M. Putzeys conclut ainsi :

« Les machines, en offrant l'avantage de suivre pas à pas les progrès de la consommation, en permettant d'aller puiser les eaux là où elles sont intarissables, au lieu d'être obligé de les prendre là où la nature a créé une source dont les débits sont toujours variables, donnent la faculté de lancer vers les villes à alimenter les volumes qui leur sont nécessaires, suivant les époques, sans avoir à craindre de pénurie précisément au moment où les besoins deviennent les plus pressants ».

A la suite du projet de M. Putzeys, le conseil communal de Bruxelles a confié l'examen de la question à une commission dont M. l'échevin Janssen a été le rapporteur.

Il a montré avec documents à l'appui, et surtout à l'aide du rapport technique de M. Malvoz, l'efficacité de la filtration sur sable.

Nous relevons deux assertions importantes de ce travail.

« Nous sommes d'accord pour considérer les dangers que pourrait avoir l'emploi de la Meuse filtrée pour les services publics et industriels de l'agglomération bruxelloise comme illusoires. La véritable destination des eaux de rivière filtrées nous semble consister précisément dans leur usage comme eaux industrielles et eaux réservées aux services publics. »

Et plus loin :

« Quant à l'usage de l'eau filtrée de la Meuse comme eau de boisson, nous pensons que, si la filtration est faite avec tous les soins nécessaires, en observant scrupuleusement les principes de technique admis à l'heure actuelle, en ne dépassant pas certaine vitesse, en rejetant les premières eaux qui ont traversé les filtres, en suivant la marche de ces derniers bactériologiquement, nous pensons qu'il n'y a pas de danger à l'utiliser au besoin pour l'alimentation. »

Une particularité bien intéressante est aussi constatée dans ce rapport, c'est que la filtration n'est réellement efficace que lorsqu'il s'est formé à la surface supérieure du sable une sorte de couche vaseuse montrant au microscope des filaments enchevêtrés d'algues, de diatomées, de débris végétaux, et la filtration se fait d'autant mieux que cette couche vaseuse s'épaissit davantage ; la vraie couche filtrante serait cette couche superficielle, le sable servirait de frein destiné à modérer le mouvement de l'eau ; il servirait aussi de support à la couche glaireuse filtrante, qu'il faut avoir soin de ne pas dissocier par une trop grande vitesse donnée à l'eau à filtrer.

Il ne faudrait pas croire que le projet de M. Putzeys, qu'approuve également une commission nommée par le gouverneur de Brabant, ne rencontre pas d'opposition. Un recueil important, le *Mouvement hygiénique*, qui a pour rédacteur principal M. Belval, inspecteur de l'hygiène scolaire au ministère de l'intérieur et de l'instruction publique, a consacré plusieurs articles à combattre le projet Putzeys.

C'est au point de vue des communes de l'agglomération bruxelloise que se place ce journal. 300,000 habitants ne doivent pas se laisser faire la loi par les 180,000 habitants de la capitale. Payer l'eau ce qu'elle coûte, voilà à quoi doit consentir l'agglomération, et non rester tributaire de la ville, qui tire grand bénéfice de son eau en fournissant un minimum annuel de 42 fr. (y compris 15 fr. de location du compteur).

Le *Mouvement hygiénique* dit aussi les dangers du filtrage, même appuyé par l'épuration au fer ; c'est là l'exemple d'Anvers avec son eau de la Nethe, dont l'autorité militaire a dû interdire l'usage à la garnison, et que l'autorité civile recommande de ne boire que bouillie.

Tout au plus, M. Belval consentirait-il à l'utilisation de l'eau de la Meuse comme eau industrielle, s'appuyant sur l'opinion de Koch, qui déclare la filtration souvent imparfaite, et de plus en plus abandonnée pour la captation des sources.

Un ingénieur distingué, M. Lambert, propose de son côté de creuser des puits pour alimenter Bruxelles, cette ville se trouvant à la base d'un versant de grande étendue de terrains primaires, et possédant tous les éléments pour « la création prompte et économique d'une distribution d'eau sans égale. »

J'ajoute que, dans le *Mouvement hygiénique*, l'un de ses rédacteurs, M. Putzeys, le professeur de l'Université de Liége, soutient le projet bruxellois, et combat le projet des communes réunies qui veut faire venir l'eau des Hoyoux dont j'ai parlé déjà ; il trouve dans cette mesure des chances de contamination de l'eau, les vallées secondaires étant parsemées de bétoires [1].

§ 6. — LES ÉGOUTS.

Ce n'est guère qu'en 1847 que la ville de Bruxelles a vu étudier son système d'égouts. Sur 425 rues, 52 manquaient de ce moyen d'élimination des matières usées ; il en était de même des 291 impasses qui existaient alors dans la capitale de la Belgique, et qui peu à peu ont disparu.

La ville était traversée par la petite rivière la Senne, qui circulait à ciel ouvert. Cette rivière, écrit M. Van Mierlo, alors ingénieur de la ville de Bruxelles, était le réceptacle commun des eaux sales amenées par les égouts ou déversées par les maisons et les usines riveraines. L'extension toujours croissante du nombre de maisons, dont les matières fécales étaient introduites

---

[1] Depuis que ces lignes sont écrites, la rupture est complète entre Bruxelles e les communes de l'agglomération. Elles ont été autorisées à se fournir d'eau pris au Bocq. Il en résulte une grande perte pour Bruxelles, qui jusqu'ici fourniss l'eau à ces communes. On trouvera une critique intéressante sur ces eaux d un travail récent de M. Putzeys, de Bruxelles : *Les sources des vallées de l'Ourt, des Hoyoux et du Bocq.*

dans les égouts, avait amené finalement un état d'infection into-
lérable. Les matières de toute nature s'arrêtaient, et entraient en
fermentation dans les différents bras de la rivière, dont le cours
irrégulier et tortueux était encombré de moulins, et en été devenait
une vaste fosse d'aisance à ciel ouvert.

Les eaux noyaient les égouts et refoulaient les gaz dans les
maisons ; lors de l'inondation de 1850, le débordement recou-
vrit les rues de $2^m,50$ d'eau venant des égouts.

Ceux-ci d'ailleurs étaient peu profonds, étroits, de pentes
nulles ou peu accentuées ; quelques-uns étaient en contrepentes.

Tout n'allait pas aux égouts comme aujourd'hui d'après les
prescriptions du règlement ; il y avait des fosses nombreuses
point étanches, que l'on vidait à l'aide de bateaux (80 en 1850)
et dont on vendait le contenu aux agriculteurs.

Peu à peu le nombre des fosses diminua. Le règlement en
interdit la construction ; aujourd'hui il prescrit la communication
des égouts privés des habitations avec l'égout public.

C'est en 1867 qu'on résolut de voûter la Senne sur une longueur de 2,150 mèt. et d'établir de chaque côté deux grands
collecteurs parallèles, lesquels vont se réunir en aval à un émissaire,
qui, autrefois, déversait ses matières à la Senne, mais qui les
donne à une usine élévatoire, laquelle les jette aux champs de
Macheleu sur une étendue de 39 hect., et aux plateaux de Loo et
Veulhy (rive droite) à des hauteurs de $31^m,50$ et 12 mèt. sur
une étendue de 4,000 hect. [1].

Le curage des égouts se faisait pour les plus petits à main
d'homme, et les matières extraites par des cheminées aboutissant
à la vue étaient chargées sur des tombereaux ; aujourd'hui le
nettoyage se fait à l'aide de grandes chasses d'eau. On les désinfecte d'ailleurs deux fois par semaine à l'acide phénique.

Mais la Senne, qui reçoit les eaux sales de l'émissaire, continue
a être souillée, et incommode les populations situées sur ses bords
en aval de Bruxelles.

Les égouts actuels sont établis d'autant plus près de la surface

[1] Un projet de couverture complète de la Senne à travers Bruxelles est à l'étude.

du sol qu'ils sont plus anciens et plus petits. Maintenant on prescrit la construction de grands égouts de 2 mèt. de haut et de 1^m,30 de large (l'émissaire a une largeur de 2^m,20) dont le radier est à 4 mèt. ou 4^m,50, excepté à la partie basse de la ville, où l'on ne peut descendre le radier à plus de 3 mèt., si bien qu'on a dù élever certains rez-de-chaussée.

Ce côté de la ville (Rive gauche) a des égouts à pente faible à cause de l'horizontalité des terrains. Mais sur la rive droite, qui est la partie accidentée de la ville, les égouts ont des pentes variables; s'ils avaient en effet une pente uniforme très accentuée, l'entraînement des matières serait trop rapide et amènerait des ruptures. Aussi sous les rues fortement inclinées de cette partie de la ville, les égouts ont une pente inférieure à celle du sol empierré; dans les rues peu inclinées, l'égout a plus de pente que la rue.

Pour empêcher l'infection de l'air de la rue et des maisons par les émanations des égouts, on a installé des coupe-air, dont M. Van Mierlo a décrit trois modèles. Le premier ou *Sterfput*, consiste en un bloc cubique de pierre bleue creusé en forme de cuvette et muni sur une de ses parois d'une ouverture formée par une fente oblique. Ce type se rencontre dans les cuisines, buanderies, cours et jardins. Le second type est un chaudron en fonte qui se place au bas du tuyau de chute des cabinets.

Le troisième type est un siphon en faïence ou grès, en plomb ou en fonte, qui se place au sommet du tuyau de chute d'un certain nombre de cabinets.

Les bouches d'égouts au ras du sol ont souvent des réservoirs pour retenir le sable et les corps volumineux. La plupart, à Bruxelles, sont à fermeture hydraulique; le quart environ offre une libre communication entre l'air de l'égout et l'atmosphère de la rue. Actuellement, l'aérage des égouts de Bruxelles est obtenu par les ouvertures ménagées dans les trappes qui surmontent les cheminées de visite et de curage; c'est également par là que l'air comprimé dans les canaux, à la suite des pluies, trouve à s'échapper sans qu'il en résulte d'incommodité pour les voisins et les passants; on évite également ainsi le refoulement dans les maisons à travers le coupe-air.

Les travaux d'assainissement de Bruxelles, qui comprennent le voûtement de la Senne, l'établissement de 17,775 mètres de collecteurs, la démolition de 1,100 maisons, le curage à vif fond et le remblai des anciens bras de la Senne, la soustraction de 5,600 mètres d'égouts types de 2 mètres de haut, la suppression de divers barrages et moulins, etc., ont coûté 27 millions, sans compter divers autres achats de terrains pour ouverture de boulevards et constructions de divers édifices. Ces travaux, commencés en 1867, ont été terminés en 1874; l'utilisation par l'épandage a eu lieu en 1872.

§ 7. — La Voirie.

Le règlement du 8 mars 1860, complété par une ordonnance du Collège sur la police de la voirie, en date du 2 octobre 1865, vise ce qui regarde la propreté et la salubrité de la rue: pavage de pavés bien joints et à pente convenable, jet à l'égout des vidanges provenant des ruelles et impasses, lieux communs de $0^m,90$ de large et 1 mèt. de profondeur bien entretenus, quantité suffisante d'eau potable, interdiction des matériaux pouvant donner une mauvaise odeur, ou l'accumulation des matières usées à l'intérieur des maisons; les puits doivent être fermés avec des dalles de pierre de taille bleue, ou par un couvercle solide en fer.

Les propriétaires ou locataires des rez-de-chaussée, à qui il est interdit de laver les trottoirs et les voies passé dix heures du matin, sont tenus de balayer, tous les jours avant 8 heures du matin en été et 9 heures en hiver, la moitié de la largeur de la rue devant leurs habitations, et de faire rassembler en tas les boues et immondices. Sur les quais le balayage se fait jusqu'à 6 mèt. et est précédé en été d'un arrosage quotidien, aussi bien dans les rues que dans les impasses.

Il est prescrit aux propriétaires de casser la glace devant leurs portes, de jeter sur le verglas de la cendre ou du sable, de balayer la neige. L'administration la fait fondre à l'aide du sel (Ce procédé date à Bruxelles de 1879). En temps de neige, on doit attacher des grelots au collier des chevaux.

Le dépôt des immondices sur la voie publique est interdit. Les habitants doivent les mettre devant chaque maison dans des baquets ou paniers, qu'enlèvent chaque matin les ouvriers de service pour les vider dans des charrettes et les transporter loin de la ville.

Un rapport du service public en 1887 disait que le balayage revenait à Bruxelles à 2 fr. 46 par habitant.

La vidanges des fosses, le transport du fumier provenant des abattoirs et triperies, ne peuvent se faire qu'après minuit et avant 6 heures du matin.

Les immondices des cours sont enlevées de 6 à 8 heures du matin.

Il est défendu de déménager après 9 heures du soir en hiver et après 10 heures du soir en été.

Le fumier de cheval est transporté après 9 heures du soir, et avant 9 heures du matin en été, et en hiver après 8 heures du soir et avant 10 heures du matin. On doit le conserver dans des fosses étanches indépendantes des murs servant de fondation, et éloignées de ces murs de 10 centim. au moins, et des puits de 2 mèt.

Les saillies d'étalage sur la voie publique sont interdites. Il est interdit de construire un soupirail de cave pour sortir des planches ou des barres servant à la fermeture des rez-de-chaussée.

Il est défendu de placer aux appuis des fenêtres des objets pouvant tomber et blesser les passants.

On ne peut ni laver, ni se baigner, ni jeter quoi que ce soit dans les canaux, rivières, étangs.

Une commission surveille le nettoyage. Elle se compose de quatre membres du Conseil communal présidés par l'Echevin des travaux publics. Chaque membre exerce à son tour pendant un mois la surveillance du service, et fait un rapport sur ce qu'il a observé.

Depuis longtemps la ville de Bruxelles voulait se débarrasser de ses boues, qui s'accumulent au dépôt de Neder-over-Hermbeck, dont on se défait difficilement parce que personne n'en veut plus, et qui, en temps d'épidémie, peuvent être un danger pour le voisinage.

Après une discussion très vive et très intéressante entre M. l'échevin Janssen et M. Depaire, qui s'est élevé contre l'envahissement des hygiénistes, le Conseil communal a, dans ses séances des 6 et 13 juillet 1891, décidé à une grande majorité l'établissement d'un four pour la crémation des boues et immondices.

Le four, qui a coûté 19,000 fr., a fonctionné fort bien depuis le 25 juillet 1892, et il est question d'en établir d'autres, malgré les oppositions mal fondées de quelques industriels du voisinage plus nuisibles à la salubrité publique [1].

§ 8. — HYGIÈNE DES MAISONS ET ÉDIFICES.

A. Toute construction, reconstruction ou réparation sur la voie publique, doit être autorisée par le collège ; des plans doivent être fournis à l'échelle de $0^m,02$ par mètre, et les prescriptions de l'autorité communale observées, sauf recours à la députation permanente du Conseil provincial.

Les agents de l'Administration vont dans les chantiers, arrêtent les constructions en cas d'infractions, qu'ils signalent au Collège.

Les échafaudages doivent être munis de garde-fous, les murs de fondation des maisons seront en pierres ou moellons durs non couverts de sable ou de marne ; l'épaisseur des murs est déterminée par le Collège, suivant leur hauteur. Le maximum de hauteur des façades est de 21 mèt. sur les places publiques et

[1] Expression du chimiste M. Elaerts. Cette question m'a été expliquée avec une grande clarté par l'obligeant directeur du service de nettoyage de la voirie, M. Smyers.

rues de 15 mèt. ; il dépasse de 6 mèt. la largeur des rues sauf celles de 3 mèt. et moins. Les façades en bois sont prohibées.

Les hauteurs des étages doivent être de $2^m,80$ au minimum, celles des mansardes de $2^m,60$. La ventilation des mansardes de 2 mèt. doit être assurée par des procédés agréés par le Collège.

Toute habitation doit être pourvue d'une cour. Pour les hôtels ou auberges, un examen minutieux est prescrit avant l'ouverture.

Des articles spéciaux visent les puits et fosses (matériaux, distance, jonction des conduites à l'égout, avec taxes fixes proportionnelles au revenu cadastral, pour embranchements). Le service d'hygiène est chargé de l'examen des plans de toute nouvelle construction.

L'ordonnance de 1883 termine par un règlement sur les cas de démolitions à ordonner par le Collège, lequel donne aussi les autorisations de réparer ou construire sur la voie, de changer les trottoirs, vitrines, objets faisant saillie.

Les demandes pour établissement de garnis doivent donner lieu à une enquête qui détermine si les conditions d'hygiène sont remplies, et qui porte sur la hauteur, la largeur, la longueur, le cubage des pièces, le nombre des personnes qu'elles sont destinées à loger, le mode de chauffage, le mode de ventilation (nombre et situation des fenêtres). C'est le service d'hygiène qui s'en occupe également.

Il faut que les places destinées aux hôtes soient numérotées en chiffres peints à l'huile, que tous les matins, à la boîte extérieure des commissariats, soit déposée une déclaration extraite du registre prescrit par l'art. 555 du code pénal contenant les noms et qualités, domicile, date d'entrée et de sortie de toute personne qui a couché ou passé une nuit dans la maison.

Le nombre de personnes à loger doit être conforme au règlement : la capacité cubique est de 14 mèt. par personne.

Les poèles doivent être entourés d'un garde-feu en tôle, et isolés du plancher par une plaque en métal placée à 6 centim. d'élévation.

L'autorisation est retirée, si l'impétrant ne se conforme pas ponctuellement aux prescriptions de l'autorisation. Les logements garnis doivent être tenus dans un état constant de propreté.

B. Quand une maison est signalée comme insalubre, un agent du service d'hygiène se transporte sur les lieux, signe et envoie au service un bulletin, dans lequel sont indiquées les causes de l'insalubrité : humidité permanente du sol, des murailles, défaut d'aération, de ventilation, d'éclairage, encombrement, cubage insuffisant des chambres à coucher, des ateliers, etc., dépôt des fumiers ou d'autres matières en décomposition, stagnation des eaux pluviales, ménagères, malpropreté des chambres, cours, escaliers, écuries, construction ou disposition vicieuse des cabinets d'aisance, des urinoirs, des regards ou conduites d'égouts, défaut d'eau potable en qualité et en quantité.

Au bas de l'imprimé sont indiquées les mesures proposées.

Le conducteur du service technique se rend sur les lieux : il indique l'état des améliorations à faire sur une feuille imprimée qui est visée par le médecin divisionnaire et le médecin inspecteur en chef, puis envoyée au Bourgmestre.

Semblables formalités sont employées pour les caves habitées; on indique l'état de santé habituel des habitants, le taux du loyer, l'état des autres parties de la maison. De même pour l'enquête relative à la qualité de l'eau potable.

Le Bourgmestre envoie au propriétaire l'avis des améliorations à apporter à son immeuble, en lui fixant un délai, variant suivant l'importance des améliorations (24 heures pour le badigeonnage en cas de malpropreté).

Le délai expiré, le Bourgmestre envoie une lettre de rappel, et, si l'insalubrité subsiste, si une eau potable n'est pas substituée à l'eau mauvaise, si le défaut d'aérage ou d'écoulement des eaux compromettent d'une manière permanente la salubrité publique, la commission déclare dans son rapport que « l'interdiction de l'habitation serait justifiée dans le cas où les réquisitions légales resteraient sans effet ».

Fort de ce rapport, le Bourgmestre donne aux propriétaires un délai d'un mois pour se conformer à l'avis de la commission.

Passé ce délai, l'arrêté d'interdiction est prononcé ; mais on arrive très rarement à une pareille mesure.

La rapidité des enquêtes relativement à la salubrité des maisons est signalée par notre excellent confrère, le Dr A.-J. Martin, dans son beau travail sur la législation sanitaire comparée. Toutes les mesures de prophylaxie, sur lesquelles l'attention du service a été appelée, sont prises dans la journée. Il cite l'exemple suivant. A 8 h. du matin, un médecin avait visité un malade atteint de fièvre typhoïde ; à 9 h., le bureau d'hygiène en était informé ; aussitôt l'inspecteur (médecin) divisionnaire était prévenu ; à 10 h. le rapport sommaire de l'inspecteur était parvenu au bureau ; à 11 h., les mesures de désinfection étaient appliquées par l'agent chargé de la désinfection des logements contaminés.

A midi, le malade était transporté à l'hôpital par une voiture spéciale, qui était immédiatement désinfectée ; à 2 h. de l'après-midi, les urinoirs, les lieux d'aisance et l'égout voisin avaient été surveillés, et des mesures plus complètes d'assainissement du logement étaient prescrites et commencées. En même temps, le conducteur faisait son rapport sur ses constatations techniques. Le médecin divisionnaire approuvait le rapport, le soumettait à l'Inspecteur en chef, le soir le Bourgmestre avait régularisé toutes les précautions ainsi prises.

En effet, l'inspecteur en chef du bureau, qui dès la première information a pointé sur un plan de la Ville, avec des épingles à têtes de diverses couleurs, les maisons où se sont montrés les divers cas de maladies transmissibles de la journée, fait rédiger les pièces régularisant les mesures qu'il a fallu prendre, et le soir à 4 h., il présente ce plan au Bourgmestre ou à l'échevin du service et soumet à sa signature les documents qui lui permettent de prescrire, par voie d'arrêté, comme nous l'avons vu, les travaux à faire, de sanctionner ceux qui ont été déjà faits, et de mettre les dépenses à la charge de qui de droit.

C. Chaque rue de Bruxelles a son dossier. L'imprimé porte la statistique de la voirie (longueur et largeur de la rue, altitude maxima et minima, nombre de bouches d'eau, d'urinoirs, calibre de l'égout, chiffre de la population, nombre des maisons, des ménages).

L'imprimé porte aussi en face de chaque année (pour chaque rue) le nombre de naissances et de mort-nés, légitimes ou non, de mariages, de décès, de cas de maladies zymotiques ayant éclaté dans la rue à diverses époques.

Au verso sont les indications relatives aux enquêtes qui ont pu être faites sur l'insalubrité de telle maison de la rue.

On consigne sur un registre spécial les indications sommaires sur chaque maison de la rue.

D. A plusieurs reprises, des règlements ont été faits pour l'hygiène des théâtres. D'après celui de 1883, toute demande de construction de théâtre doit être accompagnée d'un plan détaillé, et transmise à la division de police compétente qui fait procéder à une enquête de commodo et incommodo ; avis est demandé à l'ingénieur chargé de l'inspection des théâtres ; il examine si le plan correspond aux prescriptions du Collège, avis est aussi demandé aux services des travaux publics, du gaz, des eaux, au commandant des pompiers.

Tous ces chefs se transmettent leurs avis et se rendent ensuite sur les lieux pour voir si les prescriptions formulées ont été obéies.

Le service d'hygiène doit s'enquérir si toute cause d'insalubrité a été écartée (égouts, cabinets, aération, chauffage).

§ 9. — Le Laboratoire municipal. — Hygiène alimentaire.

A. Le laboratoire municipal de chimie a été constitué en 1857, dès la promulgation de la loi de 1856, réprimant la falsification des denrées alimentaires ; il a été amélioré à plusieurs reprises, et a été annexé au service d'hygiène en 1883. Dirigé par M. le député Bergé, qui m'en a fait voir tous les détails, il est très complètement outillé, et procède chaque année à 1,500 analyses environ.

Certaines de ces analyses sont faites à la demande de la division d'hygiène concernant des échantillons pris chez les débitants: le chimiste ignore d'où ils proviennent. Les analyses par ordre du Bourgmestre sont dans le même cas.

Tout particulier peut déposer une denrée qu'il veut faire analyser. Le service d'hygiène transmet l'échantillon au chimiste.

Les eaux sont analysées sur demande du propriétaire de l'immeuble, du locataire, de la division d'hygiène, du Bourgmestre en vertu de son droit de police.

Les travaux du laboratoire de Bruxelles ont été très actifs en 1891. Il a exécuté 1,195 analyses, dont 466 portant sur les eaux de puits, qui n'ont fourni que 25 résultats satisfaisants. Le vin, la bière, les beurres, ont présenté le plus grand nombre de falsifications.

En 1892, 1,409 analyses ont été faites : 608 produits alimentaires, 465 eaux de puits et 336 produits divers. 33 eaux ont donné des résultats satisfaisants.

Pour plusieurs objets, des observations faites aux fabricants ont empêché la continuation de procédés nuisibles ; exemples : coloration des toiles d'emballage, des jambons, denrées enveloppées dans des feuilles de plomb ; pains d'épices décorés avec du vert d'arsenic, boîtes de conserves plombées, jouets colorés, chicorée venant de France, falsifications et fabrication de toutes pièces, de liquides appelés vins.

Il y a eu une légère diminution sur 1891 dans la quantité de viande enfouie comme impropre à la consommation (42,998 kil. au lieu de 45,120). En 1892, 55,510 kil. de viandes diverses ont été enfouis. Le nombre des têtes de bétail de tout genre reconnus atteints de maladies a été de 958.

Comme dans d'autres villes, le commerce des liquides prend chaque année à Bruxelles une plus grande extension ; 1,955 débits ou cabarets existaient en 1891. Il en avait été ouvert dans l'année 235 et fermé 87. En 1892, le chiffre est de 2,014. 191 débits ont été ouverts et 132 fermés. Les établissements de boucherie et de préparation de viande ont été ouverts au nombre de 52 et fermés au nombre de 28 en 1891 ; les chiffres sont 52 et

13 en 1892. Ces chiffres ont été pour les boulangeries de 13 et 16 en 1891 et de 14 et 14 en 1892.

On a observé que, plus il s'ouvre de boulangeries et de boucheries, plus, toutes proportions gardées, le pain et la viande renchérissent.

B. La loi belge qui réglemente l'organisation des abattoirs publics et supprime les tueries particulières, date de la loi municipale du 30 mars 1836, renforcée par la loi du 12 août 1848.

L'abattoir public de Bruxelles date de 1836, et il est situé près du marché au bétail, d'où les animaux se rendent directement à l'abattoir.

Le marché est construit en fer et verre, et pavé de granit. Ce sont des abris en plein air où chaque espèce de bétail est mise en vente un jour différent de la semaine. Le pesage se fait à une bascule de fer, que l'on désinfecte après chaque marché.

Les animaux paient au marché 0 fr. 50 par bêtes à cornes, 0 fr. 20 pour veaux et porcs, 0 fr. 10 pour moutons. Le boucher qui introduit la bête à l'abattoir paye 3 francs par tête de gros bétail, 2 francs pour vaches et chevaux, 0 fr. 20 pour veaux et porcs, 0 fr. 25 pour moutons. Les étables sont pavées de pierre bleue, que l'on rend rugueuse afin d'éviter les glissements.

L'animal est abattu à coups de maillet. Ses issues sont bouillies sur place; les intestins dans un endroit à part, avant de sortir de l'abattoir; mais cette partie, qui ressemble à une halle, n'a pas un pavé étanche, et est mal ventilée.

Au contraire, la partie réservée aux porcs est très bien ventilée, grâce à la disposition des toits.

Tout individu qui transporte de la viande dans Bruxelles doit être porteur d'un certificat du lieu d'origine, et d'une indication de la destination de la viande.

Mais celui qui introduit la viande pour son usage n'a qu'à donner son nom et son adresse, ce qui peut exposer les consommateurs à des dangers.

En concurrence avec l'abattoir insuffisant de Bruxelles, une société particulière a créé à Cureghem-Anderlecht un abattoir qui répond à toutes les exigences de l'hygiène. Il est dirigé par M. Courtois dans le laboratoire de qui se font d'intéressantes recherches. Les étables sont bien ventilées, à murs dont les angles sont arrondis, à pavé étanche. Les tueries, les triperies, sont vastes, très hautes, on y peut tuer 80 bêtes à la fois, un grand hall auquel aboutissent 3 kilomètres de voie ferrée venant de la gare de l'Ouest amène les jours de marché de 12 à 1,500 bœufs, d'autres jours sont destinés aux veaux et aux porcs. Un puits artésien distribue l'eau dans tout l'établissement, qui occupe 17 hectares, ce qui permettra à l'occasion l'agrandissement des bâtiments [1].

C. Si un animal atteint de maladie contagieuse est signalé, le Bourgmestre prescrit, sur rapport du vétérinaire de la province, aux agents de police de visiter l'animal, de l'abattre et de faire la décomposition complète (arrêté royal du 20 septembre 1883); à moins que le vétérinaire du gouvernement, après autopsie, ne déclare que la viande peut être livrée à la consommation.

S'il s'agit d'un cheval, on réquisitionne son envoi à l'équarrissage, où il doit être abattu.

Des mesures sont ordonnées pour empêcher la propagation de l'infection; des indemnités peuvent être accordées même pour les bœufs qui à l'abatage présentent de la tuberculose.

§ 10. — STATISTIQUE ET RÉSULTATS DES TRAVAUX DU BUREAU D'HYGIÈNE.

A. En 1891, le bureau a procédé à 1,152 enquêtes par suite de déclarations de maladies contagieuses, et 311 rapports ont conclu à des travaux d'assainissement. En 1892, 375 enquêtes ont été faites et 193 rapports ont été suivis de lettres aux propriétaires pour l'exécution des travaux d'assainissement.

Dans la période quinquennale de 1887 à 1892, il y a eu 2,526 rapports de ce genre (fièvre typhoïde, diphtérie, variole, croup,

---

[1] J'ai visité l'abattoir de Cureghem ayant pour guide M. Edmond Mayer, avocat-conseil de la Compagnie, si compétent dans toutes les questions administratives et économiques.

scarlatine, choléra, coqueluche, rougeole). Outre les enquêtes dont il est question ci-dessous, la division d'hygiène a procédé pendant les années 1891 et 1892 à 4,492 inspections sanitaires dans les impasses et habitations signalées comme insalubres, ainsi que dans des établissements industriels et autres soumis à des lois ou ordonnances de police.

Le tableau ci-après donne des renseignements relatifs à la désinfection opérée d'office et à titre gratuit dans les logements contaminés.

	1891	1892	1893
Nombre de maisons désinfectées.................	1.152	375	460
Nombre de fumigations ou désinfections faites par l'acide sulfureux......................	883	402	441
— de désinfections au moyen de l'acide phénique ou de la créoline..................	732	364	452
— d'appareils siphoïdes et branch^{ts} d'égouts désinfectés.........................	1.592	355	444
— de literies et hardes de peu de valeur dont la destruction par le feu a été ordonnée au nom de la salubrité publique, chez les familles indigentes et remplacées aussitôt par le service de la bienfaisance publique........	994	114	109
— de chambres blanchies au lait de chaux ..	370	183	140

Le service n'a eu qu'à se louer de la célérité que les propriétaires en cause ont mise à se conformer aux prescriptions de l'autorité.

B. Chaque médecin divisionnaire doit remplir et envoyer au médecin en chef un tableau mensuel dont voici la composition :

A la première page, il y a lieu d'indiquer le total des consultations données au bureau de police du quartier, de celles données chez le médecin (en 1891 il y a eu 41,444 consultations et 4,010 visites à domicile et en en 1892, 38,167 consultations et 4,304 visites à domicile), des malades envoyés à l'hôpital ou traités à domicile, des certificats d'exemption de service pour les employés de la ville, enfin le nombre des vaccinations et revaccinations.

A la deuxième page, le médecin divisionnaire doit noter, pour les maladies indiquées à la première colonne, les âges, les malades traités à domicile ou dans les hôpitaux, les morts.

La troisième page porte en tête : Renseignements sur la marche du service, sur les opérations accomplies, et sur les cas observés des maladies intéressant la science médicale et particulièrement l'hygiène publique.

Un bulletin analogue concerne «le service médical des indigents de la paroisse».

Le Bureau d'hygiène reçoit aussi une statistique annuelle détaillée par services, du mouvement des hôpitaux civils et militaires qui indique les malades en traitement au 1ᵉʳ janvier de l'année, ceux qui sont entrés dans l'année, ceux qui sont sortis ou décédés.

Pour les prostituées, le médecin visiteur dresse un tableau mensuel qui porte chaque jour le nombre des prostituées visitées au dispensaire, à domicile, en maison, le nombre des saines et malades à leur arrivée à Bruxelles, le nombre des saines et malades parmi les clandestines, la nature de leurs maladies.

Enfin le service de la statistique comprend le bulletin météorologique des observations faites à l'observatoire d'Uccle : pression barométrique, température maxima et minima, évaporation, eau tombée, vents dominants ; et, pour la semaine, la durée moyenne de l'insolation directe comparée à la durée du jour solaire astronomique, le nombre d'heures où le soleil est au-dessus de l'horizon pendant la semaine, le nombre d'heures d'insolation directe.

C. La création du bureau d'hygiène a fait diminuer la mortalité ; mais cette diminution ne doit pas être attribuée seulement à l'installation convenable des égouts.

Si on prend la période décennale 1864 à 1873, la mortalité s'élève à 30,3 ; mais dans la période décennale 1874 à 1883 (la création du bureau date de 1874), elle s'abaisse à 25,8 ; de 1884 à 1888 elle est de 24,3 ; de 1889 à 1892 elle arrive à 22,3.

M. le Dʳ Janssens pouvait dire au Congrès international d'hygiène en 1889, à Paris, que, de 1874 à 1888, la création du bureau avait épargné 12,825 existences.

Les tableaux envoyés à l'Exposition de 1889 par le bureau montraient qu'à mesure que les habitations sont assainies et que la mortalité diminue, le nombre des logements désinfectés décroît, si bien que bientôt les maladies contagieuses nées en ville n'existeront plus.

Les causes de la mortalité de la population bruxelloise sont indiquées dans le tableau suivant :

MOYENNE DE LA PÉRIODE DÉCENNALE 1881-1890	PÉRIODE DÉCENNALE 1881 à 1890	ANNÉES		
		1891	1892	1893
Phtisie..........................	589.5	583	519	447
Bronchite, pneumonie.............	675.3	639	798!	648
Apoplexie cérébrale et ramollissement du cerveau.................	261.7	252	266	260
Maladies org. du cœur	309.4	303	289	335
Entérite. Diarrhée...............	570.3	447	418	370
Variole	38.0	164	7	13
Rougeole.........................	48.0	112	87	119
Scarlatine	11.9	5	2	6
Fièvre typhoïde	44.9	54	40	54
Croup...,........................	60.8	45	46	42
Diphtérie........................	17.1			
Coqueluche..	46.3	49	43	37
Choléra..........................	0.1	—	17	—
Autres causes.!..................	1440.4	1545	1500	1399
	4113.7	4208	4032	3760

Les décès par maladies zymotiques ont diminué depuis 1854. Si on prend depuis cette époque les périodes quinquennales, on voit se succéder les chiffres suivants :

De 1854 à 1858, 554 décès annuels ; de 1858 à 1863, 475,4 ; — de 1864 à 1868, 1215 ; — de 1869 à 1873, 914,2 ; — de 1874 à 1878, 380,4 ; — de 1879 à 1883, 280,8 ; — de 1884 à 1888, 302,8. Pour la période 1889 à 1892, le chiffre moyen annuel des décès a été de 274.

J'extrais de l'annuaire démographique pour 1893, publié par

le Dr Janssens, le graphique suivant qui indique les moyennes mensuelles des décès causés par les principales maladies zymotiques dans la population bruxelloise, avec comparaison de l'année 1893 avec la période 1864-1892.

Notons qu'en 1888 il n'y a eu qu'un décès par variole, tandis que l'épidémie de 1891 en a causé 164. Dans cette dernière épidémie, il y a eu 125 morts non vaccinés.

De la naissance à 1 an, la variole a tué 38 enfants; de 2 à 5 ans, 90.

Les mesures ont été l'isolement, le transfert à l'hôpital, la vaccination, qui, depuis la création du bureau, va s'étendant.

En 1874, date de la création, 771 personnes ont été vaccinées ou revaccinées.; pour l'année 1892, ce chiffre s'est élevé à 5,152. Depuis 1874 jusqu'en 1892, 86.501 personnes ont subi l'inoculation vaccinale.

HOLLANDE

———

I. — L'Hygiène.

§ 1.— LA LÉGISLATION SANITAIRE. — MESURES DE PRÉCAUTION
EN CAS DE MALADIES CONTAGIEUSES.

A. La loi de 1865 a pour but de rechercher l'état sanitaire
des populations, d'indiquer les moyens de l'améliorer, de maintenir les lois et ordonnances décrétées dans l'intérêt de la santé
des populations.

Le directeur de ce service, placé auprès du ministre de l'Intérieur, prend le titre de référendaire (actuellement le Dr Ruysh).

Il y a, dans les onze provinces, 7 inspecteurs et 5 inspecteurs
adjoints. Les inspecteurs exercent la surveillance médicale et
président le conseil médical de leur circonscription. Les adjoints
les suppléent dans certains cas ou bien exercent dans une circonscription qui n'a pas d'inspecteur. Les premiers touchent environ 7,400 fr., les seconds 6,320 fr., plus frais de bureau, de
route et de séjour.

Ces inspecteurs sont réunis au moins une fois par an par le
ministre, qui peut aussi convoquer d'autres personnes compétentes avec voix consultative.

L'inspecteur fait un rapport annuel au ministre, aux États
députés de la province et aux bourgmestres ; ces derniers lui
communiquent toutes les mesures hygiéniques qu'ils prennent, et
tous les mois la statistique mortuaire.

L'inspecteur prévient de tous cas de maladie épidémique le
ministre, les États députés et les inspecteurs des circonscriptions
limitrophes.

Il doit se concerter avec les autorités locales et les médecins sur les mesures à prendre.

Les comités médicaux provinciaux ont beaucoup d'analogie avec ceux de Belgique (6 à 10 médecins, 2 à 6 pharmaciens et un jurisconsulte et autres personnes compétentes nommées par le ministre.) Les conseils désignent, comme en Belgique, des correspondants dans les communes. Les voyages des membres du conseil en service sont payés (7,580 fr. par chaque conseil.)

Ces conseils se réunissent au moins deux fois par an et en séance publique, à moins que trois membres ou le président ne jugent nécessaire le huis clos.

Tous les fonctionnaires de la commission ont droit de pénétrer, avec la procuration de l'inspecteur, dans les établissements publics, écoles, logements, fabriques, casernes, prisons, en présence d'un membre ou délégué de la justice ou de l'autorité communale, et ils doivent faire leur rapport aux officiers de justice et à l'inspecteur.

B. La loi de 1872, sur les maladies contagieuses, modifiée par celles du 3 décembre 1874 et 28 mars 1877, s'occupe spécialement du choléra, du typhus, de la fièvre typhoïde, de la variole, de la scarlatine, de la diphtérie, de la rougeole et de la dysenterie. L'obligation de la vaccine, combattue par M. Van Overbeck de Meyer, qui lui préfère l'isolement, n'existe pas dans les Pays-Bas ; cependant la loi défend formellement d'admettre dans les écoles des enfants qui ne sont pas vaccinés, ou plutôt ceux qui ne peuvent fournir une déclaration d'un médecin attestant qu'ils ont été vaccinés de façon à être, autant que possible, garantis contre la variole. Dans la plupart des villes, les bourgmestres mettent, plusieurs fois par an, du vaccin gratuit à la disposition du public.

Ils reçoivent eux-mêmes, gratuitement, ainsi que les médecins, du vaccin animal envoyé par les instituts vaccinaux. La poste transporte gratuitement deux tubes ou deux plaques de verre.

Dès que le médecin a constaté une des maladies nommées

plus haut, il doit en informer, au moyen d'un formulaire imprimé, le bourgmestre qui fait alors placer, bien en vue, à la façade de la maison dans laquelle règne la maladie, un placard avec les mots : «Maladie contagieuse» et le nom de la maladie ; plus tard, le médecin doit prévenir le bourgmestre quand la maladie a cessé d'exister.

La déclaration est aussi obligatoire pour les chefs de famille, les hôteliers, logeurs, capitaines de navires, directeurs d'hôpitaux, d'asiles, bureaux de bienfaisance, etc.

Des désinfecteurs employés *ad hoc* viennent alors laver et nettoyer les chambres où a séjourné le malade, avec les désinfectants en usage, et emportent tous les meubles et ustensiles qu'ils ne peuvent désinfecter à domicile. Dans la plupart des villes, ces objets sont alors placés dans une étuve. Après ces précautions, l'écriteau est enlevé de la maison.

Il y a, en Hollande, peu d'étuves de fabrication française. M. Van Overbeck de Meyer recommande l'étuve qu'il a imaginée. Il affirme que tous les microbes pathogènes connus ne résistent pas plus d'une demi-heure à l'action de la vapeur à 100° ; beaucoup meurent à une température inférieure pourvu qu'un courant traverse l'étuve. C'est sur ce principe que la sienne est construite. Son prix est de 1,800 à 2,000 fr.

A Rotterdam, il y a, à la limite de la ville, deux stations où la désinfection se fait avec soin. Lors du dernier choléra, on a pu voir que la maladie n'avait pas reparu dans les maisons ainsi désinfectées par la police.

On a remarqué qu'en Hollande, où les bourgmestres sont indépendants du suffrage populaire, l'application des mesures sanitaires est plus facile qu'en Belgique. On va établir d'ailleurs une école de désinfection à la Haye. Les maires y enverront certains élèves de leurs écoles.

En cas d'épidémie, la loi prescrit au bourgmestre de publier, chaque semaine, le nombre de ceux qui sont atteints et de ceux qui sont morts d'une maladie contagieuse. En outre, en cas de choléra, les bourgmestres doivent avertir la population et publier journellement le nombre des individus qui, dans les vingt-quatre heures écoulées, seront morts de cette maladie.

Ils peuvent faire enlever les amas de fumier et d'ordures, nettoyer les égouts et les fossés appartenant aux particuliers, après avoir mis ceux-ci en demeure. Ils peuvent faire transporter à l'hôpital l'individu atteint d'une maladie contagieuse, et les communes sont tenues d'offrir les moyens d'isoler et de soigner ces malades, ou bien de s'associer à d'autres communes pour cet objet. L'envoi est obligatoire pour les individus logés en garni ; mais pour ceux qui sont dans des demeures particulières, on persuade leurs parents, et on les paye même pour qu'ils envoient les contaminés à l'hôpital.

Le transport des effets qui leur ont servi est interdit.

Les cadavres des personnes mortes de ces maladies ne peuvent être enterrés que dans le cimetière communal.

La loi plus récente du 26 avril 1884 défend, en cas d'épidémie, l'importation de chiffons, peaux, objets de literie venant de ports infectés, et prescrit les mesures à prendre pour la désinfection de toutes ces choses et aussi des personnes.

Les hôteliers d'Amsterdam se sont syndiqués, il y a quelques années, pour faire soigner dans une maison très confortable, payée à frais communs, leurs hôtes malades, en attendant la construction de pavillons d'isolement.

Les commissions sanitaires, instituées par la loi, fonctionnent dans les principales villes de Hollande sur lesquelles j'ai eu des renseignements, et là aussi tout constructeur doit soumettre ses plans au conseil communal ou à la commission sanitaire, et il n'est permis d'habiter l'immeuble que si sa construction est conforme au plan approuvé.

C. Des mesures spéciales sont prises par le service de santé maritime.

Tous les navires suspects de choléra doivent porter le drapeau jaune.

Personne ne doit aller à bord que le médecin, les ecclésiastiques, les désinfecteurs, les officiers de police. Et les visiteurs doivent faire ensuite désinfecter leurs vêtements ; quant aux gens du navire, ils ne peuvent descendre à terre.

Sitôt la visite faite, le médecin avise le bourgmestre pour mesures à prendre.

Les passagers ou matelots reconnus sains ont la faculté de quitter le bateau, mais ils ne peuvent y remonter que lorsque, après guérison, la communication avec la terre est rétablie.

Les malades sont transportés dans un endroit spécial pour être soignés ; les frais sont payés par les malades ou leurs héritiers, mais la commune paye pour les indigents.

L'eau que contiennent les navires suspects doit être vidée à leur arrivée au port.

Si le navire n'est pas suspect et a la libre pratique, les passagers vont où ils veulent, mais sont surveillés pendant cinq jours. On appelle non suspect un navire qui n'a pas eu de malade pendant la traversée, même s'il vient d'un pays infecté ; mais l'inspecteur a le droit de retenir un navire trop sale.

§ 2. — LES EAUX.

L'eau est fournie, depuis 1874, à la ville de Rotterdam, par la Meuse, où on la prend en amont, trois heures après la marée descendante. Elle est d'abord exposée à l'air dans des bassins de décantage de 70,000 mèt. cubes, d'où elle va à 20 filtres formés d'une couche de pavé de briques au-dessus duquel est du gravier venu de loin ; puis une dernière couche de sable de la Meuse ou plutôt du Rhin. Au bout d'un certain temps, il se forme une couche de vase qu'il faut enlever.

L'eau est envoyée en ville par de grandes machines pneumatiques dont on va faire le double afin de permettre le nettoyage des anciennes.

Chaque habitant consomme, en moyenne, plus de 200 litres d'eau par jour, et chaque habitant paye 40 cent. par mèt. cube d'appartement ; cette façon de mesurer a pour cause les grands lavages que l'on fait en Hollande. Pour un petit cottage on paie

6 fr. 25, et on a l'eau pour chaque appartement muni d'un water-closet imposé par la loi, avec siphon et évent, et auquel l'eau est fournie en quantité illimitée.

Avant les travaux de 1874, l'eau était distribuée non filtrée, et une diarrhée spéciale (Rotterdamer) régnait dans la ville.

L'eau contenait une quantité formidable de bactéries (129,000 par centim. cube), aujourd'hui l'eau filtrée, qui est soumise à une analyse presque quotidienne, contient 100 bactéries à peine, mais il n'est pas rare qu'on en trouve 3 à 500, et le chiffre peut dépasser largement 1,000 quand le filtrage est défectueux.

La fièvre typhoïde était également fréquente avant les travaux. Dans les cinq années qui les ont précédés, cette mortalité a été de 20,6, 30,9, 59,09, 28,6 par 100,000 habitants. Après 1873, cette mortalité est descendue à 10,3, 6,2, 1,3, 5,7, 11,2, 8,0, 9,2, 8,2.

La mortalité générale, qui, en 1892, était de 22,42 pour 1,000, était, aux époques décennales, en 1853, de 43,17 ; en 1863, de 32,45 ; en 1873, de 31,97. Elle s'est abaissée, en 1883, à 24,02. En 1891, elle est même descendue à 20,37. L'eau administrée par la ville lui rapporte 14,000 florins de bénéfice par an. Pour plus de précautions, pendant le choléra de 1892, un écriteau, apposé sur les ponts des canaux, avertissait les bateliers qu'on leur donnait gratuitement de l'eau bouillie ; malgré cela, beaucoup buvaient de l'eau des canaux et étaient malades.

Utrecht reçoit son eau d'une source située à 12 kilom. environ dans la commune de Pesterberg ; des fontaines publiques existent en ville, et l'eau est distribuée à domicile, elle coûte 2 cent. (4 cent. les 15 litres, soit 2 fl. 70 l'hectol.).

Maestricht a de l'eau de puits pour le service public. Elle en distribue, en ville, à plusieurs maisons ; à Nimègue, on paye 2 florins 60 par an et par chambre occupée par le consommateur.

Deux services (puits et concession d'eau à une société) fournissent l'eau aux habitants d'Arnhem.

L'eau de dunes est distribuée à Delft ; l'eau de la rivière filtrée à Dordecht. Des citernes et des dunes alimentent Flessingue.

§ 3. — L'HYGIÈNE DES RUES ET DES SOUS-SOLS.

Le balayage des rues, précédé ou non d'arrosage, se fait, soit par les habitants eux-mêmes, qui nettoient le devant de leurs portes (Flessingue, Maestricht), soit par le service municipal.

Le plus souvent, les habitants déposent chaque matin, au seuil de leur demeure, et dans des caisses analogues à celles de Paris, les résidus de ménage.

A Amsterdam, outre le balayage qui se fait la nuit et le matin à la première heure, des hommes jettent dans des baquets en forme de caisses oblongues le contenu des caisses à ordures et les rangent sur les bateaux à pont, ainsi que des baquets semblables qui reçoivent les balayures des rues et les boues. L'eau du canal est noircie par le liquide qui filtre à travers ces récipients.

Toutes ces immondices et gadoues, à Amsterdam ou ailleurs, sont transportées hors ville, arrosées de purin et transformées en compost, qui sert d'engrais ou incinérées (Dordrecht). A la Haye, on n'incinère que ce qui reste d'inutilisable, après que le service municipal a trié les balayures pour vendre les chiffons, papiers, os et métaux.

§ 4. — ÉVACUATION DES IMMONDICES.

L'évacuation des immondices se fait dans une partie de la ville d'Amsterdam par le système Lienur (aspiration pneumatique). Ce système est prôné par l'éminent professeur d'hygiène à l'Université d'Utrecht, en ce qu'il permet de conserver l'engrais sous une forme utile pour l'agriculture et sans dangers d'infection du sol, de l'atmosphère, ou des eaux publiques.

M. Van Overbeck de Meyer prétend qu'il est impossible de faire un égout en maçonnerie absolument étanche. Par les regards, dit-il, les gaz de putréfaction s'échappent, malgré les siphons et les tuyaux d'évent. Il critique aussi le lavage à grande eau qui amène une différence intermittente de niveau, laquelle met, à certains moments, les matières à nu attachées aux parois et indécrochables ; quant à l'aspiration des gaz, elle se produit parce que les maisons sont plus chaudes que l'égout.

Voilà pourquoi M. Van Overbeck de Meyer préfère le système Lienur, employé à Amsterdam et qui le fut, pendant quelque temps, même à Leyde et à Dordrecht. Grâce à ce système, les matières fécales de toute une ville peuvent être évacuées à toute heure et presque en même temps, au moyen d'un réseau d'égouts souterrains et rassemblées avant que la fermentation leur ait fait perdre notablement de leur valeur. Les eaux d'éviers, de pluie et d'établissements industriels, peuvent aussi être évacuées dans un état de pureté qui permet leur écoulement dans les eaux publiques.

Les immondices, dans ce système, sont utilisables comme je l'ai dit, et d'après une lettre du directeur des travaux d'Amsterdam, citée au congrès de Genève, le bénéfice qu'on en retire est sérieux (18 fr. les 100 kilogr. à Dordrecht, où cependant on y a renoncé).

La commission d'assainissement de Paris, qui a visité, en 1883, Amsterdam, n'a pas trouvé le système Lienur applicable à Paris, vu son prix de 6 fr. par tête et le peu de produit de l'engrais obtenu (7 fr. les 100 kilog.).

Durand Claye déclara alors que, si les égouts sont difficiles à établir à Amsterdam, comme le prétend M. Van Overbeck de Meyer, c'est parce qu'il s'agit d'un sol d'alluvion et de colmatage parfaitement horizontal ; que de plus, dans cette ville, grâce aux canaux, on peut se débarrasser des eaux pluviales ; il a dit que le système Lienur est tout au plus applicable à une ville à eaux souterraines abondantes et rapprochées du sol comme Amsterdam.

En 1875, il n'y avait à Amsterdam que 6,500 habitants chez qui s'employât le système Lienur ; en 1880, on décida qu'il fût appliqué à 25,000 et, plus tard, il fut étendu à 50,000.

Le procédé a été combattu à Amsterdam même par le professeur d'hygiène de la Faculté comme trop défectueux et trop coûteux ; il est nécessaire de jeter beaucoup d'eau, et la valeur de l'engrais est diminuée. Il soutenait alors (1880) que, si l'on avait remarqué une amélioration dans l'état hygiénique d'Amsterdam, elle était due, non au procédé Lienur, mais à la construction de meilleures demeures, à l'augmentation du confort, de l'air et de la lumière, au renouvellement des eaux des canaux jadis puants, aujourd'hui peuplés de poissons. Je note, en passant, que sur l'eau de quelques-uns de ces canaux surnagent des débris végétaux ou autres, et que cette eau ne paraît pas d'une limpidité suffisante.

Le système des égouts de Rotterdam, qui date de 1860, est très bien entendu ; c'est par l'eau des canaux de la Meuse que ces tuyaux ovoïdes, dont la plupart ont $1^m,20$ sur $0^m,80$, sont balayés très souvent.

Une grande partie de la ville étant située à un niveau inférieur à celui de la Meuse, il est nécessaire d'avoir trois grandes pompes Warthington qui prennent les eaux d'égouts dans les grands réservoirs où ils aboutissent, pour les envoyer dans la Meuse à la marée descendante.

Dans quelques rues subsiste le système des fosses mobiles, et certains quartiers éloignés de la digue de la Meuse ont des fosses fixes.

La loi exige que chaque logement ait un water-closet muni de siphon et de tuyau d'évent, sans quoi la maison est déclarée inhabitable. Pour le nettoyage de chaque water-closet, l'habitant doit payer un tarif de 3 fr. environ par an, moyennant quoi il a de l'eau pour ce lavage en quantité illimitée.

A Maestricht, les égouts ne reçoivent que les eaux de pluie et ménagères ; les matières fécales vont aux fosses fixes et mobiles. Ces fosses existent à Arnhem. Dans la plupart des villes, il y a une réglementation pour la vidange des fosses qui, souvent exécutée par les propriétaires, l'est quelquefois par le service municipal (La Haye).

Quelques villes emploient l'épandage régulier des matières fécales en dehors de l'enceinte, mais toutes n'ont pas des ordonnances réglementant ce mode d'emploi de l'engrais humain, qui d'ailleurs n'est que très rarement désinfecté avant d'être répandu.

§ 5. — LES ÉPIZOOTIES. — LES ABATTOIRS.

A. Conformément à la loi du 30 juillet 1870, le gouvernement nomme des vétérinaires de districts, qui ont le droit de pénétrer dans les écuries, les étables, les abattoirs, les boucheries, les ménageries, etc. Ils n'exercent pas en ville et sont tout entiers à leurs fonctions officielles.

Ils font, sur leurs opérations, un rapport annuel au ministre de l'intérieur et en envoient une copie à la Députation des États. Ils visitent les marchés et autres lieux où se trouvent des animaux. S'il y a une épidémie dans leurs circonscriptions, ils en avertissent le ministre, les commissaires royaux et les vétérinaires des circonscriptions voisines, et, si l'épidémie est dangereuse pour l'homme, ils en préviennent l'inspecteur médical.

En vertu de la même loi, tout propriétaire ou éleveur d'un animal malade, de maladie contagieuse, doit l'isoler et faire sa déclaration au bourgmestre.

Celui-ci peut interdire le transport d'un animal ou de parties d'un animal même sain. Prévenu par le propriétaire ou l'éleveur, il fait examiner l'animal malade par le vétérinaire officiel, qui fait son rapport. L'endroit où est l'animal est indiqué par une affiche pendant cent jours au maximum, et l'indication porte : Atteint, suspect ou guéri ; l'endroit reste isolé.

Si l'animal est abattu, le propriétaire reçoit comme indemnité, après expertise, la valeur entière pour un animal suspect, et la moitié de la valeur s'il est véritablement atteint.

Les stalles sont désinfectées aux frais de l'État et l'animal enfoui ; tout ce qu'on y prend est détruit et payé au propriétaire. Quant à la péripneumonie, la loi du 26 août 1878 permet de vacciner ou de marquer (ou l'un et l'autre) les bœufs qui se trouvent dans certaines régions du royaume désignées par le ministre. Sur refus du propriétaire, on agit d'office. Si l'animal meurt après vaccination, l'État paye sa valeur. Tout refus d'obéissance à la loi est puni d'une amende et même de la prison.

B. Il n'y a rien à signaler dans l'abattoir public d'Amsterdam. Je ferai remarquer cependant que les Israélites ont un abattoir spécial dans lequel leur mode de tuer est employé avec beaucoup de soins par des sacrificateurs spéciaux, autorisés par les communautés allemande et portugaise d'Amsterdam.

Les parties de devant sont transportées aux halles spéciales israélites, marché très animé et très curieux à voir le matin de bonne heure, tandis que les quartiers de derrière restent à l'abattoir à la disposition de quiconque veut les acheter.

Aux premiers sont attachées des marques particulières en plomb indiquant qu'ils proviennent d'un animal abattu selon le rite juif. Il est à remarquer aussi que dans cette ville, comme dans d'autres villes hollandaises, la viande, ainsi tuée, est préférée par les consommateurs des autres cultes, à raison du soin apporté à la vérification sanitaire du bétail abattu.

Quelques villes assez importantes n'ayant pas d'abattoir, on tue où l'on veut, me disait un de mes amis de là-bas ; dans beaucoup, cependant, on pratique l'inspection après abattage et celle du bétail venant aux marchés.

§ 6. — L'HYGIÈNE. — ENSEIGNEMENT. LABORATOIRES MUNICIPAUX.

A. L'hygiène et la bactériologie sont enseignées dans les universités de l'État (Groningue, Leyde, Utrecht).

A l'Université d'Utrecht, le savant professeur de ces deux branches, M. Van Overbeck de Meyer, fait son cours en trois ans. Seulement, chaque année, il traite plus amplement un ou plusieurs sujets choisis, donnant pour les autres des indications suffisantes. En 1893-1894, le professeur a traité des maladies infectieuses comme suite aux leçons sur les épidémies faites en 1892-1893.

Le cours de bactériologie est fait chaque mois (quatre après-midi par semaine) à 12 étudiants différents. Une fois par semaine, et pendant toute l'année scolaire, M. Van Overbeck de Meyer fait un cours de médecine légale.

L'Institut d'hygiène de cette université est très bien organisé, il a remplacé récemment l'ancien laboratoire, qui était mal installé à l'hôpital de l'Université.

Voici quelques détails sur son installation nouvelle, qu'a bien voulu me fournir l'éminent hygiéniste.

Le rez-de-chaussée est occupé par le professeur de chimie inorganique, M. Debbitz ; au premier étage, consacré à l'hygiène, se trouvent une salle de cours très vaste, deux cabinets, dont l'un pour le préparateur, une bibliothèque, une chambre noire pour la photographie et la spectroscopie, une salle pour la bactériologie, un laboratoire de chimie, une salle destinée aux étudiants qui préparent leur thèse de doctorat sur des sujets d'hygiène, un petit atelier avec forge pour la réparation des outils, confié à un mécanicien très habile, trois salles pour le Musée d'hygiène, sans compter d'autres pièces pour magasin, un vaste jardin et un enclos muré, contenant des cages à chiens et autres animaux à expériences.

L'électricité est installée dans cet Institut, et un crédit de 4,000 fl. environ est consacré au renouvellement de l'outillage. C'est, on le voit, une installation très complète, et M. Van Overbeck de Meyer se montre justement fier de l'estime en laquelle est tenue l'hygiène dans son pays.

Le laboratoire d'hygiène de l'Université d'Amsterdam est plus ancien ; il a été organisé par le professeur Forster, il y a seize ans, après sa nomination au professorat. Outre des lectures sur l'hygiène (5 heures par semaine en hiver, 1 heure par semaine en été), il y donne, avec la collaboration de M. Saltet, des cours pratiques d'hygiène et de bactériologie aux étudiants en médecine de l'Université et, de temps en temps, à d'autres personnes qualifiées, comme des pharmaciens.

Le laboratoire est assez grand, et les moyens que le Consei

municipal met à la disposition de M. Forster sont suffisants.
M. Forster a été le premier, si je ne me trompe, qui a enseigné
la pratique de bactériologie aux étudiants en médecine.

B. C'est sur l'initiative des professeurs Gunning, président
du Conseil municipal d'hygiène d'Amsterdam et Forster, que l'on
décida de créer dans cette ville un service sanitaire municipal
qui fut confié à M. Saltet (1891), aux appointements de 4,000
florins, mais le fonctionnement ne date que du 15 mai 1893. Le
Dr Ringeling a été nommé médecin bactériologique et le D^r
Reicher, chef du laboratoire municipal, avec 3,000 florins.

Le chimiste a 3 aides (1,000 à 1,700 florins), le bactériologue a une place au laboratoire de M. Forster.

Le bactériologue et le chimiste s'occupent des recherches pour
les falsifications. Huit experts (appointements 1,000 à 1,200
florins) visitent régulièrement les marchés, les boutiques, etc. ;
ils détruisent les aliments malsains ; pour les douteux, ils en
apportent des échantillons au laboratoire. Ils adressent des rapports journaliers sur leurs opérations, et ces rapports rentrent dans
la statistique. L'abattoir n'est pas sous la direction du service
d'hygiène. Le vétérinaire en chef de cette institution est adjoint
au directeur, M. Saltet, pour l'inspection des viandes, poissons, etc.

Outre les rapports sur des sujets d'hygiène pratique, M. Saltet
doit adresser un rapport annuel au bourgmestre. Le premier,
qu'il a bien voulu m'envoyer, est fort intéressant (1893).

Il n'existe pas de service d'État pour combattre les falsifications des aliments, excepté toutefois le beurre.

M. Van Hamel Roos, directeur du *Journal mensuel* contre les
falsifications et de la *Revue mensuelle* des falsifications d'Amsterdam, n'est pas partisan de l'efficacité des laboratoires municipaux, qui, pour bien fonctionner, devraient imposer à la commune des sacrifices considérables. L'État lui-même devrait payer
fort cher la surveillance qui lui incombe.

Aussi, M. Van Hamel Roos substitue-t-il le vendeur à l'acheteur. C'est le vendeur qui, ayant tout intérêt à ce que sa mar-

chandise soit reconnue bonne, la fait analyser afin de lui donner,
par le contrôle d'un chimiste expert, un certificat d'authenticité
et de pureté.

M. Van Hamel Roos traite avec des fabricants qui s'engagent
à lui remettre tous leurs produits. De son côté, il a le droit de
prélever lui-même, quand bon lui semble, un échantillon des-
dits produits, d'en faire et d'en publier l'analyse. Tout acheteur
dudit produit a le droit de le faire analyser gratuitement par
l'expert.

Le vendeur est obligé d'afficher visiblement dans son établissement le certificat constatant la pureté de ses produits.

§ 7. — LES BAINS.

Il semble qu'il y ait en Hollande plus de bains populaires
qu'en Belgique. Tantôt le bain est gratis comme à Delft, tantôt
on le met à très bas prix comme à Harlem (3 centim.). Il y a à
Rotterdam des bains douches pour les deux sexes à 3 centim. ;
à Leuwarden, des bains de natation pour 2 centim. 1/2 ; à
Maestricht, l'organisation comprend des bains populaires de trois
classes, soit à 5 centim., 10 centim. et 25 centim. Il n'y a que
deux classes dans les bains d'Utrecht à 10 et 20 centim. Flessingue offre gratuitement aux indigents des bains de mer.

J'ai vu à Amsterdam, en dehors de la balnéation populaire
générale, une balnéation toute spéciale aux Israélites de cette
ville. Les prescriptions relatives à la propreté du corps conte-
nues dans le code de la religion juive sont observées, paraît-il,
avec un soin jaloux, dans cette grande agglomération juive
d'Amsterdam qui compte plus de 50,000 membres. C'est ainsi
que j'ai visité les deux établissements de bains créés par les
communautés portugaise et allemande.

Les bains de la communauté allemande, bains publics pour
pauvres, accueillent des payants des deux sexes. Mais, en
outre, elle a des bains liturgiques exclusivement alimentés par
de l'eau de source ou de pluie, comme le veut la religion juive.

Ces bains sont destinés à la femme israélite, soit après chaque époque menstruelle et après chaque accouchement, soit la veille de son mariage.

A Rotterdam et à La Haye, où la population juive est assez élevée, il y a également cette institution de bains liturgiques à laquelle ne fait aucune allusion M. Valentin, l'auteur d'une thèse intéressante : « Les religions orientales considérées dans leurs rapports avec l'hygiène et la prophylaxie des maladies contagieuses» (Paris, 31 mai 1894) ;

Les bains de la communauté portugaise d'Amsterdam sont de trois classes, plus des baignoires gratuites pour le bain rituel des femmes.

Les bains de la communauté allemande sont de trois classes aux prix de 1/2 florin, 1 florin et 2 fl. 1/2.

§ 8. — Les établissements dangereux, incommodes et insalubres. — Logements insalubres.

Le classement des établissements dangereux, comme en France et en Belgique, n'existe pas en Hollande. La loi du 26 mai 1869 s'occupe de l'inspection des chaudières et machines à vapeur; la loi qui régit l'exploitation des mines est toujours la loi française du 21 avril 1810.

Quant à la loi du 2 juin 1875, elle prescrit seulement les enquêtes *de commodo et incommodo*, et le public a le droit d'exposer ses objections à la création d'un établissement incommode par l'odeur ou le bruit, ou insalubre par ses émanations.

Les conditions de santé des ouvriers ne sont pas visées dans l'autorisation de construction de l'édifice, et ce sont en général les industriels eux-mêmes qui s'occupent de leurs ouvriers, qu'il s'agisse, soit d'éloigner les jeunes gens des usines d'acide sulfurique, de céruse ou de poudre, soit de faire prendre aux ouvriers typographes les mesures de propreté indispensables.

La loi du 5 mai 1889 est venue cependant améliorer la situa-

tion, surtout au point de vue du travail des femmes et des enfants.

Il n'existe pas, en Hollande, de loi analogue à la loi française
de 1850 sur les logements insalubres, d'ailleurs incomplète et
inefficace. Comme on le verra ailleurs, les villes établissent des
prescriptions sur la construction et la surveillance des logements
particuliers, et l'interdiction de certains logements insalubres
peut être ordonnée par le corps municipal, de même que le collège des bourgmestres et échevins peut prescrire, sur avis d'experts techniques, des améliorations indispensables , avec faculté
pour l'intensité de produire des observations.

§ 9. — L'Ivresse. — Mesures.

L'ouvrier hollandais, comme l'ouvrier belge, se livre beaucoup à la boisson, et c'est surtout de l'eau-de-vie de grain ou
du genièvre, ou encore de la bière plus ou moins alcoolisée qu'il
consomme. Le droit sur les alcools est très fort, mais les peines
auxquelles on condamne ceux qui vendent des boissons alcooliques aux enfants de moins de 16 ans, aux individus déjà ivres,
sont très élevées. Le code punit également ceux qui, en état
d'ivresse, entravent la circulation, troublent l'ordre public et
menacent la vie des personnes.

L'ivresse est ici cause aggravante et non circonstance atté-
nuante, comme chez nous.

De plus, le nombre des débits est limité et varie suivant la
population, 1 par 500 âmes pour une ville de 50,000 habitants ;
1 par 400 âmes pour villes de 20,000 à 50,000 ; 1 par 300 âmes
pour villes de 10,000 à 20,000 habitants.

Mais ce qui importe le plus, pour restreindre le nombre des
débits, c'est d'élever assez haut l'impôt de la licence ; on interdit
ainsi à des petits ménages d'ouvriers, surtout à leurs femmes et
leurs filles, l'adjonction à un commerce d'épicerie, ou l'ouverture
pure et simple d'un débit, cause de ruine et cause d'immoralité,
non seulement pour celui qui boit, mais même pour celui qui

vend. Ce serait un moyen à employer en France, et, d'après moi,
le seul remède à l'extension de la consommation de l'alcool.
En Hollande, d'après une loi qui sera en vigueur le 30 avril
1895, le droit de licence proportionnel au taux du loyer, et qui
jusqu'ici était d'un minimum de 20 florins par an, sera porté à
un minimum de 25 florins. Et encore les débitants qui s'abstien-
dront de vendre de samedi soir, 6 heures, au lundi matin, 6 heures, jouiront-ils d'un rabais de 25 %.

D'ailleurs, tout individu qui a subi une condamnation ne peut
être autorisé à débiter de l'alcool. Et la demande d'autorisation
est affichée pendant un mois. Le Bourgmestre a droit de refus,
sauf recours aux Etats députés et même au Roi.

Depuis que ces lois sévères existent, le nombre des débits a
diminué.

§ 10. — LE MOUVEMENT DE LA POPULATION. — ÉPIDÉMIES.

La population de la Hollande, qui n'était que de 2,613,487 en
1830 au moment de la séparation d'avec la Belgique, s'est élevée en 1889 à 4,511,415. Nous n'avons pas le chiffre actuel, qui
ne doit pas être éloigné de 4,700,000, si on s'en rapporte au
taux des augmentations annuelles.

L'augmentation est due principalement à l'excédent des naissances sur les décès, et cependant la proportion des décès n'est
pas encore réduite à la moyenne de 20 pour 1,000 habitants.

Les villes de Hollande ont des mortalités variables. Tandis que
Breda (23,439 habitants) a une mortalité de 23,7, et Delft, ville
très industrielle (31,124 habitants), une de 23,5, on ne trouve
à Leuwarden (30,949 habitants) qu'un taux de 19,13.

Venloo (12,151 hab.) a eu une moyenne, en 5 ans, de 20,80
décès par 1,000 habitants ; Utrecht (89,436), 21,12. Nimègue
(34,126 hab.), 20,66 ; Maestricht (32,755 hab.), 32,75 ;
Arnhem (51,687 hab.), 20,80.

A Dordrecht (33,518 hab.), la mortalité a été en augmentant

de 1888 à 1892; elle a passé de 19,88 pour 1,000 hab. en 1888 à 22,47 en 1892.

Flessingue (14,587 hab.), dont la population a augmenté de 2,000 environ depuis 1888, a vu ses naissances et ses décès suivre la même progression, et toujours le nombre des naissances être le double de celui des décès.

Nulle part, l'excédent des naissances sur les décès n'est plus grand qu'à Utrecht, soit 1095 ; à Leuwarden, il n'est que de 258; à Nimègue, il monte à 353. C'est tout juste l'augmentation annuelle de la population, ce qui prouve que la cause de l'augmentation ne réside que dans l'excédent des naissances. A Breda c'est la démolition des remparts qui cause l'accroissement du nombre des habitants. Ce sont les améliorations hygiéniques qui ont amené cet accroissement à Arnhem, Flessingue, Utrecht (91,069) ; ailleurs c'est l'attrait des grandes villes, et la croyance que les ouvriers y trouveront du travail, comme à Amsterdam, Rotterdam, Maestricht et même à Utrecht.

J'ai recueilli quelques notes, grâce à MM. les Bourgmestres, sur les épidémies qui ont régné en ces cinq dernières années (1888 à 1893) dans diverses villes de Hollande.

Le choléra de 1892 a frappé Rotterdam (42 cas, 27 décès). Utrecht (75 et 24). Venloo, Leuwarden, Dordrecht sur une petite échelle. Maestricht a eu plusieurs petites épidémies de cette maladie de 1888 à 1892 (15, 24, 4, 17, 6 décès). Au contraire la diphtérie a fait des ravages à Maestricht (113 morts en 1892), la population n'étant que de 32,755 hab. Sous ce rapport, Arnhem, qui a une population de 51,687 hab., a été cruellement atteint. Il a eu 237 cas et 85 morts de cette maladie en 1890 ; 179 et 59 en 1891 ; 58 et 33 en 1892.

La fièvre typhoïde a fait peu de ravages en Hollande. Mais à côté de la diphtérie, c'est surtout la rougeole qui y sévit. Rotterdam a eu 728 cas et 109 décès en 1892. Arnhem 1808 cas, dont 104 morts en 1888 ; 1384 cas, dont 134 morts en 1892.

Dordrecht (33,000 hab.) a eu, cette année-là, 463 décès par rougeole.

II. — L'Assistance publique et privée. — Hôpitaux. — Bureaux de Bienfaisance.

D'après la loi du 28 juin 1854, les autorités publiques n'interviennent dans l'assistance des pauvres qu'à défaut des institutions charitables, dépendant des communautés religieuses ou dues à l'initiative privée.

La loi du 1er juin 1870 dit aussi : « Le soin de secourir les pauvres est abandonné aux institutions de bienfaisance, soit religieuses, soit particulières. Aucune administration publique ne peut accorder de secours à un pauvre qu'après s'être convaincue autant que possible : 1° que ce pauvre ne peut pas être secouru par une institution ecclésiastique ou privée ; 2° que cette assistance lui est absolument nécessaire. »

§ 1. — L'assistance a Amsterdam.

A. A Amsterdam, les institutions dont il est question plus haut ne peuvent se charger que dans une faible mesure de l'assistance médicale à domicile. Aussi ce soin incombe-t-il presque entièrement à la Ville. L'assistance qu'elle donne aux pauvres consiste en pain, tourbe et, dans un petit nombre de cas, en argent.

Bien que convenablement installé avec des dispositions particulières, soit pour l'isolement des maladies contagieuses, soit pour les mesures de secours et de sauvetage en cas d'incendie (sacs faciles à dérouler dans chaque salle), l'hôpital actuel d'Amsterdam, jugé insuffisant, sera remplacé.

B. Le nouvel hôpital était en construction quand je l'ai visité. Il est en briques et a une certaine ressemblance avec l'hôpital de Bavière, à Liège.

J'ai sous les yeux les plans de ce bel édifice, que je dois à l'obligeance de la direction des travaux.

L'hôpital occupe un vaste espace semé de gazon avec quelques voies pavées, trois façades donnant sur les voies publiques, la Helmestraat, le canal de Lennep et la Beetstraat. Quand on regarde l'hôpital de cette dernière rue, on a devant soi quatre pavillons d'isolement, grands rectangles d'environ 50 mèt. sur 15, qui sont perpendiculaires à la rue, séparés les uns des autres par un gazon bordé de pavages, le tout ayant une longueur de plus de 30 mèt.

L'angle des Beetstraat et Helmestraat est un pan coupé qui donne accès au pavillon mortuaire. En arrière des pavillons d'isolement, et perpendiculaire à eux, est le pavillon des maladies mentales avec son vaste préau ; plus en arrière encore, avec des séparations de verdure et pavage de plus de 40 mèt., sont les deux pavillons à deux étages réservés aux maladies ordinaires. Les vastes monuments de l'Administration et de l'Économat sont de chaque côté de ces pavillons. A l'intérieur, l'hôpital sera muni de tous les perfectionnements les plus récents. Comme isolement du reste de la ville, et comme isolement intérieur, il me paraît réunir les conditions les meilleures.

Le rez-de-chaussée du pavillon des maladies communes en forme de rectangle est divisé en deux salles de 24 lits chacune ; attenant à chaque salle, il y a un rectangle réservé aux infirmiers, à la lingerie, aux privés. Mais le milieu de ce pavillon, plus large que les salles, est un carré dans lequel il y a deux salles d'isolement, une chambre à bains et une cuisine. Tout le long de la façade de ce pavillon, règne une vérandah. Le premier étage a la même distribution que le rez-de-chaussée.

Le pavillon des morts est une élégante construction à rez-de-chaussée avec une salle des morts, chambre d'attente ou de veille, pour les familles, grande salle de réception pour le deuil, salles d'anatomie et de microscopie, dépositoire spécial pour les morts de maladies contagieuses.

Le grand monument de l'administration, qui a trois étages, contient, au rez-de-chaussée, toute l'administration et des chambres pour malades payants, les hommes à un bout, les femmes à l'autre. Il y a pour chaque sexe, 6 salles, une cuisine, une chambre à bains, un salon de conversation.

En bas aussi, le réfectoire des infirmiers, les salles des médecins et de réunion des administrateurs.

Au premier étage, les deux ailes destinées aux malades payants ont la même disposition qu'au rez-de-chaussée. La partie médiane est réservée aux médecins internes, aux infirmières et élèves infirmières ; celles-ci à côté de l'aile des femmes ; les médecins du côté de l'aile des hommes.

Les combles, très élevés, sont destinés aux infirmiers.

Il y a également, et non loin de là, pour les payants, un hôpital nouvellement construit et dont tous les services sont admirablement organisés, principalement ceux de la policlinique (consultation) et les services accessoires. Là aussi, il y a une école de diaconesses ou infirmières.

Il y a également un hôpital catholique.

C. L'hôpital des yeux d'Amsterdam, dirigé par M. Gunning, dépend de la Faculté municipale de médecine. L'éminent oculiste était absent, mais son assistant m'a fourni tous les renseignements sur cet établissement, qui ne reçoit que des payants. La première classe a des chambres isolées dans lesquelles on paye 2 fl. pour le coucher et le déjeuner et 2 fl. pour le dîner. La seconde classe a de petites salles communes pour hommes, pour femmes et pour enfants, lesquels ont une salle spéciale pour leurs jeux.

C'était un samedi, jour de consultation spécialement fréquenté par les juifs qui ont congé de leurs ateliers. L'affection dont ils souffrent particulièrement, comme on le verra plus loin, c'est le trachome, qu'on traite ici par le sublimé, la cocaïne, le nitrate d'argent et aussi par l'isolement du reste de la famille.

D. L'un des asiles d'orphelins d'Amsterdam, situé à Lessenschadestraat, contient six cents pensionnaires des deux sexes, séparés bien que placés sous une direction commune.

Plafonds élevés en bois, à poutres apparentes, planchers à bois d'apparence poreuse mais facile à laver à grande eau, dortoirs très hauts aussi, fournis de lavabos et meubles et lits en bois peints, cuisine très propre ; infirmerie d'isolement un peu basse,

Voilà ce que m'a montré le directeur, à la physionomie ouverte, et que tous ses pensionnaires paraissent aimer et respecter beaucoup. On peut y recevoir les orphelins à 6 mois, et on garde les filles jusqu'à 18 ans, les garçons jusqu'à 14. Les filles reçoivent là toute l'instruction, y compris l'apprentissage ; les garçons le font au dehors, et ils partent le matin pour l'atelier ; ils emportent le repas du milieu du jour, consistant en une demi-douzaine de grandes sandwiches beurrées (tartines). Les filles portent toujours au dehors le costume rouge et noir si original qui est la couleur de la Hollande.

Elles circulent souvent par couples dans les rues.

E. Les œuvres de bienfaisance israélites sont nombreuses à Amsterdam, et il serait intéressant de pénétrer dans les détails de leur fonctionnement, si ce présent travail n'était déjà très long.

Les deux communautés israélites, portugaise et allemande, celle-ci plus nombreuse (45,000 contre 4,500) ont chacune leurs institutions. Il n'y a que l'hôpital et l'asile des aliénés qui soient communs à l'une et à l'autre, ou plutôt qui reçoivent des pensionnaires et des malades de l'une et de l'autre.

Prenons d'abord et énumérons les principales œuvres du rite allemand.

L'hôpital reçoit en moyenne 105 malades ; il date de 1883, est dirigé par un médecin qui également est directeur de l'hospice des aliénés. Il y a en outre un chirurgien, un oculiste, un gynécologiste, un accoucheur, deux assistants, trois sages-femmes. Il reçoit aussi quelques incurables.

L'hospice des aliénés, placé à côté, reçoit 53 hommes et 63 femmes pauvres ; autrefois, il recevait aussi les aliénés israélites payants de la ville et du reste de la Hollande.

Le service des malades à domicile, fait par les médecins de l'hôpital, est sous la surveillance du Comité général.

Les remèdes sont délivrés gratuitement. Comme grand établissement, il y a l'asile des vieillards, où ceux-ci entrent à l'âge de 70 ans (38 hommes, 53 femmes), lorsqu'ils sont incapables de travailler. La ville paye une subvention de 135,000 florins.

Les ressources sont fournies par les offrandes des fidèles aux synagogues, des quêtes, des souscriptions annuelles.

Les secours à domicile sont sous l'administration du Comité général, qui administre aussi les fonds des prêts sans intérêts (200 emprunteurs chaque année) les fonds Malder, du Patronat, Stokvis, grâce auxquels on secourt les convalescents sortis de l'hôpital, les individus sortant de l'hospice des aliénés, les vieilles femmes en instance pour entrer à l'asile.

Une commission spéciale distribue pendant les mois d'hiver de la soupe aux pauvres de tous les cultes; elle vend pour 5 fl. 40 des cartes de 36 bons d'un litre de soupe chacun.

Il y a deux orphelinats dont l'origine commune remonte à 1738. Celui des garçons reçoit 80 enfants entrant à l'âge de 5 à 10 ans, restant jusqu'à 18 ans; on les élève et instruit, et on leur enseigne un métier.

Je n'ai pu le visiter; j'ai vu celui des filles admirablement dirigé par Mlle Zeehandelaar, passionnée pour notre littérature. L'établissement, bien distribué, a 64 orphelines. La santé y est si bonne que depuis 36 ans une seule pensionnaire y est morte.

Un fonds Fedder est destiné à la construction d'un établissement pour abriter dix hommes de 60 ans, ayant eu meilleure fortune. Un autre, le fonds Gerrik Tobak, de 100,000 florins, servira bientôt avec intérêts accumulés, à fonder un asile nouveau pour incurables. Un fonds de bienfaisance administré par le grand rabbin donne une certaine somme à des personnes plongées dans la misère, non par leur faute. La Société Montefiore fait de même pour toutes les confessions.

Mentionnons encore une société de secours pour les femmes en couches, un asile Rosenthal entretenu par Mme Sophie Rosenthal, née May, qui abrite 300 enfants à partir de 2 ans jusqu'à ce qu'ils aient atteint l'âge scolaire, et qui s'adresse surtout à ceux dont les parents sont marchands ambulants.

D'autres sociétés fournissent des habillements à des écoliers méritants, d'autres asiles ou écoles de pauvres reçoivent dans divers quartiers les petits écoliers. D'autres enfin reprennent vie tous les hivers pour procurer aux malheureux du pain, du riz, du bois, de la tourbe, etc. N'oublions pas de signaler une société d'aveugles; on sait qu'il y a chez les Juifs d'Amsterdam beaucoup de maladies graves des yeux.

2. — L'ASSISTANCE A LA HAYE, ROTTERDAM ET AUTRES VILLES.

A. La Haye a sept hôpitaux généraux ou spéciaux, publics ou privés.

L'hôpital communal a six pavillons d'isolement en dehors de l'édifice principal, 4 à 12 lits et 2 à 3 lits.

Le même médecin fait le service des salles communes et des pavillons d'isolement. Ceux-ci sont visités après les autres.

Les médecins changent de vêtements et sont soumis à la désinfection avant de rentrer chez eux ou dans une autre salle. De même les infirmiers ; à ceux-ci, en plus, on donne un bain après qu'ils ont quitté les salles des contagieux.

Le nombre des lits dont peut disposer La Haye pour ses malades est de 800 environ, plus les pensionnaires de l'hospice. Ce nombre n'est pas atteint.

L'hôpital pour les yeux de La Haye est situé sur une large voie, sur laquelle sont aussi l'hôpital des enfants et celui des diaconesses. M. le Dr Bouvin est le directeur de cet hôpital, qui, dans ses petites dimensions, renferme tout ce qui est nécessaire à sa destination. Récemment bâti, il a coûté 100,000 florins, et il est très coquet. La ville et la province le subventionnent pour le traitement des enfants des écoles.

L'hôpital des enfants, dont le Dr L. Van Wely m'a fait les honneurs, a 50 lits; la médecine est au rez-de-chaussée, la chirurgie à l'étage, comme on dit en Belgique. Son entretien coûte 38,000 florins, fournis uniquement par des souscriptions particulières. Les chambres payantes coûtent 3 florins par jour. L'hôpital reçoit aussi les enfants atteints d'ophtalmie. Le Dr Van Wely traite les ophtalmies purulentes, très fréquentes, par une solution à 1 °/$_o$ de nitrate d'argent ; un lavage toutes les deux heures au sublimé aux 2 millièmes. Il ne neutralise pas l'excédent de nitrate par le sel marin.

Le traitement courant des pneumonies consiste en cataplasmes, infusion d'ipéca, lait glacé.

La moitié de la population enfantine est rachitique et scrofuleuse; aussi une grande partie des malades hospitalisés ou qui viennent à la consultation est-elle atteinte de ces maladies.

Une directrice et huit diaconesses font le service de l'hôpital.

Ces diaconesses sont des jeunes filles qui ont reçu l'instruction d'infirmières dans l'hôpital des diaconesses (Diaconhuis) situé à côté de celui-ci.

Rien de plus coquet que cet hôpital nouvellement bâti et dont, en l'absence de la directrice, la secrétaire me fait les honneurs avec une grâce charmante, parlant admirablement notre langue et très au courant des choses de sa profession.

Cet hôpital reçoit les malades qui ne veulent pas aller dans l'hôpital de la ville, et désirent se faire soigner ou opérer par leur médecin ou chirugien, bien qu'il y ait 2 titulaires attachés au Diaconhuis.

Le prix des chambres isolées est de 8 florins par jour. Pour la seconde classe, les chambres isolées coûtent 5 florins. Dans les chambres à plusieurs lits (13 ou 8), le prix est de 3 florins. C'est ce qu'on appelle la 3e classe. Tout cela est d'un confortable achevé.

Il y a deux ailes avec jardin devant et derrière. L'une est chauffée par un calorifère central, l'autre par plusieurs poêles.

La salle d'opérations, d'une exquise propreté, très claire, est précédée d'une salle où se fait la chloroformisation, et aussi toute petite opération. Les lits d'opération ont un rouleau sur lequel est le matelas avec housse de caoutchouc; le malade ne bouge pas après son opération, et il est transporté sans fatigue dans son lit.

Un quartier est réservé aux enfants; quand ils sont condamnés au repos, on fait rouler leur lit dans la salle des jeux.

La consultation pour le dehors est gratuite (policlinique); elle a lieu l'après-midi.

Les jeunes filles qui s'instruisent ici, et qui ont un quartier à part, sont au nombre de 50. Il y a des maisons du même ordre à Arnhem et à Utrecht. Elles sont quelquefois appelées en ville pour soigner des malades. Leur instruction dure deux ans, mais quelques-unes poursuivent plus loin leurs études. L'une d'elles a été reçue chirurgienne.

B. Parmi les œuvres de bienfaisance de La Haye, secourant les israélites, après l'hôpital, et la société de secours aux femmes en couches, je remarque une œuvre qui donne des linceuls aux pauvres (à qui la communauté fournit gratuitement le cercueil et le char funèbre), une société qui procure ingénieusement de l'ouvrage aux ouvriers sans travail, en établissant une liste d'objets demandés par les acheteurs, et une liste d'objets déjà fabriqués et offerts par les ouvriers, une société qui dote les jeunes filles pauvres (une jeune fille, par an, reçoit une dot de 200 florins), une société de tout jeunes enfants qui habillent leurs petits coreligionnaires pauvres.

Le rapport de M. Legrand signale une société israélite de La Haye, qui fait aux ouvriers, sous la garantie d'une ou deux personnes, des avances gratuites qui varient de 12 fl., 50 à 100 fl. Les emprunteurs doivent les restituer en 50 termes et ne paient que 1 °/₀ à titre de frais d'administration.

L'église wallonne possède à La Haye un orphelinat auquel est annexée une école pour les enfants pauvres de l'église.

C. Sur cette belle plage de Schweningue, qui est si fréquentée, et qu'une route charmante de quelques kilom. relie à La Haye, l'on a établi, pour 80 enfants scrofuleux et rachitiques, un hôpital appelé Sophiarichtung, qui est coquettement bâti et confortablement distribué.

On y admet les enfants depuis 3 ans ; les garçons y restent jusqu'à 14 ans, les filles jusqu'à 15.

On reçoit les enfants au prix de 1 fl. par jour, abaissé à 0,75 pour ceux protégés par une œuvre, ou au prix de 100 fl. pour une saison entière.

D. J'ai visité avec M. le Bourgmestre de Rotterdam, et guidé par le directeur de l'hôpital, cet important établissement, dont la ventilation est faite par de puissantes machines installées dans le sous-sol, à côté d'énormes calorifères. Un ascenseur sert au transport des malades.

Les grandes salles ont 24 lits; il y en a 10 seulement dans les petites, dont quelques-unes ne prennent jour que sur le corridor; c'est le vieil hôpital. Quant aux pavillons du nouvel hôpital, ils sont éclairés de trois côtés. Il y a une infirmière en chef pour chaque cinq ou six salles de dix malades. Quatre internes sont attachés aux chefs de service; il y a à chacun des deux premiers étages une salle d'opérations courantes, au troisième, une spéciale pour la gynécologie.

Trois pavillons parfaitement isolés reçoivent respectivement les malades atteints de variole, de rougeole et de scarlatine. Il ne s'y trouvait au moment de notre visite que deux malades, un varioleux et un scarlatineux. Il y a une chambre à deux bains à chaque étage, et pour tout l'établissement une baignoire pour bain continu avec hamac pour brûlures. Le directeur est un médecin comme son prédécesseur. Ici aussi, les infirmières laïques, toutes charmantes et zélées, font leur instruction en deux ans.

Le tout petit hôpital d'enfants de Rotterdam est très bien outillé; 3 salles sont occupées par 36 lits. Une infirmerie isolée est réservée en cas de croup; mais les petits atteints d'autres maladies infectieuses sont envoyés au grand hôpital : une consultation bien fournie, une salle d'opérations très convenable, sont à signaler dans cet hôpital, qui envoie ses scrofuleux et les enfants de la consultation à une maison de campagne (Loosduinen).

L'établissement forme des infirmières en deux ans.

Un oculiste distingué, M. Haas, sur le service de qui j'ai jeté un trop rapide coup d'œil, dirige seul un hôpital pour les yeux, dont la salle d'attente reçoit de très nombreux malades pour la consultation. L'établissement dépense annuellement 13,000 fl. fournis par des souscripteurs. Il y a en bas une salle avec grande cour pour les jeux des enfants ; en haut, six salles pour hommes et femmes.

E. Je n'ai plus que quelques mots à ajouter pour les nombreuses œuvres de bienfaisance qui existent dans les autres villes de Hollande.

Utrecht, en outre des fondations qui distribuent aux pauvres des vêtements, de la nourriture, du chauffage et de l'argent, a six hôpitaux, le communal à 210 lits et à salles d'isolement ; un hôpital de Diaconesses avec 70 malades ; un hôpital est, d'ailleurs, spécialement destiné aux maladies contagieuses (fondation Amalia). Utrecht dépense pour ses malades 50,000 fl. Son hospice d'aliénés lui coûte annuellement la même somme.

Nimègue a 6 bureaux officiels et 21 sociétés particulières.

Delft se fait remarquer par ses 6 bureaux communaux et par une quarantaine d'œuvres privées. Son hôpital a 80 lits avec salles d'isolement.

Il y a aussi des salles d'isolement aux hôpitaux municipaux de Maestricht, Flessingue, Venloo, Nimègue (l'hôpital a 110 lits, l'hôpital protestant, 23), Arnhem.

La ville de Harlem a de nombreuses administrations de secours et 3 hôpitaux, dont le Sainte-Elisabeth, avec ses 110 lits et six salles pour contagieux.

Dordrecht a, en outre de l'hôpital communal (55 lits), un hôpital d'enfants pour 30 malades avec salles d'isolement, et a dépensé, en 1892, 76,213 fl. pour ses malades.

Plusieurs des villes que nous avons nommées ont des orphelinats pour garçons et pour filles.

L'Université de Leyde serait intéressante à étudier avec ses jardins, ses salles de cours, ses grands laboratoires nouvellement créés.

Elle a un hôpital municipal de 22 salles contenant chacune des malades, en outre une maternité et des salles pour les yeux.

En moyenne, il contient 150 malades, mais on y peut en mettre 200.

Cinq cliniques dépendant de l'Université y sont installées.

Leyde a, en outre de son hôpital municipal, un hôpital wallon qui reçoit, moyennant une légère rétribution, les malades de toutes les confessions ; ce qui, m'écrit le pasteur Richard, est d'autant plus apprécié qu'on peut y recevoir gratuitement les soins des professeurs de la Faculté de médecine de l'Université.

III. — L'Assistance. — Le Travail et l'Habitation de l'ouvrier. — Les Œuvres de prévoyance.

§ 1. — Salaires de l'ouvrier. — Remèdes a leur insuffisance.

A. L'ouvrier hollandais nous paraît avoir plus de tendance que les nôtres à profiter des adoucissements faits à son sort par l'esprit de solidarité et d'humanité des patrons, et à se soumettre pour cela à certaines obligations et à certaines contraintes.

Dans les brasseries de Rotterdam, par exemple, les ouvriers célibataires sont logés à l'établissement où ils ont un réfectoire, des dortoirs et salles de bains. Le dîner et le café leur sont fournis pour 50 cent., et il est rare qu'ils prennent ce repas ailleurs.

L'ouvrier hollandais travaille très lentement, et il serait difficile de limiter sa journée; on limiterait par ce fait le salaire obtenu. Ce salaire même qui, dans ces dernières vingt-cinq années, a pu s'augmenter de 30 à 40 % et qui atteint une moyenne de 9 à 10 florins par semaine, est presque toujours inférieur aux dépenses. Divers budgets, donnés dans l'excellent rapport de M. Legrand, ministre de France à La Haye (*Conditions du travail dans les Pays-Bas*)[1], montrent qu'un ménage d'ouvrier, avec

---

[1] Walkenberg, cité par *The Lancet* en 1889, prend le budget d'un forgeron gagnant par semaine 8 florins.

Loyer payé, il reste 3 fl. 50 pour la nourriture ; le pain prenant 2 fl. 64, il ne reste que 1 fl. 31 pour le repas de midi de ces 7 personnes.

Une autre famille d'Amsterdam, le père cigarier, la mère femme de ménage,

femme et 2 ou 3 enfants, malgré la sobriété de ceux qui le composent, malgré l'absence de droits sur le thé, le café, le pétrole, a peine à joindre les deux bouts, et si la charité publique, si les œuvres d'assistance, les caisses de retraites et de secours ne venaient en aide aux travailleurs, la vie de ceux-ci serait impossible. La loi a assuré une pension aux ouvriers de l'Etat, après 60 ans d'âge et 20 ans de service, à ceux qui par blessures ou maladies contractées dans le service ont été rendus incapables de travailler ; à ceux qui, pour d'autres causes, en dehors de celles résultant d'inconduite, ou une incapacité permanente, pourvu qu'ils aient à ce moment dix ans de présence aux ateliers.

La pension à 60 ans est fixée, pour chaque année de service, aux quatre centièmes du salaire des cinq dernières années. En cas de blessures ou de maladie, la pension est calculée comme s'il y avait vingt années de service. Si l'incapacité a d'autres causes, la pension est réduite aux trois quarts.

Les veuves ont droit à la moitié de la pension qu'aurait reçue le mari, s'il avait accompli sa quarantième année de service. Les enfants orphelins ont les mêmes droits qu'aurait eus leur mère.

B. A côté de cette action de l'Etat fortifiée par la création d'une caisse d'épargne postale, il y a celle des industries particulières ou des sociétés, créant des caisses d'épargne, soit ressemblant aux nôtres, soit recevant les économies faites en été, et qui sont rendues aux ouvriers pour les besoins de l'hiver.

Les industries ont aussi des caisses de secours qui moyennant une retenue sur la paye, assurent à l'ouvrier une indemnité de maladie, et les soins médicaux, lesquels sont aussi donnés à sa famille, si celle-ci fait par tête un versement de 10 à 25 cent. par semaine (5 à 12 florins par an environ).

il y a 3 enfants. Le gain total est de 10 florins dont 6,38 employés pour la nourriture et ainsi répartis :

Pain, 3 fl. 16, pommes de terre et légumes, 1 fl. 47, café et lait, 1 fl. 5, viande, 0 fl. 70.

L'auteur ajoute qu'un verre de lait ou un œuf pour un enfant malade est un véritable objet de luxe.

Il y a également des caisses d'enterrement qui, moyennant un abonnement annuel, donnent à la famille une certaine somme à la mort d'uu de ses membres. Mais on a vu en Hollande, comme en Angleterre, ces sortes d'assurances dégénérer en spéculations criminelles, surtout en ce qui concerne les petits enfants qu'on laisse ou fait périr afin de toucher une prime.

D'autres caisses de secours et de retraite, qu'alimentent les patrons avec ou sans le concours pécuniaire des ouvriers, existent en Hollande ; mais ce sont œuvres particulières dont l'existence est liée à celle même de l'usine qui les organise. Aussi quelques patrons ont-ils créé : 1° une grande « Association néerlandaise de pensions pour les ouvriers (1883) » qui recueille des fonds dans ce dessein et a établi des sections dans plusieurs villes importantes ; 2° une autre société, « l'Union des patrons néerlandais (1880) » divisée également en sections. Cette dernière assure des pensions d'au moins 3 fl. par semaine, à l'âge de 60 ans, grâce à un versement des patrons et des ouvriers.

C. La Hollande est d'ailleurs le pays des associations. Il y en a de tous genres, d'amusements, de corps de métiers, de femmes d'ouvriers (la Bonne Ménagère) ; quelques-unes, les « Floralia » ont pour but d'encourager les ouvriers à enjoliver leur demeure en l'ornant de fleurs, elles distribuent à leurs membres des boutures et des graines, et elles organisent des expositions dans lesquelles ces jardiniers bénévoles voient leurs efforts récompensés par des médailles.

« La Société pour favoriser la classe ouvrière » loge et nourrit les ouvriers dans les maisons de refuge ; elle a créé des conférences et une caisse de secours pour les malades et les blessés, des cours de dessin et de travaux manuels ; semblable à ces sociétés françaises qui cherchent à encourager le travail et à donner de l'occupation au lieu d'une aumône, cette société hollandaise a des entreprises de balayage et autres travaux de voirie, afin d'occuper les pauvres gens sans travail. Une autre société assez originale est la « Fédération des directeurs » à Rotterdam, qui enseigne à ses adhérents à devenir directeurs de sociétés ouvrières ; elle-même a contribué à la fondation d'autres œuvres d'assistance, et, entre autres, d'une épicerie coopérative, qui fournit à ses membres de bonnes denrées et à bas prix. Le nombre est grand en Hollande de ces sociétés coopératives, dont quelques-unes, comme l'imprimerie de Leuwarden, rapporte à ses membres 20 à 30 $\%$ en sus de leurs salaires, dont une autre, le Eigen Halp, (secours réciproque), fondée en 1887, fait un grand commerce, vendant à tout le monde, dans ses succursales d'Amsterdam, Rotterdam, Arnhem, etc. ; mais ne faisant participer que ses membres aux bénéfices de l'entreprise.

D. Cette question de la participation aux bénéfices ne rentre pas dans le cadre de mes études, je ne puis me dispenser de dire un mot de la façon dont elle a été entendue par la fabrique des machines de MM. Storm frères et les usines de M. Van Marken à Delft [1].

Les premiers font un choix de leurs ouvriers, au point de vue de leur moralité basée sur une instruction élémentaire reçue à l'école. Se préoccupant aussi de la santé de leur personnel, ils ne lui imposent qu'un travail de 9 h. 3/4, payant le travail exceptionnel du dimanche avec une majoration de 25 $\%$ du salaire normal, faisant rarement travailler le soir, deux fois par semaine, et pendant trois à cinq heures, avec repos d'une heure, et employant pour le travail de nuit des équipes de volontaires.

L'ouvrier est payé suivant son âge et la qualité de son travail ; le montant de la participation aux bénéfices contribue à l'entretien des caisses de maladie et de retraite qu'alimentent aussi les ouvriers par une faible retenue sur leurs salaires. Les sommes versées ne sont restituées à l'ouvrier que lorsqu'il quitte la fabrique, à 60 ans ; à son décès, la veuve les touche.

Dans la même maison Storm, il y a une caisse de veuves et orphelins, une caisse d'épargne, des écoles, une société de consommation et une société pour création de maisons ouvrières.

[1] J'ai eu l'honneur de rencontrer (juillet 1894) M. Van Marken à l'exposition d'Anvers ; tous les détails de son œuvre y sont exposés, et il doit en publier le catalogue raisonné.

L'autre entreprise dont j'ai à parler est l'usine de levûre et d'alcool de M. Van Marken, de Delft, homme généreux, intelligent, et ingénieux, comme on va le voir, dans la recherche du bien-être matériel et moral de ses ouvriers. Il se défend, d'ailleurs dans les écrits où il a exposé ses idées, d'être un philanthrope ; mais il considère que les avantages fournis par le patron à ses ouvriers, associant plus intimement ceux-ci à l'œuvre commune, en assurent le succès.

Pour l'établissement de ses œuvres, pour la surveillance de leur marche, M. Van Marken ne s'en rapporte pas à lui. Il avait créé une sorte de direction, le noyau (kern) composé de 24 ingénieurs ou employés supérieurs et de 24 représentants des ouvriers. A cette organisation il a substitué récemment deux corps directeurs, l'un composé des employés et ingénieurs, l'autre des délégués des ouvriers.

M. Van Marken intéresse ses ouvriers au succès de son usine de deux façons : 1° par des primes données soit aux ouvriers particulièrement, soit au groupe auquel ils appartiennent dans la fabrique ; primes calculées non seulement sur la quantité de travail produite, mais encore sur le temps de service, les aptitudes et les qualités du travailleur ; 2° par une participation aux bénéfices dont le produit est payé intégralement aux mariés ayant 4 enfants au-dessous de 15 ans ; pour les autres, ils n'ont qu'une part proportionnelle au nombre de leurs enfants ; les célibataires reçoivent seulement le 1/2 ou le 1/4, le reste étant versé comme pour les mariés à moins de 4 enfants, dans la caisse d'épargne des primes. Il faut ajouter que le salaire n'est pas payé intégralement à la fin de la semaine ; une partie, la moitié environ, est gardée pour la fin du trimestre, elle est alors remise à l'ouvrier, et c'est à ce moment qu'on fait la répartition des primes. De cette façon, le salaire touché hebdomadairement varie peu, et l'ouvrier trouve à chaque trimestre de quoi payer l'imprévu.

Une branche de l'œuvre est une société pour création d'habitations ouvrières et de magasins coopératifs vendant aux ouvriers avec huit jours de crédit. Les habitations sont louées à 1 fr. 70 ou 3 florins par semaine ; elles ont coûté 1.500 florins terrain compris ; l'ouvrier n'en devient pas propriétaire, mais il est actionnaire de la société qui les a bâties. Quant au produit des magasins coopératifs, il est distribué en argent proportionnellement à la somme d'achat.

Deux caisses d'épargne font partie des œuvres de M. Van Marken. La première donne au déposant 5 °/₀ de son argent ; et ce dépôt est fait dans des boîtes disséminées dans l'usine. La seconde, dite des primes, est celle où l'on verse la demie des primes gagnées par les célibataires, et les mariés ayant moins de 4 enfants.

Il y a encore, chez M. Van Marken, la société de secours mutuels obligatoire pour secours en cas de maladie (soins médicaux et 3 francs par semaine), la société de secours mutuels volontaire qui procure des réconfortants aux convalescents. L'ouvrier a le droit de choisir son médecin, celui-ci reçoit 50 cents par visite, enfin la société pour enterrements.

Comme complément des œuvres de M. Van Marken, citons une école de travail manuel, des cours d'apprentissage, de langues étrangères, de couture, d'agriculture, de boulangerie même. On fait des conférences aux ouvriers, qui ont aussi une bibliothèque et une salle de récréation et jeux.

Les usines ont même leur journal « *Le Messager de la Fabrique* » qui, une fois par semaine, raconte ce qui se passe dans les ateliers, traite les questions sociales pratiques, et en outre expose et explique tous les projets d'améliorations étudiés et préparés par M. Van Marken.

E. Une Société de secours mutuels a été formée en faveur des employés de la Société du chemin de fer de Hollande.

Elle procure gratuitement les soins médicaux, remèdes et appareils, une indemnité de maladie égale à la moitié du salaire. Mais, si l'accident a été contracté en service, les appointements sont payés intégralement. Cette indemnité ou ce payement intégral, accordés pour trois mois, peuvent être donnés exceptionnellement pendant un plus long temps. Des secours en nature (vêtements, couvertures, combustible) peuvent être donnés pendant la maladie. Une femme d'employé qui accouche reçoit 10 fl.

En cas de décès, la veuve, les enfants ou le parent que le défunt faisait vivre et avec qui il habitait, reçoivent une somme égale aux appointements de la dernière année, ne pouvant être inférieure à 500 fl. ni supérieure à 3,000.

Une pension est attribuée à l'employé après un certain temps de service et après son décès; les ayants droit reçoivent une pension équivalente à la paye du dernier semestre (minimum 300 fl., maximum 1,000).

Le fonds de la caisse est alimenté : 1° par une retenue de 1 °/₀ des salaires, pour les commis de bureaux, machinistes, conducteurs et élèves de ces deux derniers emplois, et de 2 °/₀ pour les autres employés ;

2° Par le produit des amendes ;

3° Par les revenus extraordinaires tels que le produit des annonces placées dans les voitures ;

4° Par les dons en faveur de la Société.

§ 2. — LE REPOS DU DIMANCHE.

La question du repos du dimanche touche par plusieurs côtés à l'hygiène. Elle a été ainsi comprise en Hollande, mais la législation spéciale s'inspire également des principes religieux. Une loi de 1815 interdit tout travail qui serait de nature à troubler l'exercice du culte et tout travail en public, sans étendre cette interdiction au travail intérieur des usines, quand même la fumée des cheminées pourrait être vue et le bruit des machines entendu.

On ne peut rien vendre dans les boutiques à portes ouvertes, ni rien étaler, ni vendre sur les places publiques, sauf les comestibles de peu d'importance ; les débits de boissons, les jeux publics, les spectacles, chôment aux heures des offices.

Une loi du 5 mai 1889 réglemente aussi la matière ; elle

interdit, le dimanche, le travail des fabriques et ateliers aux femmes et enfants de moins de 16 ans, et elle ajoute que la défense de faire travailler les ouvriers appartenant à une religion qui n'a pas le dimanche comme jour de repos, s'applique au jour admis par leur religion ; à une condition seulement, c'est qu'ils auront à faire connaître à leur patron leur désir de ne pas travailler ce jour-là.

D'après un arrêté royal du 9 janvier 1876, les trains de voyageurs du chemin de fer rhénan ne cessent pas le dimanche, car, c'est ce jour-là que se font les plus nombreuses excursions pour le plaisir des voyageurs. Mais les bagages de ceux-ci ne leur sont remis, les colis en tarif express ne leur sont envoyés à domicile, le dimanche, qu'à certaines heures variables suivant les stations ; c'est de 8 à 10 h. pour Rotterdam, de 10 h. à midi pour Amsterdam, etc.

Quant aux marchandises de tarif ordinaire, on ne les accepte pas les dimanches et jours de fêtes.

Dans le chemin de fer Hollandais, la Compagnie fait travailler le moins possible le dimanche, en ce qui concerne les marchandises et les grandes manutentions, et on accorde aux employés nombre de permissions par an, tombant le dimanche.

Ce sont les employés aux marchandises qui sont les plus favorisés. Quant aux mécaniciens et chauffeurs, ils le sont moins.

Une autre compagnie, celle des chemins de fer Néerlandais, accorde plus de congés, et elle facilite à ses employés la fréquentation de l'église le dimanche.

La poste chôme un peu plus que les chemins de fer. Plusieurs distributions sont supprimées le dimanche.

§ 3. — LE TRAVAIL DES FEMMES ET DES ENFANTS.

La question du travail des femmes et des enfants a fait l'objet de discussions des pouvoirs publics en Hollande, et elle préoccupe, depuis longtemps, la population ouvrière et les Sociétés qui parlent en son nom. Ainsi, la ligue sociale démocratique, qui réclame pour la femme les mêmes droits que pour l'homme, inscrit dans son programme qu'il faut interdire le travail à elle et à l'enfant, au double point de vue de l'hygiène et de la moralité.

C'est toujours par une enquête que procède le gouvernement hollandais pour arriver à établir ou corriger une législation sur un objet déterminé ; mais il ne manque pas, si la loi qui suit cette enquête est reconnue défectueuse, de prescrire de nouvelles études afin d'arriver à une loi meilleure.

La loi du 19 septembre 1874, succédant à un long intervalle à l'enquête de 1869, se bornait à interdire, sous peine d'amende et même de prison, l'accès de l'atelier aux enfants âgés de moins de 12 ans ; elle ne permettait aux enfants que le travail domestique, mais on vit bientôt que cette distinction donnait prise à la controverse ; et, la loi ne limitant pas les heures de travail, on voyait imposer à de jeunes enfants un labeur au-dessus de leurs forces. D'ailleurs, pas d'inspection, pas de contrôle, d'où mauvaise application d'une loi déjà trop sommaire et trop obscure.

Une enquête fut prescrite, elle fut aussi complète que le permirent certaines complications et certains changements dans l'axe politique du pays ; et, après plusieurs tentatives émanées de l'initiative, soit privée, soit gouvernementale, elle aboutit à la loi du 5 mai 1889.

Cette loi distrait de son cercle d'action tout ce qui a trait aux professions agricole et horticole, à l'exploitation des tourbières, à la garde du bétail, aux travaux de ménage et d'écurie, en dehors des fabriques et ateliers (pharmacies, cuisines).

Les enfants sont divisés en plusieurs catégories.

Le travail leur est interdit avant l'âge de 12 ans. De 12 à 16 ans, ils ne doivent travailler que onze heures, et leur journée doit être coupée par un repos d'une heure pris en dehors du local clos où l'on travaille.

Ces enfants ne doivent travailler ni la nuit (de 7 h. du soir à 5 h. du matin), ni le dimanche.

Les enfants au-dessous de 14 ans ne peuvent commencer la

journée avant 5 h. du matin, ni la continuer passé 10 h. du soir.

Ces règles souffrent des exceptions dont sont juges les autorités diverses. Ainsi, l'exemption du repos ne peut être accordée que par le Ministre ; la permission du travail en dehors des heures du jour, par le bourgmestre pendant deux jours, par le gouverneur pendant six.

La loi du 5 mai 1889 assimile les femmes aux enfants de 12 à 16 ans et leur applique les mêmes prescriptions qu'à ceux-ci.

De plus, quatre semaines après leurs couches, elles sont dispensées de ce travail.

Femmes et enfants, d'ailleurs, sont dispensés en tout temps de certains travaux fixés par le règlement et qui pourraient être nuisibles à la santé.

Comme moyen de contrôle la loi impose aux patrons des cartes indiquant les noms, lieu de naissance, domicile, nom du chef de famille des personnes au-dessous de 16 ans qu'il emploie ; ces cartes sont délivrées par le Bourgmestre ; et le patron doit les lui renvoyer quand le titulaire a quitté l'atelier, la carte portant indication des dates d'entrée et de sortie.

Un tableau indiquant les noms des femmes et adolescents est affiché dans l'atelier.

Un arrêté royal du 9 décembre, qui a suivi la promulgation de la loi, a stipulé quelques tempéraments à ces prescriptions relatives à l'affichage des listes, au repos du dimanche, et même aux heures où le travail peut commencer pour les femmes et enfants dans certaines industries.

Ainsi un enfant de 14 à 16 ans peut travailler dans une boulangerie dès 2 heures du matin, dans une imprimerie, jusqu'à 10 heures du soir. Les femmes peuvent travailler jusqu'à 8 heures du soir dans un atelier de couture. Une fille de 14 ans peut être occupée dans un atelier de filets jusqu'à 10 heures.

Quand il s'agit d'établissements fonctionnant par la force de l'air ou de l'eau, si cette force s'est arrêtée pendant onze heures sur vingt-quatre heures, le travail est autorisé pour les femmes et les enfants jusqu'à 10 heures du soir.

Beaucoup d'autres cas spéciaux sont visés par l'arrêté du 9 décembre.

La surveillance des ateliers est donnée à trois inspecteurs généraux dépendant du Ministère de la Justice. La surveillance, au point de vue des contraventions à constater et à punir, est confiée aux agents administratifs compétents.

Ce n'est pas ici le lieu d'étudier en elle-même la question du travail des femmes, si controversée et si complexe, mais il faut constater que, sous l'influence du clergé, les femmes se consacrent plus qu'autrefois aux soins du ménage, sans chercher à augmenter le bien-être de la famille par un salaire gagné à l'atelier.

§ 4. — LES TAILLERIES DE DIAMANTS. — HYGIÈNE ET MALADIES DES OUVRIERS.

A. Les tailleries de diamant à Amsterdam, m'écrit mon excellent et très compétent confrère, le Dr Joséphin Zitta, ne sont pas, à proprement parler, des fabriques où les ouvriers travaillent pour le compte du chef de la fabrique, mais bien des établissements où les ouvriers eux-mêmes ou leurs patrons louent la place et la force motrice nécessaires pour l'exercice du métier. Les ouvriers ne sont, par conséquent, pas sous le contrôle direct du personnel de la fabrique, et le propriétaire ou le directeur n'a en réalité pas à s'occuper des conditions hygiéniques des ouvriers, ceux-ci n'ont pas un nombre d'heures de travail limité et réglementé [1], exception faite, bien entendu, des jeunes apprentis et des femmes dont la loi de 1889 règle le travail.

Presque toutes les tailleries de diamants sont des bâtiments neufs ou restaurés, contenant de grandes et hautes salles bien éclairées, et munies d'une ventilation suffisante. Les moulins dont se servent les tailleurs de diamant sont disposés de façon à

---

[1] De 11 heures dans l'usine Daniels.

offrir le moins de danger possible. L'éclairage se fait au gaz ou à la lumière électrique, et les anciens réchauds à charbon dont se servaient autrefois les ouvriers pour fondre le plomb dans lequel ils enchâssent les diamants à tailler ont été remplacés par les réchauds à gaz.

Des accidents se produisent cependant quelquefois ; chaque moulin est mis en mouvement au moyen de courroies sans fin, ce qui peut offrir un danger, d'ailleurs facile à éviter avec quelque attention.

Parmi les fabriques bien installées d'Amsterdam, je citerai celle fondée par M. Coster et actuellement dirigée par M. Daniels. Elle a six salles de 110 mèt. de superficie sur huit mèt. de haut, éclairées le jour par de grandes fenêtres, le soir par la lumière électrique, et pourvues d'un système de ventilation puissant.

La fabrique n'a pas de médecin spécial, mais un fonds créé par M. Coster et entretenu par une cotisation minime des ouvriers (4 millièmes de florin par jour de travail effectif) permet de payer deux médecins qui donnent des consultations et fournissent aux ouvriers malades des certificats, l'indemnité en cas de maladie étant de 4 florins par semaine. En cas de mort, la veuve ou les enfants reçoivent une indemnité de 100 à 200 florins.

L'usine Daniels ne s'occupe pas de l'hygiène de ses ouvriers en dehors de l'atelier. L'une des causes de cette abstention est l'indépendance des travailleurs de ce métier, et cette indépendance même a été surtout exaltée par l'importation des diamants du Cap, qui amena la hausse de la main-d'œuvre. Beaucoup d'ouvriers, me dit M. Daniels, gagnèrent alors jusqu'à 400 à 500 florins par semaine (3,400 à 4,000 francs par mois).

Cette prospérité ne dura que quelques années, et comme les ouvriers étaient imprévoyants, comme une grande immigration d'ouvriers étrangers s'est faite à Amsterdam, beaucoup de ces imprudents sont aujourd'hui sans travail et misérables.

B. Peu de maladies professionnelles chez les ouvriers en diamant, à part les empoisonnements par le plomb dont on se sert pour fixer le diamant et le travailler, et quelques cas de névroses par suite du travail trop prolongé. Ce surmenage amène aussi des affections oculaires telles que l'asthénopie, la pseudo-myopie par effort d'accommodation ou un état spécial (kokiopie) qui cause de la fatigue et des maux de tête chez des ouvriers à yeux normaux et auquel on remédie par l'emploi de lunettes appropriées.

De la lettre du Dr Joséphin Zitta, j'extrais les renseignements suivants :

Amsterdam contenait, en 1890, 56 tailleries de diamant. Il n'y a pas vingt ans que presque tous les tailleurs de diamant étaient israélites. Parmi les classes inférieures de la population juive d'Amsterdam, classe d'où sortent la plupart des ouvriers en diamant, se rencontre le trachome comme maladie endémique, et par conséquent beaucoup de tailleurs de diamant en sont atteints ou en éprouvent encore les suites.

Il est cependant curieux de voir que beaucoup d'ouvriers affligés de taies de la cornée et n'ayant une vision que du 1/3 ou du 1/4 de la normale, sont cependant des travailleurs recherchés. D'un autre côté, il est naturel que chez des ouvriers ayant déjà des yeux malades par suite d'un concours de circonstances faciles à comprendre, la maladie fasse des progrès, ou offre souvent, après un certain temps de repos, de nouvelles exacerbations. Les malades intelligents se soumettent d'eux-mêmes à un traitement approprié, et les autres y sont forcés dès que les troubles de la cornée les empêchent de travailler régulièrement.

Pour se rendre compte de la gravité avec laquelle sévit le trachome chez la population juive d'Amsterdam, il suffit de savoir que dans les cliniques, d'où sont exclus ceux qui sont absolument indigents, se trouvent environ 1 % de granuleux parmi les chrétiens et plus de 2 % parmi les juifs. Dans les cliniques réservées aux pauvres, le nombre de trachomes est encore beaucoup plus considérable. Il existe, par exemple, à Amsterdam, une école gardienne juive pour les enfants de parents indigents ; dans cette école il y avait, en 1880, 76 % d'enfants atteints de trachome.

Vers cette époque, les oculistes d'Amsterdam se sont spécialement occupés des moyens d'améliorer la situation. D'après leur opinion, c'est entièrement dans le foyer domestique que se trouvent les germes d'infection et non dans les fabriques ou les écoles. Grâce aux soins employés, l'endémie de trachome, quoique loin de disparaître, commence cependant à diminuer sensiblement.

Ainsi, l'examen des enfants dans certaines écoles communales, situées au centre du quartier juif, a donné, en 1880, 40 % d'enfants granuleux et 30 % seulement en 1889. Dans l'école gardienne dont il a été question plus haut, se trouvaient, en 1880, 76 % de malades ; ce nombre était, en 1888, réduit à 65 %, et en 1893, à 50 %.

De plus, l'état des malades eux-mêmes s'est beaucoup amélioré ; les formes graves, qui se rencontrent encore souvent chez les sujets âgés, sont plus rares chez les sujets jeunes. De plus, les formes à hypersécrétion de la conjonctive ont beaucoup diminué ; les malades se trouvent souvent n'éprouver aucun inconvénient de leur affection et peuvent rester longtemps dans cet état. Ils ne sont plus alors, comme auparavant, infectieux, la contagion étant intimement liée et consécutive à la sécrétion de la conjonctive.

L'amélioration que nous venons de constater trouve son explication dans les mesures qui ont été prises depuis que le mal a été étudié à fond.

Ainsi, à part les cliniques qui existaient déjà pour les maladies oculaires, d'autres encore ont été créées, et le nombre de ceux qui viennent y chercher secours se monte, en ce moment, à plus de 15,000. Parmi ceux-ci se trouvent plus de 2,500 granuleux, traités tous gratuitement ou moyennant 1 florin par trois mois dans les divers quartiers de la ville. Ajoutons que dans les écoles gardiennes juives se trouvent 600 enfants granuleux en observation continuelle, et nous arrivons au chiffre de plus de 3,000 malades atteints du trachome, se faisant soigner chaque année. Le nombre de consultations données à ces malades dépasse, par an, le chiffre de 50,000.

La plupart des malades soignés se trouvent, s'ils ne guérissent pas tout à fait, au bout d'un certain temps, dans de meilleures conditions, de sorte qu'ils ne souffrent plus autant de leur mal et qu'ils ne sont plus dangereux pour autrui. Il n'y a que les cas invétérés et rebelles ainsi que les cas sujets à récidive qui doivent rester plus d'une année en traitement [1].

D'un autre côté, plusieurs sociétés de bienfaisance se sont fondées pour venir au secours des malades, et de toutes parts les efforts se sont tendus pour améliorer l'état moral et physique des classes inférieures, pour bâtir de nouvelles demeures ouvrières, et pour assainir les habitations existantes.

Les instituteurs sont, d'après les instructions, tenus d'éloigner de leurs classes tous les élèves dont les yeux leur paraissent, sous l'un ou l'autre rapport, suspects. Ces enfants, pour tant qu'ils appartiennent aux écoles entièrement ou à peu près gratuites, doivent se présenter à la clinique d'un des médecins oculistes. Ils reçoivent de celui-ci un certificat constatant que l'enfant peut, sans danger pour ses condisciples, rentrer à l'école, et aussi le nombre de fois qu'il doit se présenter par semaine à la consultation..

§ 5. — Les Habitations ouvrières.

Dès 1822, par la loi du 28 juin qui concédait l'exemption de la contribution personnelle aux habitants des logements les plus pauvres, on aide, en Hollande, l'ouvrier dans la recherche de son logis.

En 1852, le roi Guillaume ordonna à l'Institut royal des ingénieurs de faire une enquête sur l'état de ces habitations, et le rapport causa une émotion profonde à la suite de laquelle se créèrent plusieurs sociétés pour la construction d'habitations ouvrières.

En 1852, se fonda à La Haye une association ayant pour but la construction de maisons dont l'ouvrier pourrait devenir pro-

[1] Beaucoup d'ouvriers en diamant, souffrent d'obésité, ceux qui travaillent la rose, de myopie.

priétaire, et celle de grands logements qui fourniraient aux locataires de petits appartements confortables.

Mais déjà une société fondée en 1852 au capital de 100,000 fl. s'était établie, et elle est en pleine activité.

Elle avait en 1888 pour 2,620,302 fl. d'immeubles donnant un revenu brut de 212,600 fl. Ce sont des maisons à 3 étages dont les logements à une ou deux chambres avec water-closets sont très recherchés.

Le loyer d'une chambre de 35 m. q. coûte 4 fl., 75 par semaine. Pour deux chambres occupant 55 m. q., on paye 6 fl. 25.

La Société d'Amsterdam, pour la construction des maisons ouvrières, voit ses logements moins courus peut-être parce qu'elle a reçu de la ville une subvention qu'elle lui rembourse d'ailleurs par petites sommes. Une chambre de 30 m. q. coûte, au rez-de-chaussée, 5,25 par semaine, au 1er étage 5, au-dessus 4,50. Pour deux chambres (55 m. q.), on paye respectivement, 7,75, 6,50 et 5,70.

Il serait trop long de raconter l'histoire d'une société créée en 1888, Bowmaatschappy vor Krijjung van cigen Woningen, qui a pour but de rendre l'ouvrier propriétaire. Fondée par une réunion de 2,000 ouvriers, elle imposa de trop dures conditions à ses membres, et ne marcha que lorsqu'un comité de notables habitants fut mis à sa tête. Elle fit bâtir d'abord 180 logements, puis à l'aide d'un emprunt 460 autres, à 5,50 et 6,50 par semaine.

En 1882, à Harlem, il s'est fondé trois sociétés coopératives qui ont bâti 280 maisons, dont le locataire devient propriétaire en 25 ans par un loyer de 7, 9 %.

Plus récemment, des maisons à bon marché s'élevèrent à Bréda, Leuwarden, Utrecht, Rotterdam, Arnhem, Delft. Le prix des chambres uniques varie de 1/2 fl. à 1 fl. 50 par semaine ; celui d'un appartement de deux chambres varie de 1 fl. 50 à 2 fl. 50.

A La Haye, on a construit des maisons ouvrières isolées, avec deux logements indépendants, l'un au rez-de-chaussée, l'autre à l'étage. Elles ont coûté 2,900 fl. et rapportent 2 fl. par semaine et par logement.

Il y a des villes où les ouvriers s'associent pour se bâtir des maisons, ou bien c'est l'industriel qui loge ses ouvriers, comme M. Van Marken ou le charbonnage de Keskrade, lequel a construit 46 maisons avec jardins.

Dans la plupart des villes, les maisons ouvrières sont spécialement surveillées au point de vue de l'hygiène, quand elles ne rentrent pas dans la règle de l'inspection régulièrement organisée par les villes pour toutes leurs habitations.

Nous n'avons voulu dire qu'un mot de ce mouvement, encore lent, des habitations à bon marché, malgré la loi du 12 août 1862 qui accorde aux sociétés qui ont pour but la vente, l'achat ou la location de ces immeubles, la réduction des droits de mutation.

§ 6. — LES MESURES CONTRE LE VAGABONDAGE. — LES COLONIES AGRICOLES.

La création des colonies agricoles de Hollande remonte au lendemain des guerres de la Révolution et de l'Empire, qui causèrent la ruine du pays et réduisirent un grand nombre d'habitants à la mendicité. Un homme généreux, le général Van Bosch, songea à procurer à ces malheureux le défrichement des terres incultes. Il fonda la Société de Bienfaisance néerlandaise composée dans les premiers temps de 21,000 souscripteurs à 2 fl. 60 par an, et acheta un terrain à exploiter, le domaine de Weesterbeck dans la province d'Oberyssel.

On demanda des subventions aux communes qui, moyennant 60 fl. ou 1700 fl., eurent le droit d'envoyer à la colonie, soit un individu isolé, soit une famille. Mais les communes se débarrassèrent de leurs plus mauvais éléments, et l'affaire ne marcha pas. L'État refusa de continuer les subventions (1859) et accorda à la Société une indemnité de 3,650,000 florins pour payer ses dettes et lui reprit deux dépôts de mendiants vicieux créés au début.

La Société réforme ses règlements (208 articles). Elle précise son but, qui est de «contribuer à l'amélioration de la condition de la classe inférieure de la population ».

La société admet deux sortes de protégés :

1° Ces colons ou ouvriers à qui on donne, quand ils sont en famille, une maison avec jardin, 2 vaches, des vêtements, et que l'on place dans des familles quand ils sont célibataires. Ils vivent les uns et les autres de leur travail dont on leur laisse le produit, sauf quelques florins de retenue pour le service médical et pour les vêtements, plus 10 °/₀ pour fonds de réserve.

2° Les fermiers libres. Ce sont les colons qui ont au bout de 3 ans prouvé leur honnêteté et leur aptitude au travail. Ils ont droit à une ferme de 2 hectares et demi, dont 80 ares labourés et ensemencés ; on leur donne du fourrage, du fumier, des pommes de terre.

Ces fermiers payent le loyer de leurs fermes ; pas tous régulièrement ; le tiers environ fait quelques dettes.

Les fermes sont bien tenues et bien dirigées.

Il y a en outre des ateliers de tissage, pour le jute, la paille, le jonc. Une fabrique de conserves, fondée par un particulier où travaillent les femmes et les filles de la colonie au prix de 7 cents l'heure (10 heures par jour), assez délurées d'ailleurs.

Il y a également une fromagerie où l'on fait du beurre et du fromage.

Il y a cinq écoles primaires dirigées par des instituteurs payés par l'Etat, dans lesquelles l'instituteur doit s'abstenir de faire ou enseigner tout ce qui est contraire au respect dû aux différentes croyances, et au sortir desquelles les enfants munis d'un certificat d'études vont aux écoles de dessin, de couture, d'arboriculture, d'horticulture et d'agriculture. Dans cette dernière, l'enseignement théorique et pratique mène à un diplôme qui permet aux élèves de se placer hors de la colonie.

La colonie de Fredercksoord se suffit à elle-même grâce aux souscriptions de 5,137 membres (on est bien loin des 21,000 du début). La discipline y est sévère. Les punitions atteignent ceux qui se livrent à l'ivrognerie, à la débauche ou à une paresse continue, qui quittent la colonie sans autorisation ou y rentrent au delà de l'heure autorisée.

La Société paye les salaires aux femmes et non aux hommes. Il n'y a pas de cabarets dans le territoire de la colonie.

Les dépôts de mendicité que l'Etat, comme on l'a dit, a repris à la Société, sont en plein fonctionnement. Une commission nommée par le conseil municipal de Paris les a visitées en 1890 et a fait sur son enquête un intéressant rapport.

C'est à Weenhuyten, à une certaine distance des colonies, que sont installées les trois divisions qui forment la colonie de répression dirigée par un directeur et trois sous-directeurs. Une sorte de caserne, avec dortoirs en haut et réfectoires au rez-de-chaussée, abrite les colons.

Des ateliers épurent la laine brute, la cardent, la filent, la tissent et la transforment en tricots et en matelas, ou bien transforment le coton en draps, mouchoirs, serviettes et blouses. Il y a aussi, comme travailleurs, des vanniers, des cordonniers, des tailleurs. Un atelier où on fait des paillassons et des nattes, des forges, des chaudronniers, des charpentiers. On fabrique également des meubles ; une des divisions est consacrée aux travaux des champs et des bois, à l'élevage du bétail, à l'extraction des tourbes, à la fabrication des briques. Une grande boulangerie, bien montée, fabrique pour les colonies un pain qui, paraît-il, «est couleur de chocolat, gluant et rappelle avec désavantage le pain du Siège.»

Les colons qui travaillent là pour le compte de l'Etat sont les mendiants ou vagabonds, condamnés à un ou deux ans d'internement, ou qui viennent demander eux-mêmes à être internés.

Les hommes employés au travail du bois et du fer (les plus nombreux) reçoivent 3 fr. par semaine et doivent fournir un minimum de production.

La surveillance de leur travail et la discipline sont très sévères. On leur remet, quand ils sortent, un livret qui constate leur séjour à la colonie, et qui n'est pas fait pour leur faciliter la recherche du travail libre.

Chaque colon coûte à l'Etat 120 fl. par an et rapporte non
seulement de quoi l'entretenir, mais encore de quoi payer toute
l'administration de la colonie.

§ 7. — LES JUIFS DE HOLLANDE.

Nous nous sommes étendu, dans la partie de ce rapport relative à l'hygiène et à l'assistance, sur les particularités concernant
les Juifs, parce que les adhérents de cette religion, bien que
jouissant depuis longtemps en Hollande de tous les droits civi-
ques, ont à Amsterdam surtout des mœurs et des habitudes
spéciales, et habitent un quartier que les guides ne manquent pas
d'indiquer aux voyageurs, et que ceux-ci s'empressent d'aller
visiter.

C'est là aussi qu'on trouve les hôpitaux, les orphelinats, les
écoles destinés aux adhérents de ce culte. L'aspect de ces rues
n'est rien moins que réjouissant ; elles sont mal tenues et bor-
dées de maisons trop étroites pour les familles aux nombreux
enfants qui les occupent ; sans doute rues et maisons prennent
un air de fête dès le vendredi soir, et le conservent le samedi à
l'heure des services du culte, ce qui entraîne une très active circulation ; mais, l'après-midi de ce jour, ces rues sont désertes.
Fidèles observateurs de leurs prescriptions religieuses, les Juifs,
et principalement les ouvriers, laissant le travail, parcourent les
rues d'Amsterdam en habits de fête, ce qui donne à la ville
une physionomie toute spéciale, et l'on est frappé de ce type
oriental qui, surtout chez les femmes, dont plusieurs sont fort
belles, rappelle l'origine de ces immigrés. Ce sont en effet les
Juifs chassés d'Espagne, puis de Portugal, il y a quatre siècles,
qui sont venus chercher un abri en Hollande, où ils ont trouvé
l'hospitalité la plus tolérante.

Pour en revenir à l'hygiène, on se demande pourquoi l'administration municipale d'Amsterdam n'a pas essayé d'en corriger

les imperfections, en démolissant et en reconstruisant peu à peu,
au grand profit de l'hygiène générale de la ville [1].

Mais ce que ne fait pas la municipalité, pourquoi les administrations particulières des communautés israélites, si riches en
œuvres de toutes sortes, n'emploient-elles pas chaque année une
partie de leurs ressources en améliorations matérielles qui
transformeraient peut-être la vie morale de cette population, et
rendraient moins nécessaires les secours si nombreux qu'on leur
distribue. La charité juive, je l'ai observé, non seulement à
Amsterdam, mais ailleurs, est trop large ; elle ralentit l'initiative
et paralyse l'effort. Cette pitié pour les malheureux qui s'exalte
chez les fortunés de cette race, à raison sans doute des souf-
frances et des persécutions endurées en commun, dépasse parfois
le but. On devrait l'endiguer, la ramener aux limites de l'assistance par le travail, et l'une des conditions de cette réforme
serait de rendre le labeur attrayant par la salubrité des ateliers,
par le jour et l'espace abondamment fournis à la demeure du
travailleur.

---

[1] Cette inaction tiendrait-elle aux difficultés qu'oppose la loi aux expropriations
pour cause d'utilité publique, difficultés qui rendent en ce moment impossible
l'agrandissement de la Bourse d'Amsterdam ?

L'ORGANISATION

ET

L'HYGIÈNE SCOLAIRES

EN BELGIQUE ET EN HOLLANDE

PREMIÈRE PARTIE. — BELGIQUE

I

ORGANISATION

§ 1er — Les lois de 1842, 1879, 1884.

La loi de 1842 obligeait chaque commune à établir au moins une école primaire dans un local convenable; en cas de nécessité, deux ou plusieurs communes voisines pouvaient être autorisées à se réunir pour fonder ou entretenir une école *(Art. 1er)*. Lorsque dans une localité il était suffisamment pourvu aux besoins de l'enseignement primaire par les écoles privées, la commune pouvait être dispensée de l'obligation d'établir une école *(Art. 2)*. La commune pouvait être autorisée à « adopter » dans la localité même une ou plusieurs écoles privées réunissant les conditions légales de l'école communale *(Art. 3)*. Le gouvernement constatait chaque année s'il y avait lieu de maintenir ou de révoquer la dispense de l'autorisation.

La commune était tenue de fournir gratuitement l'instruction primaire à tous les enfants pauvres dont les parents en faisaient la demande *(Art. 6)*. La commune pouvait exiger un minerval pour les enfants des parents non indigents.

La loi prescrivait, à titre obligatoire, l'enseignement de la religion et de la morale, de la lecture, de l'écriture, du système légal des poids et mesures, des éléments du calcul, et, suivant les besoins des localités, des éléments de la langue française, flamande ou allemande [1].

---

1. Il importe de noter que plus de la moitié de la population belge parle le néerlandais ou flamand (274,427 contre 2,485,072 ne parlant que français au 31 décembre 1890, plus 700,997 parlant le français et le flamand). Cette langue germanique est la même que celle qui est parlée dans les Pays-Bas du nord ou

L'enseignement de la religion et de la morale était donné sous la direction des ministres du culte professé par la majorité des élèves. Les enfants n'appartenant pas à la communion religieuse en majorité dans l'école étaient dispensés d'assister à cet enseignement *(Art. 6)*.

La surveillance des écoles communales ou « adoptées » se faisait par les inspecteurs de l'État; l'épiscopat faisait inspecter l'enseignement de la religion et de la morale par des inspecteurs ecclésiastiques ainsi que par le clergé local qui pouvait à toute heure pénétrer dans l'école à titre d'autorité, pour s'assurer si l'on n'enseignait rien de contraire au dogme. Les livres devaient être approuvés par le gouvernement. Les livres pour l'enseignement de la morale et de la religion et les livres de lecture devaient, en outre, être approuvés par l'épiscopat.

Le programme pouvait être étendu. Les branches facultatives étaient les ouvrages manuels (pour filles), le dessin, le chant, l'histoire, la géographie, les notions des sciences naturelles, etc.

Les instituteurs étant nommés par les conseils communaux, les candidats devaient justifier d'avoir fréquenté avec fruit, pendant deux ans au moins, les cours d'une école normale de l'État, ou d'une école normale privée soumise à l'inspection du gouvernement.

La loi de 1879, faite par les libéraux, n'établit ni l'obligation, ni la gratuité. Elle laïcisa l'école communale. Elle supprima là faculté par la commune d'adopter des écoles privées. Elle laissa au gouvernement seul le droit de fixer le nombre d'écoles et de classes dans chaque commune. La gratuité était de droit pour les indigents seuls.

L'enseignement de la religion était supprimé du programme; la loi dit, à l'article 4 : « L'enseignement religieux est laissé aux soins des pères de famille et des ministres des divers cultes. Un local dans l'école est mis à la disposition des ministres des cultes pour y donner, soit avant, soit après l'heure des classes, l'enseignement religieux aux enfants de leur communion fréquentant l'école. » Le clergé ayant refusé cette faculté, une circulaire du ministre de l'instruction publique chargea les instituteurs de l'enseignement de la lettre du catéchisme, et leur attribua une indemnité de cent francs pour ce service faculta-

---

Néerlande ; elle est très riche et possède une belle littérature dont les premiers monuments remontent au IXᵉ siècle. Dans un petit nombre de localités de la frontière orientale, on parle allemand. Dans la partie méridionale, le peuple parle des dialectes romains (le wallon) et le français est la langue des écoles, des journaux, des livres. D'après la constitution et les lois spéciales, tous les documents officiels doivent êtres publiés dans les deux langues et l'administration centrale ne peut écrire à ses administrations locales que dans la langue de celles-ci.

tif. Le clergé déclara cet enseignement schismatique et excommunia ceux qui le donnaient. C'est cet article et son application qui déterminèrent dans le pays la guerre scolaire.

La loi de 1879 étendit considérablement le programme primaire, qui devait comprendre obligatoirement la morale, la lecture, l'écriture, le calcul, les poids et mesures, les éléments de langue française, flamande, ou allemande (selon les localités), la géographie, l'histoire, le dessin, les formes géométriques, les notions de sciences naturelles, la gymnastique, le chant, les travaux manuels (pour les filles seulement). Les communes pouvaient étendre ce programme avec l'assentiment du gouvernement. Les communes nommaient les instituteurs avec l'approbation de l'État, mais elles ne pouvaient choisir que les candidats des écoles normales de l'État. Le nombre de ces écoles normales fut considérablement augmenté; il atteignit le chiffre de vingt-sept. Les écoles privées perdirent « *l'agréation* », et ne purent plus fournir d'instituteurs communaux.

Un grand nombre de communes refusèrent d'appliquer la loi de 1879 : elles voulurent conserver le droit d'enseigner la religion et la morale, et de choisir leurs instituteurs, même parmi les diplômés des écoles privées inspectées. Le clergé poussa énergiquement à la résistance.

En 1879 un grand nombre d'instituteurs et d'inspecteurs officiels, nommés sous le régime de la loi de 1842, donnèrent leur démission, soit sous la pression du clergé, soit par scrupule de conscience, l'excommunication frappant tous ceux qui restaient en fonctions.

Le gouvernement dut nommer d'office bon nombre d'instituteurs, le communes refusant de faire la nomination.

Voici des chiffres montrant les effets de cette lutte féconde en épisodes douloureux :

En 1878 (dernière année du régime de la loi de 1842), les 4.376 écoles primaires communales comptaient. . . . . 527.417 élèves.
Les 463 écoles adoptées ou inspectées. . . . . 66.921 —
Les écoles privées inspectées. . . . . . . 3.864 —

                    TOTAL. . . . . . . 598.202 élèves.
Les écoles primaires libres. . . . . . . 90.125 —

En 1884 (sous le régime de la loi de 1879), les écoles primaires communales ne comptaient plus que 325.656 élèves; elles avaient perdu 211.768 élèves, contingent énorme, auquel il faut ajouter les élèves des écoles adoptées et des écoles libres inspectées devenues écoles libres absolues; on estime donc à 282.553 le nombre d'élèves passés à l'enseignement du clergé par l'effet de la loi de 1879. Cependant le budget de l'instruction primaire avait augmenté, pendant cette période, dans de grandes proportions. Il était en 1878 de 28 millions 406.217 francs, et en 1883 de 35 millions 28.116 francs en augmentation de 7 millions, environ 25 0/0 correspondant à une diminution d'élèves de 45 0/0.

Dans l'ordre pédagogique, des progrès sérieux furent réalisés de 1879 à 1884; un programme détaillé fut rédigé; des cours de sciences, de dessin, d'agriculture, etc., furent organisés pour compléter l'instruction des instituteurs, les installations scolaires furent améliorées, l'enseignement normal fut perfectionné. Mais, en 1884, la majorité libérale fut écrasée dans tout le pays, et un ministère conservateur fit voter une nouvelle loi encore en vigueur aujourd'hui.

La loi de 1884 rendit la liberté aux communes en matière d'instruction primaire. Elle oblige la commune à établir au moins une école publique; elle l'autorise à adopter une ou plusieurs écoles privées, la commune peut supprimer toutes ses écoles communales moins une, et mettre tous ses instituteurs en disponibilité pour suppression d'emploi; elle n'est tenue de créer ni des écoles gardiennes, ni des écoles d'adultes; elle peut supprimer celles qui existent. La commune peut même être dispensée par le gouvernement de l'obligation de maintenir ou d'établir l'unique école publique obligatoire; mais cette dispense ne peut être accordée, si vingt chefs de famille, ayant des enfants en âge d'école, réclament la création ou le maintien de l'école, pour l'instruction de leurs enfants.

La religion et la morale ne font pas partie du programme obligatoire; mais la loi dit formellement *(Art. 4)* « que les communes peuvent inscrire l'enseignement de la religion et de la morale en tête du programme de toutes ou de quelques-unes de leurs écoles primaires; cet enseignement se donne au commencement ou à la fin des classes; les enfants, dont les parents en font la demande, sont dispensés d'y assister. Lorsque dans une commune vingt chefs de famille, ayant des enfants en âge d'école, demandent que leurs enfants soient dispensés d'assister au cours de religion, le roi (c'est-à-dire le gouvernement) peut, à la demande des parents, obliger la commune à organiser, à l'usage de ces enfants, une ou plusieurs classes spéciales. Si, malgré la demande de vingt chefs de famille ayant des enfants en âge d'école, la commune refuse d'inscrire l'enseignement de leur religion dans le programme, ou met obstacle à ce que cet enseignement soit donné par des ministres de leur culte ou des personnes agréées par ceux-ci, le gouvernement peut, à la demande des parents, adopter une ou plusieurs écoles privées à leur convenance, pourvu qu'elles réunissent les conditions requises pour être adoptées. »

C'est l'application de cet article qui a causé ce que l'on a appelé « la désorganisation scolaire » ou « la revanche scolaire ».

Les communes, qui n'avaient pas voulu de la loi de 1879, ont commencé par supprimer toutes les écoles communales imposées d'office par le ministère libéral, et ont mis en disponibilité les instituteurs et les institutrices officiels. La réaction fut implacable : dès 1885, le budget de l'instruction publique était diminué de cinq millions de francs ; à la fin de la première année scolaire de ce régime, on comptait 220 communes d'une population globale de 809,010 habitants, qui avaient supprimé *toutes* leurs écoles publiques, même la dernière, et adopté des écoles privées. La plupart des conseils communaux — sauf ceux de quelques grands centres, tels que Bruxelles, les faubourgs, Anvers, etc., — mirent la religion en tête du programme. Les subventions de l'État ayant été réduites, et une partie réservée aux écoles adoptées, la plupart des communes ne purent maintenir les traitements de leurs instituteurs qui furent réduits au minimum légal. Plus de mille instituteurs et institutrices furent mis en disponibilité par suppression d'emploi, ils reçurent des traitements d'attente de 100 francs minimum ; ceux qui avaient cinq années au moins de service conservent la moitié de leur traitement d'activité ; les deux tiers sont assurés à ceux qui ont cinq à quinze années de service ; les trois quarts à ceux qui ont plus de quinze années de service actif ; le traitement complet est assuré à ceux qui ont au moins vingt-cinq années de service actif. Le dernier rapport triennal (années 1888-89-90) constate qu'en 1890, il y avait encore 752 instituteurs ou institutrices primaires en disponibilité pour suppression d'emploi, et qu'ils touchaient un traitement d'attente global de 805,268 francs.

Le gouvernement a supprimé la plupart des écoles normales fondées sous la loi de 1879, mais il a adopté, par contre, un grand nombre d'écoles normales communales de Bruxelles. Toutes les écoles normales sont soumises à l'inspection de l'État, doivent enseigner le programme minimum rédigé par le gouvernement ; les écoles normales agréées (privées ou communales) fournissent depuis 1884 la majorité des diplômes légaux valables dans tout le pays, ayant le même caractère que celui des écoles de l'État ; c'est le personnel enseignant, qui, sous la présidence du directeur, constitue le jury d'examen pour la délivrance du diplôme ; un inspecteur du gouvernement assiste aux examens, et certifie qu'ils ont été faits conformément à la loi.

La réaction contre la loi de 1879, qui était centralisatrice, n'a pas diminué la population scolaire. Le dernier rapport triennal établit qu'il y avait dans les écoles primaires communales et adoptées, en 1889, 614,671 élèves, chiffre supérieur de 16,000 à celui de 1878, et de

289,000 à celui de 1883. La loi a donc eu pour effet la transformation d'un grand nombre d'*écoles libres*, fondées par le clergé, sous la loi de 1879, en écoles adoptées par les communes et soumises à l'inspection du gouvernement. En 1878 (loi de 1842), il y avait 8,202 instituteurs et institutrices communaux, dont 526 religieux ou congréganistes et 1,215 adoptées dont 1,097 religieux ou congréganistes, total 9,417.

En 1883 il y avait 8,657 instituteurs officiels dont 16 religieux; l'adoption avait été supprimée; en 1889, malgré la mise en disponibilité d'un millier au moins d'instituteurs communaux, on trouve : 8,419 instituteurs et institutrices dans les écoles communales et 3,131 dans les écoles adoptées, total 11,550 dans les écoles soumises à l'inspection gouvernementale; sur ce nombre 1,683 appartiennent à des congrégations religieuses. Le budget de l'instruction primaire était réduit à 27,711,132 francs, soit 7,500,000 de moins qu'en 1883.

Pour se faire une idée de l'état réel de l'instruction populaire en Belgique, il faut analyser le dernier rapport triennal (1888-90) publié par le ministre de l'intérieur et de l'instruction publique. Cette analyse est des plus suggestives. Elle a été publiée dans la *Revue pédagogique belge* et dans un grand nombre de journaux. Voici les faits pris parmi les plus importants qu'elle révèle :

1° Sur 5,673 écoles primaires communales et adoptées, il y en a 4,632 ou 81 0/0 où l'on ne fournit aux élèves aucune notion de *sciences naturelles.*

2° Il y en a 4,216 ou 74 0/0 qui n'enseignent pas les *formes géométriques.*

3° Il y en 3,746 ou 76 0/0 où l'on, n'enseigne qu'une seule des deux langues du pays.

4° Il y en a 5,388 ou 95 0/0 où l'on n'enseigne pas les notions de droit constitutionnel (éducation civique).

5° Il y en a 4,856 ou 85 0/0 où l'on enseigne pas les notions élémentaires d'hygiène.

6° Il y en a 4,708 ou 83 0/0 où la musique n'est pas enseignée.

7° Dans 3,533 écoles de filles ou mixtes (filles et garçons réunis).

8° Les travaux manuels éducatifs ne s'enseignent que dans les écoles de Bruxelles, de Saint-Gilles, et de quelques autres localités (55 écoles en tout). Le rapport dit, à la page cxvii, que l'enseignement de la gymnastique est fort irrégulier et fort peu méthodique dans un grand nombre d'écoles. La lecture expressive (page cxxiii), la rédaction (p. cxxi), le dessin, l'histoire. En 1890 la population des écoles communales et adoptées (primaires) était de 616,041 garçons et filles (10 0/0 de la population totale : 6,609,321 habitants); il y avait 113,172 enfants de trois à six ans dans les écoles gardiennes, total : 729,213 élèves. Or, d'après le recensement de 1890 publié par l'*Annuaire statistique*, il y avait à cette époque 926,982 enfants de six à quatorze ans et 380,000 de trois à six ans. Il résulte de ces chiffres : 1° que 310,941 enfants de six à quatorze ans ne fréquentaient pas les écoles primaires communales adoptées ; 2° que 270,000 enfants de trois à six ans n'étaient pas dans les écoles gardiennes. En estimant à 100,000 le nombre d'enfants de six à quatorze ans des écoles privées ou des autres instituts d'instruction (écoles moyennes, athénées, écoles d'aveugles, etc.,) on arrive encore à un déficit d'environ 200,000 enfants de six à quatorze ans qui ne vont pas ou qui ne vont plus à l'école. C'est le chiffre approximatif d'enfants que l'*obligation scolaire* forcerait à fréquenter l'école. Le ministre constate en outre, d'après le rapport des inspecteurs, que partout, « on a à se plaindre de l'insuffisance de temps d'école, et surtout de l'irrégularité de la fréquentation scolaire. Dans un grand nombre d'écoles, les élèves ne se sont pas trouvés en classe pendant la moitié de l'année. »

Plus loin, le rapport fait cette triste constatation : « Les résultats définitifs ne sont pas brillants. On constate, en effet, que sur 81,166 élèves qui ont quitté les écoles primaires communales sans espoir de retour, 17,268, c'est-à-dire à peine 21 0/0 avaient fait un cours complet d'études primaires. Dans les écoles adoptées, la proportion est moindre encore : 5,816 sur 30,491 élèves, c'est-à-dire 19 0/0 seulement ».

Les inspecteurs attribuent cette situation à diverses causes : la misère des parents qui doivent employer ou faire employer très tôt leurs enfants aux travaux des champs, des fabriques, etc. ; le refus de gratuité à des parents peu aisés par certains conseils communaux peu sympathiques à l'école ; l'obligation, dans certaines communes, pour les élèves même indigents, de se procurer à leurs frais les fournitures classiques nécessaires ; « la déplorable tendance qui se manifeste de plus en plus de prolonger les vacances et d'accorder des congés sans nécessité pour les motifs les plus futiles » ; les inspecteurs des ressorts de Bruxelles, de Gand, de Charleroi, de Louvain « sont d'avis que bon nombre d'instituteurs ne font pas assez d'efforts pour attirer ou retenir les enfants à l'école » ; l'inspecteur de Liège déclare que le seul remède efficace est l'obligation scolaire.

M. Sluys, directeur de l'école normale de garçons de Bruxelles, à qui je dois des remerciements tout particuliers pour le concours qu'il m'a prêté dans la rédaction de ce chapitre, déclare que « le nombre des écoles primaires et gardiennes est très insuffisant en Belgique, eu égard aux besoins. Si l'on ouvrait immédiatement quelques milliers de classes nouvelles, elles se rempliraient du jour au lendemain, pour peu qu'on voulût dédoubler les classes trop nombreuses actuellement et s'occuper du recrutement des enfants qui courent les rues. » Cela est vrai pour les grandes villes comme pour les campagnes. « Dans un quartier populeux, celui de la rue Haute, à Bruxelles, dit le distingué directeur de l'école normale de Bruxelles, j'ai compté, en mars 1893, les jours de classe, jusqu'à 356 enfants en âge d'école traînant dans les rues, les uns surveillant des bébés, d'autres portant des paquets, quelques-uns allant à l'atelier, le plus grand nombre polissonnant; la plupart n'étaient ni lavés, ni peignés; beaucoup m'ont déclaré qu'ils n'allaient pas à l'école, parce qu'il n'y avait plus de place. A Namur, plusieurs fois, à 10 heures du matin, les jours de classe, j'en ai rencontré une quarantaine faisant l'école buissonnière. Nombreux sont encore dans le pays les enfants qui échappent à l'action bienfaisante de l'école primaire : ce sont les ignorants incurables, les sans-métier et les sans-travail de l'avenir; dès leur tendre enfance, abandonnés aux suggestions malsaines de la rue, il apprennent à vagabonder; la société ne les prépare pas à la vie, mais au dépôt de mendicité et à la prison. »

§ 2. — Programmes et règlements.

Nous avons chemin faisant indiqué quelles sont les matières de l'enseignement primaire en Belgique. Comme en France sous le ministère Ferry, les articles du programme sont précédés d'une sorte de guide à l'usage de l'instituteur. Je crois de mon devoir de citer les conseils qui sont en tête du programme d'éducation morale.

« Le personnel y est prié de consacrer toutes les ressources de son intelligence et de son cœur à rendre facile à ses élèves la pratique de leurs devoirs envers eux-mêmes, envers leurs parents et leurs supérieurs, envers leurs semblables et envers la patrie.

» C'est par la dignité de sa conduite, son amour de la justice et son affection sincère pour l'enfance que le maître arrive à ce but.

» Le caractère propre de l'école primaire, dit le programme, s'oppose à ce que l'on fasse un cours de morale didactique d'après un plan tracé d'avance. Ce qu'il faut à l'enfance, c'est le bon exemple du personnel, le bon exemple des condisciples, c'est l'enseignement moral en action, c'est la leçon spontanée qui découle tantôt d'une lecture, tantôt du spectacle de l'univers; aujourd'hui d'un trait d'histoire, demain d'un apologue. »

Et plus loin : « Le personnel augmentera l'impression salutaire que produit un récit, en formulant en précepte l'enseignement qui découle

du fait. S'il sait vivifier ses explications, s'il sait, par un langage affec-
tueux et sympathique, les faire pénétrer jusqu'au fond du cœur, les
maximes d'honneur et de vertu qui les résument se graveront facilement dans la mémoire, et les enfants s'en souviendront lorsqu'ils se
trouveront un jour en face des devoirs de la vie. »

A Bruxelles, les chefs d'école ont peut-être plus d'autorité sur leurs
maîtres que nos directeurs n'en ont sur leurs adjoints. On en comprend
la nécessité dans les grandes écoles à dix-huit et vingt-deux classes.
Le directeur se double alors d'un administrateur. Il imprime aussi
une direction à l'enseignement et le surveille. Il est obligé de donner
chaque mois dans une des classes une leçon type. Il réunit tous les
mois son personnel pour s'entretenir avec lui des affaires de l'école,
et les maîtres lui soumettent alors les registres où ils consignent leurs
leçons et leurs procédés.

Tous les mois, de leur côté, les chefs d'école se réunissent sous la
présidence de l'échevin de l'instruction publique.

Le règlement fixe en Belgique les punitions. Elles sont bien observées dans toutes les écoles. Ce sont l'annotation, le retrait de un ou
plusieurs bons points, la retenue après la classe sous la surveillance
de l'instituteur, la réprimande particulière ou publique.

Il est interdit d'infliger aucun châtiment corporel ni aucun autre de
nature à décourager les enfants ou à provoquer la risée ou le mépris
de leurs condisciples. A Saint-Gilles, cette formule est appliquée, comme
aussi il est défendu de punir les enfants par la privation de soupe.

Le règlement des écoles doit être expliqué et commenté par le
maître. Quand un élève est puni, le maître lui indique en vertu de
quel article du règlement.

Les fournitures scolaires sont données gratuitement aux élèves et
le crédit fixé par tête d'élève et par an est de 1 franc pour la classe
maternelle, de 1 franc, 2 francs et 3 fr. 25 c. pour les trois degrés
d'école primaire, de 2 francs pour l'école d'adultes.

Les filles reçoivent gratuitement la toile, le fil, le coton, la laine, les
aiguilles à tricoter et tous objets pour ouvrages de mains; ces objets
confectionnés restent à l'école ou peuvent être donnés par le directeur
à des enfants pauvres méritants des écoles, avec autorisation de l'autorité communale ou du comité scolaire.

Les élèves ne sont pas admis dans les écoles primaires avant six ans;
ils y peuvent demeurer au delà de quatorze ans. L'instruction n'est
pas obligatoire, mais chaque fois qu'un enfant manque l'école, le
maître signale son absence aux parents par une carte postale que
l'élève doit rapporter, à moins qu'il ne revienne à l'école conduit par
un parent. Les instituteurs tiennent au courant les cartes de présence

destinées à justifier vis-à-vis des comités de charité la fréquentation de l'école par les élèves indigents.

Au nombre des récompenses données aux élèves des classes supérieures figure leur participation aux grandes excursions scolaires. Les élèves âgés de quatorze ans qui ont fréquenté pendant une année au moins les écoles communales et qui ont obtenu les trois quarts des points dans l'ensemble des compositions de la dernière année d'études, reçoivent à leur sortie de l'école un diplôme d'honneur signé du bourgmestre et de l'échevin de l'instruction publique.

Le règlement exige un examen de passage. Sous aucun prétexte un élève ne peut être placé dans une classe s'il ne possède parfaitement le programme de la classe inférieure. Le classement se fait par le directeur assisté de l'instituteur de la classe où se présente l'élève.

La population normale de chaque classe est de 40 élèves. Il faut que ce chiffre soit notablement dépassé pour que la classe soit dédoublée.

Le travail à domicile ne devra pas comporter une tâche de plus d'une demi-heure ou d'une heure suivant la classe de l'élève.

Les instituteurs logent ou ne logent pas dans l'école. Dans ce dernier cas, ils reçoivent une indemnité de logement.

La quantité de combustible mise chaque année à la disposition des chefs d'école pour leur usage personnel est de 6,000 kilogrammes de charbon de terre, 1,000 fagots et 50 kilogrammes de copeaux.

Ils doivent choisir autant que possible les vacances pour se marier. Les directeurs ne doivent pas avoir sous leurs ordres des personnes de leur famille. Les institutrices ont vingt et un jours de congé pour leurs couches.

On recommande aux maîtres et maîtresses une tenue modeste, et on leur défend de se vêtir d'étoffes de couleurs voyantes.

Ils doivent éviter de prendre part à des discussions publiques sur des questions pendantes devant le conseil communal, ou faisant l'objet d'études de la part de l'administration.

Le règlement ne permet aux maîtres d'accepter pour les enfants que des invitations à des représentations gratuites et, si celles-ci ont lieu le soir, il faut que les parents puissent accompagner leurs enfants.

L'échelle des traitements est à Bruxelles la suivante :

Directeur, 3,800 à 4,600 francs. Directrice, 3,500 à 4,200. Instituteurs, trois classes, 2,500 à 3,000; 2,000 à 2,400; 1,500 à 1,900, pour premier, second, troisième instituteur. Pour les institutrices, 2,000 à 2,500; 1,500 à 1,900; 1,000 à 1,400 dans les mêmes conditions.

Le mérite, les notes, les succès aux épreuves, entrent en ligne pour l'avancement.

Avant d'être titulaires les maîtres doivent passer dix mois à l'école.

A moins de motifs exceptionnels, un instituteur ne peut être promu de troisième à deuxième, de deuxième à première classe, que cinq ans après sa nomination au grade immédiatement inférieur.

Les cadres du personnel sont composés, pour une école de neuf classes, de deux premiers instituteurs, trois deuxièmes, quatre troisièmes, correspondant aux trois divisions de l'enseignement primaire. Le collège des bourgmestre et échevins peut toutefois, chaque année, disposer de cinq places de chacun des grades de premier et second instituteur, de première et seconde institutrice, lesquelles places sont données aux instituteurs qui, ayant cinq années de grade inférieur, auront le mieux réussi dans les épreuves instituées pour l'obtention des grades. L'avancement est réglé en prenant pour base les notes fournies par l'échevin de l'instruction publique, le directeur de l'école et le comité scolaire.

Un règlement écrit à l'intention des élèves des écoles de Bruxelles leur prescrit leurs devoirs et l'article 21 dit : « Aucun élève ne peut se justifier d'une infraction au présent règlement sous prétexte qu'il en ignore les dispositions. »

J'en donnerai quelques-unes. La propreté, l'obéissance aux ordres donnés, les réclamations n'étant permises que lorsque l'ordre donné a été exécuté, l'exactitude à l'école sont les premiers devoirs des élèves. On leur dit aussi la façon dont s'obtiennent les récompenses et quelles sont les punitions, parmi lesquelles la radiation du tableau d'honneur et l'envoi dans une autre école désignée par l'échevin de l'instruction publique.

Il est ordonné aux enfants de se comporter décemment dans les rues, de rentrer chez eux par le chemin le plus court, de ne pas fumer dans la rue, faute dont les parents seront avertis : un article du règlement dit : « Les élèves sont tenus d'être habillés proprement et de se comporter de façon à ne pas porter atteinte à la bonne réputation de l'école. »

On cite pour eux, dans le règlement, tous les articles du code pénal qui peuvent diriger leur conduite ; là sont indiquées les places sur lesquelles ils peuvent jouer en tout temps.

§ 3. — Écoles de demi-temps et d'adultes.

Il y a à Bruxelles des écoles de demi-temps et des écoles d'adultes. Les premières, comme le nom l'indique, admettent des élèves qui suivent soit les cours du matin, soit les cours de l'après-midi.

Les cours d'adultes, créés en 1847 et tout d'abord fonctionnant de 11 heures du matin à 1 heure, fonctionnent maintenant le soir. Ils ont refusé la subvention de l'État qui y mettait pour condition l'introduction de l'enseignement religieux dans le programme. Ils s'ouvrent et se ferment à une demi-heure de différence, afin d'éviter les inconvénients qui pourraient résulter de cette réunion des garçons et filles de plus de douze ans.

L'enseignement est celui que l'on donne en France; il y a pour les filles des leçons spéciales d'économie domestique, et un cours unique d'enseignement supérieur fournit aux garçons les notions des sciences physiques et naturelles, d'économie politique et de droit constitutionnel qui depuis est enseigné aux cours primaires d'adultes; enfin les langues vivantes et les éléments du commerce. Trois de ces cours enseignent la gymnastique. Les cours d'adultes sont ouverts de septembre à avril.

§ 4. — Écoles professionnelles et ménagères.

Je n'ai pas eu l'occasion de visiter les écoles industrielles de Belgique sur lesquelles on trouvera d'ailleurs d'excellents renseignements dans le rapport de M. Bourée, ministre de France en Belgique, sur les conditions du travail de ce pays.

Pour les filles, c'est autre chose. J'ai visité des écoles professionnelles dont on connaît les analogues chez nous à Paris, mais je n'ai vu que celles de Bruxelles.

L'école professionnelle de la rue du Poinçon a eu, en 1892, 278 élèves dont 148 payantes; la confection en a pris 68, le commerce 34, la lingerie 37; le prix de l'écolage est de 7 francs par mois. Les élèves méritantes sortent diplômées.

Une autre école qui est en même temps ménagère a été créée il y a quelques années, rue Terre-Neuve : elle a 128 élèves dont 78 payantes à 5 francs par mois. La cuisine, le repassage, la confection, les modes y sont enseignées. Les élèves, par groupe de trois, font trois semaines de cuisine par an : de même pour le repassage. Le jour de ma visite elles achevaient une confiture de groseilles mêlées à un cinquième de framboises et qui leur revenait à 1 franc le kilogramme.

L'enseignement du ménage est fort en honneur à Bruxelles, et j'y ai visité plusieurs écoles de ce genre. Comme spécimen je citerai l'école de la rue Locquenhien qui renferme de 30 à 45 élèves et dans laquelle on enseigne aux élèves l'hygiène, l'économie domestique, la couture, la cuisine, le lavage et le repassage. Chaque élève fait avec un groupe d'autres quatre semaines de cuisine, et l'enseignement comprend les achats, la comptabilité, la confection des plats économiques pour ouvriers, pour ménage de bourgeois, des plats de douceurs pour les malades, des conserves, le dressage du couvert, le service de la table, l'entretien du mobilier.

Chacune, à la fin de l'année, a préparé onze repas; ce sont les élèves du groupe qui mangent, dans une salle attenante à la cuisine, les plats qu'elles y ont confectionnés. Elles font aussi la soupe pour l'école gardienne voisine. Le soir, il y a deux fois par semaine des cours où l'on enseigne les matières de l'enseignement du jour. 15 élèves seulement les ont suivis en 1892-93 assez irrégulièrement.

Comme exemple de l'enseignement de science ménagère donné dans les écoles, j'emprunte à un rapport de M. Germain, directeur général de l'enseignement primaire, le récit d'une visite qu'il fit à une institutrice qui donnait avec succès un petit cours de cuisine aux élèves de la division supérieure.

Elle expliqua à M. Germain comment elle associait à son œuvre les mères de famille du village en les invitant à assister de temps en temps aux leçons et aux exercices de l'école, et elle montra au directeur général le passage suivant d'un discours qu'elle avait prononcé dans une distribution de prix :

« Vous avez bien voulu venir constater plusieurs fois à l'école, mesdames, mesdemoiselles, combien nos chères enfants aiment à apprendre les occupations ménagères; vous avez vu avec quelle bonne humeur elles écoutent mes leçons, entretiennent la propreté de l'école, avec quelle attention elles suivent le travail de la cuisine. Je n'ai pas de sous-institutrice, je ne saurais parvenir, même avec l'aide de ma servante, à leur enseigner les divers travaux du ménage.

» J'avais compté beaucoup sur les mères de famille, la plupart sont de bonne volonté, mais il y en a qui ne connaissent pas la cuisine, il y en a qui viennent me dire en pleurant qu'elles sont empêchées de m'assister.

» Votre bonté habituelle m'autorise à vous adresser une prière.

» Ce n'est pas de l'argent que je vous demande; c'est quelque chose de plus précieux : c'est de l'amitié, de l'affection pour toutes mes petites filles, pour celles surtout qui n'ont pas le bonheur d'être préparées au travail domestique par leurs mères.

» Permettez-leur d'aller vous voir de temps en temps, de travailler avec vos servantes, de travailler avec vous, avec vos filles, afin que ces pauvres abandonnées puissent aussi faire bientôt la joie du foyer, et y retenir, par une cuisine meilleure et plus appétissante, par leurs soins intelligents, par leur grâce et leur bonne humeur, le père, le frère aîné, qui restent si tard au cabaret et font tant pleurer la pauvre mère ! »

A dater de ce jour, la plupart des jeunes filles du village s'intéressent à l'école. Elles reçoivent chez elles, une fois par semaine, les petites filles les plus pauvres et leur enseignent la préparation des plats expliquée en classe par la maîtresse.

En dehors des écoles professionnelles proprement dites, j'ai visité quelques écoles moyennes de garçons et de filles. Parmi ces dernières, celle qui m'a le plus intéressé est l'école Kerkoven, à Gand, qui est communale et payante. Elle comprend des externes qui paient 100 ou 150 francs par an, suivant l'âge (elles entrent à cinq ans et ont dix années d'études).

Il y a également des pensionnaires qui paient 900 francs, mais, comme dans nos écoles primaires supérieures, c'est la directrice qui reçoit cet argent pour nourrir ces élèves moyennant une rétribution minimum de 1,200 francs par an pour jouissance du local.

L'école a des classes bien aérées de 24 à 25 élèves; les dortoirs des pensionnaires sont divisés en chambrettes dont les cloisons ne montent pas jusqu'au plafond. Les élèves pensionnaires ont quatre repas dont deux sont pris aussi par les demi-pensionnaires, le dîner et le goûter. Les externes vont chez elles de 11 heures et demie à 2 heures pour le dîner. L'école a 300 élèves.

Une autre institution primaire supérieure de Gand paie à la ville, pour les pensionnaires qu'elle reçoit, 100 francs par élève, au-dessus de 25.

J'ai vu aussi à Anvers une école payante communale de « demoiselles » avec 400 élèves réparties en dix années d'étude et occupant seize classes. Dix institutrices donnent l'instruction que complètent, comme à l'école Kerkoven de Gand, des professeurs de littérature, de français, de flamand, d'anglais, d'allemand, d'ouvrages manuels. L'école, au moment où je l'ai visitée, préparait l'exposition annuelle d'ouvrages de main qui lui était échue pour cette année. J'ai pu voir, depuis la dernière classe jusqu'à la classe supérieure, cette série ascendante de travaux fort bien exécutés, comme par les plus habiles ouvrières des meilleurs ateliers parisiens. Les élèves paient à la ville 60 francs pour les quatre premières années d'études, 100 francs pour les quatre années suivantes, et 120 pour les dernières.

§ 5. — Œuvres privées scolaires.

La Belgique est le pays de l'initiative privée, et c'est chez elle que l'on peut rencontrer le plus d'institutions dues à cette initiative, et fondées, soit pour rendre moins pénible la vie des travailleurs, soit pour faciliter la diffusion de l'instruction.

Je veux me borner aux œuvres plus spécialement bruxelloises qui rentrent dans cette dernière catégorie, mais il me sera permis d'indiquer rapidement quelques-unes de celles qui virent le jour dans d'autres villes de la Belgique.

En 1863, la baronne de Crombugghe fonde, dans une commune voisine de Bruxelles, à San-Josse-ten-Node, des soirées populaires qui furent très remarquées à l'époque, et dont s'inspirèrent les initiateurs de nos conférences françaises.

En 1863, une Société Franklin organise à Liège, à l'aide de souscriptions, des fêtes et des tombolas, et encourage, à l'aide de livrets d'épargne, l'instruction populaire.

Un peu plus tard, de semblables créations apparaissent à Verviers, à Spa, à Mons.

Un professeur de l'Université de Gand, M. Laurent, qui fait autorité dans la science du droit et qui a sa statue dans cette ville, crée deux Sociétés d'ouvriers dans le dessein de favoriser l'instruction; elles portaient deux noms flamands très expressifs dans la langue même et qu'on traduit en français par « Amour de la Liberté » et « Joie dans la Vertu ». On ne retrouverait pas en France de pareilles appellations.

Déjà on avait fondé à Gand, en 1855, la Société « Sans nom, mais non sans cœur », destinée à venir en aide aux ouvriers et à favoriser tout ce qui peut leur procurer le bien-être matériel et moral. Elle donna un jour 10.000 francs à la ville pour la construction d'écoles, distribua des vêtements, des livrets, créa un cours de machines à coudre, etc...

A Liège, les « Académiciens en marche » s'occupent des écoles laïques; à Verviers le cercle des « Imperméables » installe des bibliothèques et des cours. C'est l'esprit libéral qui anime ces œuvres et elles groupent autour d'elles les amis de la liberté, qui sentent qu'elle est menacée dans son institution la plus respectable, l'école.

Bien plus vive que chez nous est l'agitation qui se fait à l'occasion de cette liberté particulière, et bien plus cordiale est l'union de ceux qui, sans distinction de classes, se serrent, s'abritent sous cette bannière respectée.

A Bruxelles, dès 1818, une Société Lancastrienne encouragea l'enseignement mutuel qui, on le sait, fut un si grand honneur à cette époque. Plus tard, en 1853, elle fusionna avec la Société des Écoles gardiennes (nos écoles maternelles) qu'elle devait céder en 1877 à la ville.

Devant l'impulsion de notre vénérable et courageux Jean Macé, des patriotes créent la ligue de l'enseignement belge qui fonde une école modèle (1875) devenue officielle six ans après, et une école professionnelle de filles, enseignement nouveau, que devait favoriser plus tard la Société des Marçuvins, laquelle s'occupa aussi de l'enseignement professionnel des garçons. D'autres villes répondirent à cet appel, et à Anvers, entre autres, une Société *(Éducation et Instruction)* développe d'une façon remarquable l'enseignement professionnel des filles.

Mais, je passe sur les autres Sociétés pour arriver à la plus importante, à celle que Bruxelles peut montrer avec fierté, comme un modèle d'activité ingénieuse et persévérante : je veux parler du cercle *le Progrès*.

Fondé en 1879 par MM. Optat Scalquin, Georges Tuberghiem et Arnold Grün, le cercle *le Progrès* eut pour but de provoquer la fréquentation des écoles officielles, et de protéger le personnel enseignant par tous les moyens que l'expérience indiquerait.

C'était l'époque où la loi du 1er juillet 1879 restituait à l'autorité civile ses droits ; où l'école était neutre tout en s'ouvrant une heure par jour pour l'instruction religieuse donnée par les ministres des divers cultes ; où l'enseignement national était menacé par l'enseignement privé ; car, malgré les concessions de la récente loi, le parti conservateur faisait une guerre acharnée aux idées libérales.

L'œuvre du *Progrès* dut prendre une vitalité nouvelle, lorsque la loi de 1884 livra l'école à la commune, ou plutôt aux réactionnaires, rendit difficile l'établissement d'écoles dans les petites communes, balaya les écoles gardiennes, les écoles d'adultes, supprima plus de 1,000 emplois d'instituteurs, et donna de la force à la réaction.

La lutte éclata entre les deux partis politiques qui se partagaient le pays, malgré les concessions faites par un ministère libéral.

Pour assurer la fréquentation des écoles communales de Bruxelles et soutenir la concurrence des écoles confessionnelles de la ville, *le Progrès* imagina de donner des soupes aux enfants de ces premières institutions. En dépit d'une certaine opposition qui, à deux reprises, vint du Collège échevinal, le conseil communal accorda au *Progrès* pendant les deux dernières années écoulées une subvention de 5,000 francs qui lui permit d'équilibrer son budget. La première année, il distribua 185,640 portions de soupe ; la seconde année 274,328 rations ; la troisième année 289,365 avec 125 grammes de pain à part. La dépense monte de 10,944 à 19,818 francs. Rien de plus hygiénique que cette soupe chaude donnée à ces pauvres enfants pendant l'hiver. Une enquête faite en 1890 montra qu'à Bruxelles 2,000 enfants font un repas à midi et ne soupent pas le soir ; beaucoup même vont à l'école le matin sans avoir rien pris (dans une école 239 écoliers sur 860 étaient dans ces cas). L'idéal serait que la soupe fût continuée l'été, et qu'elle fût même remplacée par un véritable repas.

Cette soupe d'hiver est préparée par une Société coopérative de consommation et ne revient pas à plus de 6 centimes [1]. Un fourgon de pompiers, mis à la disposition du cercle par le bourgmestre (le président du cercle est M. Henri, lieutenant au corps), transporte la soupe de onze heures à onze heures et demie aux différentes écoles ; des commissaires du cercle en surveillent la distribution à tour de rôle.

C'est une institution analogue, on le voit, à nos caisses des écoles et aux cantines de Paris.

A côté des soupes, le *Progrès* a organisé des colonies de vacances qui ont eu un grand succès, et qui, débutant d'abord par l'envoi de brigades de 30 élèves soit à la mer, soit à la montagne, ont fini par créer à Blackenberghe, au bord de la mer, à quelques kilomètres d'Ostende, une villa qui pourra loger, par séries, plus de 300 enfants chaque été. Il faut lire les récits des maîtres et maîtresses chargés de diriger ces colonies, voir le soin avec lequel ils s'intéressent à l'hygiène des petits colons qui leur sont confiés, lire le contentement de ceux-ci, la satisfaction des parents, qui voient revenir leurs enfants engraissés, presque méconnaissables, bien dispos, riches de bonne humeur et de bonnes habitudes, ayant appris la solidarité, la camaraderie et la bienfaisance. Seulement, le séjour d'une quinzaine n'est pas suffisant pour relever la santé des enfants lymphatiques. Il faudrait à ces vacances en colonies une durée de vingt et un à vingt-cinq jours, ainsi que cela se fait à Paris, à Bordeaux, à Nîmes, à Bayonne.

Le prix de revient pour chaque élève est d'environ 2 francs par jour, soit 30 francs pour toute la durée des vacances.

Outre ces colonies sédentaires, le *Progrès* en a institué d'autres moins coûteuses sous le nom de « colonies volantes ». On prend chaque jour une centaine d'enfants de la même école et à peu près du même âge et on les conduit à la campagne passer une bonne journée consacrée aux jeux et à la promenade et interrompue par un repas substantiel pris à l'auberge. Au début, les promeneurs emportaient leur nourriture dans des sacs, mais on a reconnu bien vite que ces repas froids pris sur l'herbe ne conviennent pas à cette catégorie de convives.

---

1. Le numéro de septembre 1893 du *Bulletin du Progrès* nous apprend qu'à Anderlecht la soupe revient pour 775 enfants à 6 fr. 03 et le bouillon avec portion de viande à 13 fr. 87 par jour pour 775 enfants ; c'est pousser trop loin l'économie et l'on se demande si un tel régime est réconfortant.

Le très actif secrétaire-général du *Progrès*, M. l'avocat Gedœlst, me disait que le Cercle a en vue, depuis quelque temps déjà une fondation nouvelle, qui s'appelle l'« œuvre du lit », mais qui paraît avoir rencontré de sérieux adversaires soit dans la presse, soit au sein du conseil communal. Les amis du cercle ont été frappés de l'influence fâcheuse exercée sur le moral et sur la santé de beaucoup d'enfants par leur séjour dans l'unique pièce du taudis paternel, exposés à une promiscuité de toutes les nuits, et respirant un air complètement vicié. Il s'agirait, pour ces enfants à peu près abandonnés, d'ailleurs, par leurs parents indignes ou trop occupés, de leur ouvrir l'école dès le matin, 7 heures, pour ne la fermer qu'à 7 heures du soir, et de leur procurer, au moins pendant ces douze heures, un bon air et une paternelle surveillance.

A d'autres, placés dans des conditions plus mauvaises encore, on donnerait asile la nuit, dans des dortoirs aménagés dans les combles de telle et telle école. Là, on leur inculquerait des idées d'ordre et de propreté, et, en tout cas, on leur épargnerait cette claustration malsaine de la demeure familiale.

Des objections sérieuses ont été faites à cette généreuse idée. On craint de voir l'État ou la communauté se substituer trop complètement à la famille, de faire un socialisme qui décharge celle-ci de ses devoirs et rompt les derniers liens qui rattachent l'enfant à elle ; on craint aussi de ne pas trouver dans les écoles des pièces convenables pour que cette hospitalité de nuit scolaire s'exerce avec tous ses effets bienfaisants.

A cela le Cercle répond qu'on peut n'installer pour le moment sa nouvelle œuvre que dans des écoles nouvelles que l'on préparerait pour la recevoir ; que l'idée de se substituer à la famille ne lui est pas venue à l'égard de toutes les familles, mais seulement de quelques-unes dont les conditions hygiéniques et morales sont désastreuses pour l'enfant. Il s'agit pour lui du salut suprême de certaines âmes, et de la conservation même de certaines existences menacées par l'insalubrité de leur foyer.

L'avenir dira si le *Progrès* a eu raison de rechercher un remède à des maux auss avérés, et si le remède est bien celui qui a été imaginé.

Une autre œuvre du *Progrès* est celle qu'on appelle l'œuvre « des vieux vêtements ». J'ai visité le local destiné à recevoir tous les vêtements usés qu'envoient là les personnes charitables, l'étuve où on désinfecte avec grand soin ces friperies fort utiles et fort présentables, qu'un habile ouvrier transforme en pantalons et vestes pour les enfants des écoles communales.

Celui qui veut donner des habits vieux n'a qu'à adresser au local une carte postale; on vient chercher son cadeau, on le désinfecte au four, on le lessive à l'eau chaude, on le fait sécher dans le jardin, et on le rajeunit; la confection coûte 1 fr. 50 c. pour un veston, 1 franc pour un pantalon. Les vêtements vieux ne suffisent pas et on a besoin quelquefois de fournir des vêtements neufs. Le Cercle en fait confectionner à prix raisonnable, grâce à l'appui que prêtent les écoles de filles soit primaires, soit professionnelles. Et quelle bonne leçon de solidarité on donne là à ces jeunes filles! J'ajoute que des dames formées en comité travaillent aussi de leurs mains à cette confection.

Pour le drap, la doublure, les boutons, la façon de la veste et du pantalon, pour des chemises, chaussettes et galoches, cela coûte 13 francs. Le même costume transformé du vieux en neuf coûte 6 francs. Quant au costume des filles (robe, bas, chemise, tablier, galoches), il revient à 9 francs.

Le cercle du *Progrès* a encore encouragé la natation dans les écoles en organisant des leçons, en distribuant des récompenses obtenues par des concours qui sont bien intéressants et propres à stimuler les enfants. En quinze leçons, un élève sait parfaitement nager.

Comme œuvre encouragée, nous trouvons les bains-douches de propreté qui se répandent peu à peu dans les écoles de Bruxelles et dont on trouve une installation très bien entendue à la belle école de filles de Saint-Gilles.

Toute cette intelligente activité déployée par le *Progrès*, et imitée à Liège, à Tournai, à Gand (colonies scolaires de 1893) n'a pas été inutile au succès des écoles bruxelloises.

Une récente statistique officielle nous montre le nombre d'élèves augmentant en dix ans (1882 à 1892) de 1,200 pour les écoles primaires, de 1,600 pour les jardins d'enfants, qui comptent 3,000 enfants; de 1,500 pour les adultes.

Si l'on veut suivre la progression par périodes de dix ans, on passe de 1835 à 1885 par les chiffres suivants pour ces cinq périodes de 1,000 à 2,355 à 5.772, à 6,104, à 8,228 à 10,785, chiffre qui actuellement est bien dépassé.

Grâce au zèle de ses membres, parmi lesquels je citerai MM. Henri, président, Van Meenen, bourgmestre de Saint-Gilles, Godœlst, secrétaire général, que je remercie de leurs renseignements, l'œuvre du *Progrès* s'affirme chaque jour davantage et le nombre des membres va croissant. Il était en 1889 de 182. L'an dernier, il est monté à 287, et cependant il s'est fondé dans la vaillante commune de Saint-Gilles une branche du Cercle qui a ses œuvres spéciales, ses soupes, ses colonies, son école ménagère, et compte déjà plus de 17 membres.

Ce qui fait vivre le *Progrès*, ce ne sont pas seulement les cotisations, mais les fêtes qu'il donne dans les théâtres, le produit des troncs installés dans les principaux cafés, les souscriptions ouvertes dans les journaux. Ces moyens ne réussiraient pas tous chez nous, à cause de la différence des caractères des deux nations. Chez les Belges, on a sinon plus d'initiative, au moins plus de persévérance qu'en France.

II

HYGIÈNE SCOLAIRE

§ 1er. — La réglementation en matière d'hygiène scolaire.

Un règlement général arrêté par le ministre de l'intérieur du royaume de Belgique en date du 27 novembre 1874, modifié le 21 avril 1879, fixe les conditions de construction et d'ameublement des bâtiments scolaires.

Je ne donnerai de ce document que la substance, car il ressemble à ceux qui, chez nous, réglementent la matière.

La maison d'école doit être construite sur un terrain sec, aérée, séparée des habitations voisines, à abords faciles, à 150 mètres du cimetière, ayant les fenêtres vers l'est et l'ouest.

L'étendue du terrain et des bâtiments sera calculée pour une population scolaire égale à 15 0/0 de la population. Dans les campagnes, un jardin de 10 ares au moins sera attenant aux bâtiments; les préaux bien ventilés donneront, avec la cour, 3 mètres carrés par élève.

Le règlement prescrit que les façades exposées au sud-ouest seront garanties intérieurement par un contre-mur d'une demi-brique isolé de 5 centimètres et rattaché au mur principal par des crochets en fer.

Le maximum d'élèves sera de 700, répartis en deux sections, chacune divisée en sept classes de 40 élèves (divisions inférieure et moyenne) et deux classes de 35 élèves (division supérieure).

Les salles seront pavées en carreaux de ciment; il y aura en outre des lambris en bois ou en carreaux de ciment de 1 mètre à 1^m,20 de hauteur.

L'escalier ne devra pas déboucher directement en face d'une porte ou d'un corridor; il sera à marches droites et construit de façon à ne pas permettre aux enfants de l'enjamber, de glisser sur la main courante, ou de passer à travers les barreaux.

Dans les écoles mixtes, la séparation des sexes dans la salle se fera uniquement par la disposition des bancs et pupitres; la salle aura comme superficie 1 mètre carré par élève; la capacité ne pourra être inférieure à 14 mètres cubes 1/2 par enfant, ce qui suppose une hauteur minimum de 4^m,50.

La salle, de forme rectangulaire, aura les angles arrondis; les fenêtres seront, autant que possible, pratiquées dans la direction du nord-est et du sud-est.

Dans le cas d'impossibilité d'éclairage bilatéral, on pratiquera l'éclairage gauche, et l'on ouvrira une fenêtre face à l'estrade.

Pour expulser les produits de la combustion, dans les appareils d'éclairage, on leur adaptera des tuyaux fumivores en communication avec une cheminée d'appel. Il y aura entre les tables de travail et les réflecteurs une distance de 1^m,40.

L'air des classes sera renouvelé deux fois par heure, la température sera maintenue à 14 ou 16 degrés.

Les préaux, dont le sol devra être battu et drainé, seront clos de murs de 2 mètres à 2^m,50.

Pour les exercices gymnastiques, il y aura au moins un auvent ou un hangar exposé, autant que possible, au midi pour servir de récréation pendant les jours humides et froids.

Des lavabos et des vestiaires seront installés dans chaque école.

Il y aura un siège d'aisance recouvert d'une tablette de madrier de chêne par 15 filles et par 25 garçons; un urinoir pour 15 garçons, à séparation et revêtements en grès vernissé. Les sièges seront proportionnés à l'âge des enfants, les fermetures établies de manière à laisser deux intervalles, l'un de 30 centimètres entre le haut de la porte et la traverse supérieure du châssis, l'autre assez grand pour que les pieds des enfants restent visibles; la fosse (2^m×1^m,80×1^m,80) aura un tuyau d'évent; chaque école aura une citerne de même dimension.

Comme mobilier, le règlement fixe des bancs-pupitres à deux places munis d'un dossier à hauteur des reins et appropriés autant que possible à la taille des enfants.

Comme autres meubles, on prescrit un poêle à air chaud ou calorifère ventilateur, et des thermomètres dans chaque classe.

La peinture au silicate de zinc et le badigeonnage des salles doivent être de couleur gris clair tirant de préférence sur le bleu; le blanc mat sera évité, sauf pour les plafonds.

Le règlement de Bruxelles s'adapte au règlement général que nous venons d'analyser. Nous en signalerons les principales dispositions.

Il exige aussi de grandes écoles pouvant contenir 700 élèves et ayant un minimum de dix-huit classes, avec salle pour le comité scolaire, salle de réunion et bibliothèque pour les maîtres, bureau du directeur disposé de façon à permettre une surveillance sur toute l'école, logement du concierge, préau, citerne à eau de pluie, cave pour installation des appareils de chauffage et garde du mobilier de réserve.

La dimension des classes rectangulaires, à angles arrondis, doit être de 8 × 7 avec 4m,50 de hauteur. Le préau et la cour doivent avoir ensemble une superficie de 3 mètres carrés par élève ou 2 mètres carrés au minimum. Les classes doivent donner autant que possible sur le préau couvert. Les fenêtres percées dans le long côté doivent fournir l'éclairage unilatéral gauche; les fenêtres à guillotine s'élevant jusqu'au plafond doivent partir à 1m,10 du sol.

Le système de chauffage sera central ou particulier à chaque classe. Pour le premier, on placera les appareils du côté des fenêtres et de préférence sous celles-ci. La surface de chauffage sera calculée de façon à maintenir une température de 16 degrés. Pour le chauffage particulier à chaque classe, on emploiera des foyers à coke à combustion lente et alimentation continue, placés près de l'estrade du côté des fenêtres. L'entrée de l'air pour la ventilation sera à proximité des foyers; la sortie de l'air vicié près du plafond, dans l'angle opposé de la classe. La ventilation artificielle renouvellera trois fois par heure le volume d'air de la classe.

On établira un cabinet d'aisances pour 25 filles ou 40 garçons, un urinoir par 25 garçons.

Le siège sera proportionné à la taille des enfants et disposé de façon qu'ils n'y puissent pas monter; les portes laisseront visibles les pieds et la tête des enfants.

Les cabinets et urinoirs placés dans la cour seront accessibles par un chemin couvert.

Le système des écoles à classes nombreuses, recommandé par les règlements, répond à je ne sais quelle préoccupation. Certaines écoles ont pu, grâce au développement du quartier qu'elles étaient destinées à desservir, devenir trop étroites et s'agrandir peu à peu par l'annexion de maisons voisines. J'ai vu ainsi à Ostende une école de filles qui comprenait vingt-trois classes disséminées de la façon la plus irrégulière, sur un terrain relativement trop borné. Les règles de l'hygiène n'y peuvent pas être observées : telle classe est basse et de peu de superficie pour le grand nombre d'élèves qu'elle contient ; telle autre, accessible par un escalier défectueux, est en face d'un mur qui, l'été, doit transformer la salle en fournaise. Ne serait-il pas possible de construire ailleurs une école neuve et bien distribuée, comme j'en ai vu une de filles dans cette même ville?

Et, à ce propos, j'ai à signaler l'école de garçons numéro 1 d'Ostende, qui, bien que très vaste, a une distribution de classes bien irrégulière, deux d'entre elles donnant sur la cour ont un plafond démesurément élevé; on ne réfléchit pas assez que cette élévation exagérée rend la classe difficile à chauffer, oblige le maître à forcer sa voix, et que, au delà d'une certaine hauteur, la quantité d'air utile que contient une classe n'est pas augmentée. 4 mètres à 4ᵐ,50 suffisent amplement[1].

Mais dans cette école numéro 1 d'Ostende, habilement dirigée par M. Le Fèvre, j'ai constaté une spécialisation de l'enseignement qui devrait se généraliser. Comme Ostende est une ville de pêcheurs, on a eu l'idée de créer pour les élèves, arrivés à un certain degré d'instruction courante, un cours particulier de pêche.

Les matières enseignées dans cette section sont: l'écriture; le calcul avec application à la pêche et à la navigation; en géographie, les points cardinaux, les cartes marines, les cartes de la Belgique avec le cours des fleuves; pour le chant, les chants de marins et patriotiques; pour l'hygiène, ce qui s'applique à la vie du marin; pour la pêche, les principaux poissons et engins; pour les ouvrages manuels, la fabrication des filets et des nœuds, des principes de commerce; en gymnastique, le canotage, la natation, puis les langues française et anglaise.

L'enseignement professionnel proprement dit a quatre grands groupes de connaissances : la construction navale, la navigation (boussole, cartes marines, courants, côtes et signaux, etc.), la pêche avec principales stations, la législation en fait de pêche; enfin on perfectionne les travaux manuels.

§ 2. — Quelques types d'écoles à Bruxelles.

Pour en revenir aux écoles à classes si nombreuses, je me demandais tout à l'heure si ce n'est pas la nécessité de répondre au développement d'un quartier qui a amené l'extension de l'école; mais je ne peux m'empêcher de trouver que c'est trop pour un maître d'avoir sous ses ordres dix-huit à vingt adjoints. Cette administration étendue doit se ressentir de sa dissémination. Et cependant les maîtres adjoints et les directeurs des écoles que j'ai visitées m'ont paru avoir entre

1. DELVAILLE et BREUCQ, *Guide hygiénique et médical de l'instituteur*, 2ᵉ édition; Paris, chez Nathan, avec préface de M. le Dʳ Rochard.

eux les rapports les plus cordiaux, et la discipline m'a semblé parfaite.

Le groupe scolaire que j'ai le premier visité à Bruxelles est celui de la rue des Douze-Apôtres.

L'école des filles a 13 classes de dimensions insuffisantes et très variées, contenant 24 à 36 élèves. Il y a en tout 500 élèves. Dans certaines classes, on travaillait aux ouvrages de main: ce sont des vêtements dont la ville fournit l'étoffe, et que les filles confectionnent pour les garçons pauvres de l'école voisine.

Cette dernière, adossée à la première, a 22 classes dont 6 sont dans une annexe, la place ayant manqué dans le bâtiment principal. Les petites classes, séparées également, sont tenues par des femmes qui s'entendent supérieurement à cet enseignement. Il y a 760 élèves dans l'école de garçons. L'école gardienne, qui est voisine, donne asile à 250 enfants, qui reçoivent l'instruction et travaillent dans trois salles de classes et deux salles d'études. Toutes ces écoles sont assez saines, aucune d'elles n'a été le siège d'épidémies; la rougeole et la coqueluche seules ont fait quelques rares victimes chez les tout petits.

Une autre école de garçons, celle de la place du Jeu-de-Balle, a 21 classes très irrégulièrement disséminées aussi, et est fréquentée par plus de 1,000 élèves; sa réfection est prochaine.

J'aime mieux l'école de la rue de Schaerbeck, malgré ses 18 classes et ses 600 élèves. C'est l'école type de Bruxelles, avec son grand préau central vitré sur lequel les classes donnent aux deux étages. Un beau gymnase, une cour à récréation complètent cet immeuble : les classes ont le cubage réglementaire et sont munies de bancs à deux places et à dossier.

Sur le même modèle est la grande et double école pour filles et garçons de la rue du Canal. Un mur, contre lequel sont installés les privés, sépare les garçons des filles; les premiers sont répartis en 17 classes, les secondes en 14.

L'école a trois étages à chacun desquels il y a des privés supplémentaires assez bien isolés et un vestiaire pour chaque classe.

La rue des Six-Jetons sépare une école de garçons de celle des filles, toutes deux construites sur le type Schaerbeck, mais avec grande cour non vitrée et pavée de briques de champ, sol trop dur et capable d'aggraver les chutes des enfants.

Les maîtres et maîtresses n'habitent pas ces écoles et reçoivent par ce fait une indemnité de logement. A l'heure où je les visitai, l'étude était, chez les filles, tenue pour une heure (de 4 heures et demie à 5 heures et demie) par une adjointe qui appartient à une autre école. C'est un service qui est payé 300 francs par an, lesquels s'ajoutent au traitement de ces surveillantes bénévoles. Le nombre des élèves par classe, aux écoles de la rue des Six-Jetons, est de 32 à 40. Chaque classe a un petit musée scolaire, en outre du grand musée de l'école, et chaque maître crée le sien.

L'écriture droite belge est employée dans cet établissement comme dans les autres.

Je citerai encore à Bruxelles l'école des garçons de la place du Marché-aux-Grains (22 classes, 850 élèves), chauffée par un calorifère, et où les plafonds des classes, élevés de 4^m,20, sont voûtés en fer et cimentés.

Comme écoles gardiennes, j'ai surtout remarqué celle de la rue de l'Orsendael, fort claire, à cours et classes vastes, et dont le comité de surveillance, très zélé et très maternel, habille et chausse les élèves à la Saint-Nicolas. Cet établissement donne asile à 400 enfants. Il a quatre classes avec une grande salle de jeux et deux petites. La cour ouverte est spacieuse. La directrice a huit adjointes pour faire travailler les huit divisions, dont quatre sont aux jeux, tandis que les quatre autres sont dans les classes. L'établissement possède une annexe ayant deux salles de classe et deux salles de jeux, dont une petite pour 200 enfants.

Les écoles de Bruxelles ont toutes un concierge ou une concierge ; c'est ce dernier cas pour le jardin d'enfants de la rue des Fleuristes. La concierge, veuve d'un employé de la ville, a trois pièces pour logement. Son traitement primitif est de 800 francs, plus 100 francs d'augmentation tous les cinq ans ; après dix ans de service, elle a donc 1,000 francs.

Je ne dirai qu'un mot de l'école normale de garçons de la ville de Bruxelles, qui, dans un grand bâtiment à cour couverte, et à deux étages, renferme l'école normale proprement dite, si habilement dirigée pa M. Sluys, et aussi l'école annexe, celle-ci au premier étage. Il y a trente-six élèves par classe d'école normale, lesquelles ont une hauteur de 5^m,5 avec 8 mètres de longueur sur 6 de largeur.

Un poêle indépendant pour chaque classe du rez-de-chaussée se charge par le dehors. L'inspecteur des services communaux voit du préau même si la classe est chauffée au degré réglementaire, et il donne des instructions en conséquence au concierge.

C'est par un calorifère central que sont chauffées les classes d'en haut (école annexe).

Je n'ai pas pu visiter toutes les écoles de l'agglomération bruxelloise, dont plusieurs sont très bien installées, mais j'ai plus particulièrement consacré mes visites à la commune de Saint-Gilles, où j'ai été conduit par l'honorable bourgmestre de cette commune, M. Van Meenen.

Plusieurs écoles de Saint-Gilles ont des jardins; les cabinets sont à réservoir de chasse, système très usité en Angleterre. Toutes les conduites sont périodiquement vidées par un courant d'eau lancé automatiquement. Un appareil à cataracte permet d'espacer les chasses à volonté. Certaines écoles possèdent des filtres du système Maigen au carbocalçis.

On a reconnu la défectuosité des poêles découverts, des poêles Péclet à double enveloppe, ainsi que le chauffage de l'air pris à l'extérieur par contact direct avec le feu du calorifère.

L'air est chauffé par contact avec des tubes (radiateurs) à circulation d'eau chaude ou de vapeur.

Des gaines d'extraction enlèvent l'air vicié. La force ascensionnelle est produite par la chaleur du calorifère, en hiver, et par la combustion d'un bec de gaz, en été.

L'école de filles de la rue de Bordeaux est certainement l'une des plus belles que j'aie vues. Avec ses dix-huit classes chauffées par un calorifère central et dont l'air s'évacue par des gaines situées aux quatre angles, avec sa vaste cour vitrée où trois mille personnes peuvent se trouver à l'aise, avec sa grande cour ouverte, son gymnase, elle réalise tous les progrès de l'hygiène, et le mobilier, le matériel, sont dans des conditions telles que l'on peut citer cette école comme modèle.

C'est ici que, pour la première fois, on a installé un système de douches très simple, et en même temps très pratique. Dans le sous-sol, il y a deux rangées de cabines séparées par un couloir central. Dans l'une des rangées sont les cabines à appareils de douche; dans l'autre les cabines où l'enfant se déshabille. Ces dernières sont au nombre de huit. La douche est une pomme d'arrosoir, et la température de l'eau est obtenue par un mélangeur. C'est entre 10 heures et demie et 11 heures et demie qu'une quarantaine de filles sont conduites à la douche et divisées pour la prendre en huit séries; on peut ainsi donner deux cents douches par semaine. Pour y être admises, les élèves doivent être âgées de sept ans au moins et n'avoir ni maladies de peau ni affections des organes respiratoires. La douche ne dure pas plus de quinze secondes de sept à dix ans, plus de vingt à trente-cinq pour les enfants plus âgées. La température de l'eau est de 25 à 35 degrés en hiver, et de 18 à 20 en été.

La douche est toujours précédée d'une friction de propreté avec de l'eau savonneuse, et suivie d'une friction avec un linge sec ou trempé dans un liquide légèrement alcoolisé, afin de favoriser la réaction. Celle-ci se fait également par des exercices dans la cour, en été, dans le préau chauffé, en hiver.

Si les enfants ont une maladie cutanée, le médecin de l'école prescrit des frictions médicamenteuses.

La distribution des douches fonctionne très bien à l'école de Saint-Gilles, et un mouvement très accentué s'est fait en faveur de cette amélioration si utile. Cependant, si elles sont acceptées volontiers par les enfants qui y trouvent un grand plaisir, elles sont, de la part de quelques mères, l'objet d'une répugnance difficile à vaincre. Et ce sentiment est plus fréquent qu'on ne le pense. « Les femmes, chez nous, me disait le bourgmestre d'une ville importante, ne subissent le lavage à l'eau que dans deux circonstances : à leur naissance et à leur mort. »

Voici quelques extraits du résumé des ordres de service en vigueur dans les écoles de Bruxelles, qui touchent directement ou indirectement à l'hygiène.

Les maîtres tiennent pour chacun de leurs élèves un dossier renfermant nom et prénoms, lieu et date de naissance, changement de classe ou d'école. Le dossier ne peut être remis aux élèves ni à leurs parents et ne doit rien contenir qui puisse entacher l'avenir des premiers.

Tous les quinze jours, un après-midi doit être consacré à une promenade hygiénique et récréative.

Les maîtres doivent, au début de chaque année, s'assurer qu'aucun des élèves n'a eu un membre fracturé. Dans ce cas, on ne leur permet, à la gymnastique, que les exercices libres et non ceux aux engins ni les sauts.

Pendant la durée des leçons, les maîtres ne peuvent faire croiser les bras aux écoliers.

Les élèves ne sont pas admis sans un certificat de vaccine. Pour la revaccination, il faut que l'élève ait plus de dix ans et soit autorisé par ses parents.

Un enfant malpropre est signalé au chef d'école, par celui-ci aux parents ou même au président du comité scolaire ; on peut enfin renvoyer l'élève.

On ne peut laisser sortir les élèves de l'école, à la fin des classes, s'il tonne ou s'il pleut fortement.

Pendant les vacances, un nettoyage complet à la savonnée doit être effectué à l'école. La classe doit être aérée pendant les récréations par l'ouverture des fenêtres.

Chaque école de Bruxelles a son dossier : dimensions des classes avec le nombre d'élèves de chacune, superficie et cubage par élève, nombre de fenêtres aux différentes expositions, mode de chauffage et ventilation de chaque classe, dimensions des cours et préaux couverts, nombre d'urinoirs et latrines.

Le maître de chaque classe relève la température à 8 heures et demie, à 11 heures, à 3 heures et demie, c'est-à-dire à l'entrée en classe et à la sortie; un relevé en est fait toutes les semaines par le directeur avec l'indication du jour de la visite du médecin. Celui-ci a, en effet, un certain nombre d'écoles à visiter tous les dix jours. Chaque mois il fait aux classes supérieures une leçon d'hygiène ne durant pas plus de dix minutes et dont le sujet a été arrêté à la réunion mensuelle des inspecteurs d'école par l'inspecteur en chef.

Tous les ans, le médecin délégué adresse au médecin inspecteur en chef un rapport sur le service médical des écoles dont la surveillance lui a été confiée.

Il envoie tous les mois le relevé des observations faites à l'école sur les points suivants : entretien des classes, lumière, mobilier, chauffage et ventilation, relevés thermométriques de chaque semaine, état des urinoirs et cabinets, des préaux, lavoirs (lavabos), gymnase; indication des matières de la leçon d'hygiène; relevé des maladies avec indication du domicile, des mesures prises, des dates de renvoi et de rentrée des élèves malades. Le directeur est, du reste, prévenu par le bourg-mestre des cas de maladies transmissibles qui ont éclaté chez des élèves ou dans une maison habitée par des élèves fréquentant l'école. Chaque maître a un petit livret qui, sous le titre de *Hygiène scolaire*, renferme les « Instructions sommaires sur les premiers symptômes des maladies transmissibles ».

L'élève qui se présente dans une école doit faire établir son livret personnel : âge, taille, poids, tour de poitrine, capacité pulmonaire, force de traction, couleur des cheveux et des yeux, nationalité des parents, langue parlée (français ou flamand).

Une institution très utile, établie il y a quelques années par le Bureau d'hygiène, c'est la médecine préventive.

On combat ainsi la scrofule et la phtisie. C'est l'administration hospitalière et de bienfaisance qui fournit les remèdes. « Cette admi-nistration a compris en effet, dit M. Janssens, que les dépenses faites de ce chef, en faveur des enfants dont il s'agit, lui assuraient, par compensation, d'importantes économies dans l'avenir, sans compter que l'utilisation des médicaments à l'école est l'objet d'un contrôle sérieux, tandis que les mêmes remèdes, distribués à profusion par les bureaux de bienfaisance, ne vont pas toujours à leur destination, ou sont trop souvent gaspillés à domicile et administrés d'une manière irrégulière. »

C'est d'ailleurs ce qui a engagé certains philanthropes et certains méde-cins à créer en France des dispensaires pour enfants : Mme Furtado-Heine, les docteurs Dubrisay, à Paris, et Gibert, au Havre, etc.; mais, dans les dispensaires français, on traite non seulement les prédispositions, mais encore les maladies confirmées, tandis qu'à Bruxelles on ne combat que les premières, en employant l'huile de foie de morue additionnée de pastilles de menthe, et une poudre *zootrophique* de Milan.

De 1875 à l'exercice 1891-1892 inclus, on a traité 24,860 enfants; 2,246 ont été guéris, 18,100 améliorés, le résultat a été nul pour 1,639, inconnu pour 2,360.

Une feuille spéciale signée du médecin de l'école signale l'âge, la taille, le poids avant et après le traitement, la circonférence thoracique, le tempérament, la constitution, le diagnostic de l'affection, la nature du traitement et le résultat, avec indication du nombre des traités, des guéris et des améliorés.

En outre, un dentiste traite les élèves et indique sur une feuille le nom des élèves et les opérations pratiquées (17,143 traités de 1877 à 1892.)

§ 3. — Quelques écoles belges.

Je n'ai pas pu, on le comprend, visiter toutes les écoles primaires de Belgique; mais, dans les différentes villes où j'ai séjourné, j'en ai vu au moins deux, et, pour d'autres, grâce à un questionnaire adressé aux bourgmestres, et auquel ils ont répondu avec un empressement courtois, j'ai eu des renseignements assez complets au point de vue de l'hygiène scolaire dans ce pays.

Toutes les villes n'ont pas des écoles aussi vastes et à autant de classes que Bruxelles. Anvers, par exemple, dont la population dépasse beaucoup celle de Bruxelles, a 53 écoles qui n'ont que 12 classes au maximum, à part une dont la construction remonte à 1866 et qui en a 16. Mons, qui a 27 ou 28 écoles et surtout beaucoup d'écoles gardiennes, les a réparties dans des quartiers bien différents; quelques-unes n'ont qu'une classe; la plus peuplée, qui date de 1877, en a 9; la plupart n'en ont que 2, 4 ou 6. A Verviers, la plupart en ont 12. A Gand, j'ai vu des écoles de 11, 12 et 13 classes.

Les dimensions des classes sont assez variables. Généralement, la longueur est de 7 mètres pour une largeur de 6. A Spa, deux belles écoles neuves de garçons et de filles ont des classes de 10 mètres sur 6. A Louvain, dans une grande école de 17 classes, une classe a 14^m,50 de long et 5^m,50 de large. A Anvers, les salles de classe d'une école gardienne ont 7^m,20 sur 8, les salles de jeux 10^m,50 sur 7^m,20.

Quant à la hauteur, c'est la plus variable des dimensions. Je ne parle pas de ces écoles dans lesquelles, par suite d'une extension inattendue, on a été forcé de loger dans le voisinage des pièces petites ou grandes dont le plafond n'a parfois que 2^m,50 ou bien atteint 6 mètres; je parle d'écoles neuves où la hauteur de 4 mètres admise en France, et même celle de 4^m,50 que prescrit la loi belge, sont souvent dépassées.

L'aération des classes se fait par différents moyens. Il est rare qu'elle s'effectue par la seule ouverture des fenêtres dans l'intervalle des classes. Les fenêtres sont souvent munies de vasistas s'ouvrant latéralement ou de haut en bas.

Il y a dans beaucoup d'écoles des gaines d'aération pour évacuer l'air vicié, tandis que l'air neuf pénètre soit par les fissures des portes, soit par des ouvertures *ad hoc* percées au plafond dans une des parois latérales de la classe, ou au plancher (Namur).

Le chauffage est le plus souvent particulier à chaque classe. Les poêles-tortues sont les plus employés; il y a aussi les poêles Musgrave.

Dans quelques écoles existe aussi un chauffage central qui se combine avec la ventilation (Anvers, Gand). Les écoles belges, à raison de la rigueur du climat, réclament un chauffage, et exigent par ce fait une dépense que ne connaissent pas les écoles espagnoles, visitées par moi il y a trois ans[1].

Le mobilier scolaire s'est renouvelé dans une grande partie de la Belgique. C'est le type américain à deux places et à dossier qui est adopté d'une façon générale. Cependant, on rencontre encore soit seul, soit avec les bancs à deux places, le vieux système du grand banc à six, huit et même dix places (Namur), dans lequel la table est unie au siège par des bois horizontaux. Les bancs sont très souvent adaptés à la taille des élèves. Dans une école d'Anvers dont je ne retrouve pas le nom, la maîtresse a eu l'idée de tracer un double mètre sur le chambranle de la porte d'entrée de chaque classe. On y fait mettre debout chaque nouvelle élève, et, comme chaque taille correspond à une hauteur de banc-table, on a tout de suite le numéro du banc qui convient à l'élève entrante.

L'éclairage des classes n'est pas toujours unilatéral gauche, et l'on voit, dans certaines écoles neuves, le plus grand nombre des classes munies de cet éclairage, tandis que d'autres ont un éclairage de droite ou bilatéral.

Dans plusieurs écoles, j'ai vu l'éclairage de gauche combiné à l'éclairage postérieur (Gand). Très rarement le jour d'en haut s'ajoute à celui de côté. A l'école de la rue de Jérusalem, à Bruges, les fenêtres donnant sur une cour très grande fournissent assez de lumière, mais la vitre part à une trop grande distance du sol, et quelques élèves ne sont pas éclairés. Ce serait à corriger.

Les privés sont quelquefois adossés au bâtiment de l'école, jamais dans l'intérieur; le plus souvent ils sont dans la cour à une distance

---

1. Voir *Une mission en Espagne.*

variable du bâtiment d'école (trop grande, dans l'école que dirige M. de Bois, à Bruges). Certaines écoles ont leur privés reliés à l'école même par une galerie couverte. Le nombre des privés et des urinoirs paraît suffisant; j'ai remarqué dans quelques-uns que les urinoirs ne sont pas divisés en cases (Namur).

Les sièges sont souvent en bois dur permettant à l'élève de s'y asseoir, et facilitant le nettoyage. Dans d'autres écoles, le siège est en ciment. Parfois, c'est une planche percée de plusieurs trous qui recouvre le privé en pierre ou en ciment. Une chasse d'eau et des tuyaux d'évent sont assez fréquemment employés (une école Frœbel, à Mons). Quelquefois les sièges sont trop élevés (Namur).

Les écoles n'ont pas toutes des préaux couverts, et il est rare que ces préaux servent de réfectoires aux enfants, car ceux-ci vont à 11 heures ou 11 heures et demie prendre leurs repas chez eux.

C'est exceptionnellement que les enfants mangent à l'école. Dans ce cas ils apportent leur nourriture froide. Certaines villes ont une distribution de soupe organisée par le bureau de bienfaisance communal ou par les soins de l'initiative privée.

Plusieurs villes ajoutent à la soupe ainsi distribuée quelque plat de légumes ou de viande, ou seulement les « tartines » si usitées en Belgique; quelquefois ces tartines sont apportées par l'enfant lui-même (Mons).

Le système de la distribution des soupes est surtout en usage dans les écoles gardiennes (Mons, Liège); car les élèves de ces écoles retournent rarement chez eux pour le repas, à moins qu'il ne s'agisse de petites villes dans laquelle les distances sont courtes et les inconvénients de l'encombrement des rues peu marqués. Dans la riante école gardienne nº 4 d'Anvers, j'ai constaté que la soupe était payée 5 centimes par les enfants; quelques-uns sont dispensés de concourir à cette dépense, qui, pour toutes les écoles, s'élève à 42,000 francs (les enfants fournissent 3,600 francs). Le bouillon qu'on sert dans les écoles gardiennes (trois fois par semaine) est fait avec 5 kilogrammes de bonne viande désossée (à 1 fr. 50 le kilogramme) par chaque centaine d'élèves. Une fois par semaine on donne du lait battu (écrémé) dans lequel on met du riz et du sirop. Les enfants apportent leur pain.

Les écoles ne sont pas toutes, je l'ai dit, dans des bâtiments neufs. Il y en a beaucoup cependant dans ce dernier cas; à Anvers, à Mons, à Gand, on pourrait citer des écoles nouvellement bâties et bien construites. C'est surtout depuis 1885 que le mouvement de reconstruction d'écoles s'est accentué, et l'année 1886 est marquée comme date de création de beaucoup de maisons d'écoles.

On emploie fréquemment le système d'écoles jumelles de garçons et de filles établies l'une à côté de l'autre.

Très souvent aussi il y a entre les deux écoles une école gardienne (Spa, Gand), qui a pour directrice la directrice de l'école des filles. Enfin parfois la directrice est la femme du directeur ou de l'un des maîtres, ce qui contribue à l'aisance du ménage et à la bonne direction pédagogique.

L'inspection médicale est organisée dans un certain nombre d'écoles. C'est sur le modèle de Bruxelles que s'est réglée la ville d'Anvers. Elle a cinq médecins pour inspecter ses écoles et on y pratique la médecine préventive. M. le docteur Desguins, le distingué échevin de l'instruction publique, a présenté un bon mémoire sur ce sujet au Congrès d'hygiène de Vienne en 1887.

D'autres écoles ont un médecin qui fait sa visite tous les mois (Bruges, Huy, Liège, Spa, Louvain), ou tous les trois mois, ou à époques indéterminées (Tournai). Les écoles de Mons, qui sont nombreuses, sont visitées par trois médecins.

Dans certaines villes, la commission scolaire, de laquelle fait partie un médecin, confie à celui-ci l'inspection médicale. Dans d'autres, c'est à la commission médicale locale qu'incombe cette surveillance.

Namur, qui a cependant des écoles fort bien tenues, quoique datant d'un quart de siècle pour la plupart, n'a pas d'inspection médicale. Braine-le-Comte non plus, et d'autres encore.

Les maladies de l'enfance sont spécialement surveillées par l'inspecteur. Toutes les écoles n'ont pas été sérieusement frappées par les épidémies qui ont régné dans les villes (Anvers). Dans une ou deux villes on a fermé les classes pour cause de choléra (Bruges), dans deux ou trois pour une épidémie de rougeole, de scarlatine ou de coqueluche. Rarement il y a eu une épidémie de variole (Louvain).

La fermeture de l'école n'a guère dépassé trois jours, sauf à Liège (du 16 au 31 décembre 1889 pour rougeole).

Mentionnons au point de vue hygiénique, que, dans certaines villes, la gymnastique est supprimée dans les écoles quand la température atteint 25° (Anvers); dans d'autres villes l'école est fermée pour cette cause (à 27° à Saint-Gilles).

Les récréations sont courtes dans les écoles belges; souvent il y a, après chaque heure de classe, un repos de dix minutes. La classe est ouverte à Bruxelles de 8 h. 1/2 à 11 h. 1/2 et de 1 h. 1/2 à 3 h. 3/4 pour les garçons; de 8 h. 1/2 à 11 h. 1/4, de 1 h. 1/2 à 4 heures pour les filles. A Saint-Gilles, de 8 h. 1/2 à 11 h. 1/2, de 1 h. 1/2 à 3 h. 3/4 pour les filles, de 8 h. 1/2 à 11 h. 3/4 et de 1 h. 1/2 à 4 heures pour les garçons.

Pendant les récréations, les enfants jouent en pleine liberté dans les préaux couverts ou les cours ouvertes.

Le cache-cache, les osselets, la raquette, la corde, les rondes, la poursuite, le chat et la souris, le furet, la balle, sont les jeux préférés des filles. La balle, les barres et la course plaisent aux garçons. Les jeux sont une des occupations attrayantes des écoles gardiennes, et les maîtresses les dirigent et y prennent part, comme celles de certaines écoles primaires.

J'ai vu dans beaucoup d'entre elles le chant associé aux jeux; enfin il en est où la gymnastique des mouvements remplace les jeux. Ce genre d'exercice n'est pas du goût de tous les élèves et ce sont les filles surtout qui y sont réfractaires.

Les cours servent quelquefois à l'instruction; on y dessine les mesures de superficie (Anvers, école de la rue des Images). Les écoles gardiennes ont des jardins qui les égaient; à Anvers, les enfants cultivent chacun un petit jardinet.

§ 4. — La lutte contre l'alcoolisme dès l'école.

S'inspirant de ce qui se fait en Angleterre, où 17,449 sociétés scolaires de tempérance comprenant 2,112,079 jeunes adhérents existaient l'an dernier, M. Robyns, inspecteur principal de l'instruction primaire à Hasselt, s'adressa aux inspecteurs de son district pour leur recommander une œuvre semblable. Cela est d'autant plus nécessaire que la consommation de l'alcool en Belgique est considérable et entraîne de funestes conséquences : une dépense de 440 millions de francs, dont 125 millions en genièvre; plus de 200,000 morts par suite d'excès alcooliques; 75 pour 100 des condamnations prononcées par les tribunaux belges pour crimes et délits ayant pour auteurs des alcoolisés.

M. l'inspecteur Robyns demanda donc à ses collaborateurs « d'obtenir que, dans chaque école, si possible, un certain nombre d'élèves, âgés de douze ans au moins, s'engagent d'honneur, mais librement, à s'abstenir, jusqu'à l'âge de vingt ans, de genièvre, de liqueurs fortes, et à ne faire qu'un usage très modéré de vin ».

La création a eu beaucoup de succès dans la province de Limbourg; sur 237 écoles communales de garçons ou mixtes, 209 ont une de ces sociétés, en tout 5,000 adhérents.

Dans sa session de 1891, le conseil de perfectionnement de l'instruction primaire a signalé cette œuvre au ministre de l'instruction publique, qui, à son tour, en a fait l'objet d'une circulaire adressée aux inspecteurs principaux (3 avril 1892). Il recommanda en même temps cette mesure aux directeurs et aux directrices d'écoles normales, afin que les élèves devenus maîtres à leur tour fissent une propagande active et effective.

Voici comment s'opère l'affiliation des élèves :

Dans chaque école, il y a un registre destiné à recevoir l'engagement auquel M. l'inspecteur Robyns fait allusion ci-dessus, et la signature de l'élève.

La plupart du temps, les inscriptions au-dessous de cette formule se font au fur et à mesure que les enfants atteignent leur onzième année; dans certaines écoles, elles ont lieu à la fin de l'année scolaire ou à la rentrée des classes. Elles sont généralement entourées de quelque solennité, afin de frapper l'esprit des enfants, et de donner plus d'importance à l'acte accompli. Chaque nouveau membre prononce à haute voix les paroles de l'engagement avant d'apposer sa signature, et reçoit ensuite un certificat ou diplôme attestant son admission. L'école est ornée pour la circonstance, les enfants sont revêtus de leurs habits de fête; on invite les autorités scolaires locales, le clergé paroissial, les parents des nouveaux adhérents à assister à la cérémonie.

De temps en temps, l'instituteur fait une lecture ou donne un devoir qui vise l'influence fâcheuse de l'alcoolisme.

Les enfants, malgré leur jeune âge, bien préparés par ces leçons, portent beaucoup de sérieux dans leur engagement; et, bien que celui-ci s'arrête à la vingtième année, il reste chez le jeune homme une habitude de tempérance; l'instituteur, d'ailleurs, réunit de temps en temps ses anciens élèves pour entretenir et renforcer cette habitude. Par l'enfant, en outre, la famille est insensiblement gagnée; le fils, dit M. Robyns, apporte dans la famille des brochures et des journaux anti-alcooliques que l'instituteur distribue en classe; les écrits sont lus au coin du feu, le père y jette parfois un regard, ne fût-ce que pour voir les gravures représentant les drames de l'alcoolisme; bientôt la mère cache la bouteille de genièvre, ou ne la fait plus remplir; c'est une action lente, continue, partant de l'école et exerçant sûrement une influence décisive.

L'œuvre de M. Robyns s'est étendue au delà de la province. Au 31 décembre dernier, des sociétés s'étaient formées en grand nombre dans le reste du pays. Voici les chiffres : Limbourg 258 écoles, Namur 154, Hainaut 212, Liège 74, Flandre occidentale 34, Anvers 6, Brabant 98, Flandre orientale 34; en tout 952 sociétés et 16,307 membres, dont 13,273 fréquentent les écoles primaires. Il est probable qu'à l'heure actuelle il y a plus de 20,000 adhérents.

SECONDE PARTIE. — HOLLANDE

§ 1er. — Organisation.

L'histoire de l'organisation scolaire de la Hollande se résume dans la lutte des libéraux contre les orthodoxes des deux religions : catholiques et protestants.

Il s'agit toujours, dans les projets de loi présentés, dans les discussions auxquelles ils ont donné lieu, de la neutralité de l'école, de la protection et des allocations de l'État réservées aux écoles publiques, ou s'étendant aux écoles privées.

La loi de 1806 admettait deux sortes d'écoles : les écoles libres subventionnées par l'État, la province ou la commune, et les écoles privées ne recevant aucune subvention.

Le règlement annexe à cette loi dit que, dans les écoles publiques, « l'enseignement devra être organisé de façon que les élèves soient préparés à l'exercice de toutes les vertus chrétiennes et sociales. Il sera pris des mesures pour que les élèves ne soient pas privés d'instruction dans la partie dogmatique de la confession à laquelle ils appartiennent, mais cette partie de l'instruction ne sera pas donnée par les maîtres ».

Plusieurs lois se succèdent, qui ne modifient guère cette situation ; mais survient la Constitution de 1848 dont l'article 144 est ainsi conçu :

« L'enseignement est libre, sauf le contrôle de l'autorité, et, pour ce qui concerne l'instruction secondaire et primaire, sauf les garanties de capacité ou de moralité à exiger de l'instituteur. L'instruction publique est organisée par la loi de manière à ne blesser les convictions religieuses de personne. Il est donné dans tout le royaume par les soins de l'autorité une instruction publique suffisante. »

Dès cette époque, des efforts sont faits, des projets présentés pour mettre la loi sur l'instruction en conformité avec cet article de la constitution.

En 1857, une nouvelle loi finit par être votée.

Son article 3 permet à l'école libre de recevoir une subvention de la commune ou de la province, si les élèves de toute confession y ont accès, c'est-à-dire si elle est neutre.

La commune est maîtresse de ses écoles: elle les entretient et peut faire payer un écolage aux élèves.

L'article 3 dit : « L'instruction scolaire tendra non seulement à faire acquérir aux élèves des connaissances utiles, mais aussi à développer leurs facultés intellectuelles et à les conduire à l'exercice de toutes les vertus chrétiennes et sociales.

» L'instituteur s'abstiendra d'enseigner, de faire ou de tolérer tout ce qui serait contraire au respect dû aux convictions religieuses de ceux qui professent un autre culte que le sien.

» L'instruction religieuse est abandonnée aux communautés religieuses. Les locaux pourront, en dehors des heures de classe, être mis à leur disposition pour les élèves de leur confession. » La commune nomme et paie ses maîtres.

De 1857 à 1878, l'agitation recommença. Des projets furent présentés et rejetés; les écoles privées se multiplièrent fondées par les orthodoxes protestants, qui considéraient comme écoles sans Dieu les écoles ouvertes à tous les cultes et neutres au point de vue religieux. Les catholiques firent de même. Cependant les élections de 1877 ayant donné la majorité aux libéraux, le cabinet Kappeyne présenta un projet nouveau. Dans son exposé de motifs, il revendique le droit de l'État d'assurer aux enfants une instruction suffisante. « L'école publique, dit-il, est destinée à être l'école nationale, non l'école des pauvres. » Il repousse toute subvention aux écoles « qui ne sont pas accessibles à tous les enfants et ne répondent pas entièrement à leurs besoins ».

D'après le projet de loi libéral, la province reste déchargée de toute subvention aux écoles publiques. Ce soin incombait à l'État pour 30 0/0 des dépenses.

Le projet considérait toute école recevant une subvention comme une école publique, et soumise aux obligations d'une semblable école. Le personnel d'une école devait se composer de deux, trois ou quatre maîtres, si elle avait plus de 40, de 85, de 121 élèves; des inspecteurs payés étaient chargés les uns de la partie pédagogique, les autres de la partie hygiénique.

Ce projet souleva aussi de vives protestations et, tandis que l'Association générale des ouvriers des Pays-Bas, dont j'ai parlé ailleurs réclamait l'obligation et la gratuité, et de plus la création d'écoles maternelles et de cours complémentaires, la minorité conservatrice pétitionnait contre les encouragements donnés à l'école publique. Mais le projet fut adopté par les deux Chambres, et la loi porta le nom de loi de juillet 1878.

Elle resta en vigueur jusqu'en 1888. A ce moment, le parti conservateur étant revenu au pouvoir, le ministère présenta une loi qui, par la défection de plusieurs députés libéraux, fut adoptée à une grande majorité par les deux Chambres.

Cette loi laisse subsister la subvention de l'État aux communes dans les écoles desquelles l'écolage ne dépasse pas 80 florins (l'écolage minimum étant de 20 cents, soit 42 centimes par mois).

La subvention de l'Etat reste acquise aux écoles privées placées sous la direction d'une institution jouissant de la personnalité civile, enseignant toutes les branches de l'instruction primaire à un minimum de 25 élèves payant moins de 25 florins d'écolage, etc.

La possession du pouvoir par les conservateurs n'a duré que jusqu'au 7 septembre 1891 et, à cette époque, est arrivé un ministère libéral qui a mis dans son programme l'obligation de l'instruction. Mais ce gouvernement vient d'être mis en minorité à l'occasion de la réforme électorale, et la loi Mackay reste toujours en vigueur. Personne d'ailleurs n'a parlé de la modifier ou de l'abréger. Au contraire, les exercices de gymnastique avaient été inscrits dans la loi comme matière obligatoire, mais, faute de maîtres qualifiés ou de locaux convenables, on avait ajourné jusqu'à la fin de 1891 l'application du programme sur ce point, ce qui était un grand avantage pour les écoles privées; mais, à l'expiration du délai, le ministère libéral a fait voter une loi qui le prolonge de plusieurs années. On peut dire maintenant que la loi du ministère conservateur a devant elle un long avenir [1].

§ 2. — Systèmes d'écoles.

On a vu que les communes pouvaient exiger une rétribution des enfants qui fréquentent les écoles; mais, pour que le contact entre élèves payants et élèves admis gratuitement soit moins fréquent, les communes ont établi plusieurs classes d'écoles, les unes gratuites, les autres payantes, et dans celles-ci même il y a des catégories suivant le prix qu'on y paie et les conditions de fortune des parents qui doivent y envoyer leurs enfants.

Je vais dire ce qui se passe sous ce rapport dans plusieurs villes.

A. *Amsterdam*. — Il y a quatre classes d'écoles. Dans celles de la première classe, au nombre de quatre-vingts, dites écoles mixtes, sont admis les enfants de cinq à douze ou treize ans, dont les parents sont censés ne pas être en état de payer un écolage, ou bien ont

---

1. En juillet 1894, le ministère a été changé.

un revenu de moins de 12 florins par semaine ou tout au plus de 12 à 15 florins. Les enfants des premiers sont admis gratuitement, ceux des autres payent 0 fl. 12 par semaine; s'il y a deux écoliers de la même famille, 0 fl. 08 et, s'il y en a trois, 0 fl. 06.

75 de ces écoles ont une population moyenne de 350 élèves : les 5 autres une de 600. Les écoles de la deuxième classe, au nombre de 21, mixtes, ont une population de 350 élèves pour 19 d'entre elles, et de 520 pour les 2 autres.

L'écolage des enfants de six à douze ou treize ans qui les fréquentent est de 0 fl. 40, 0 fl. 30 et 0 fl. 24 suivant qu'il y a un, deux ou trois enfants de la même famille.

Les écoles de la troisième classe, qui diffèrent de celles des deux premières en ce qu'on y enseigne le français, sont au nombre de 29. L'une d'elles, mixte, a 420 élèves; les 28 autres, spéciales à l'un des deux sexes, ont une population moyenne de 210 élèves. L'écolage y est de 22 florins par an pour un écolier, et de 18 florins pour le second enfant de la même famille.

Il y a 10 écoles de la quatrième classe, 4 de garçons et 6 de filles. L'écolage est de 75 florins pour deux ou trois élèves de la même famille. Chaque école de garçons a 150 élèves. Les écoles de filles de cette classe sont destinées à des enfants de six à seize ans. On y enseigne, outre le français, les éléments de l'allemand et de l'anglais. Chaque école de filles a 200 élèves.

B. *La Haye.* — Les écoles gardiennes sont gratuites. Il y a 5 écoles payantes où l'élève donne 24 florins par an, 2 où l'écolage est de 40 ou 80 florins, suivant le degré d'enseignement; une dernière classe d'école fait payer simplement un écolage de 0 fl. 55 par mois.

C. *Utrecht.* — Il y a 5 classes d'écoles, au lieu des 4 d'Amsterdam : (27 écoles de première, 2 de deuxième dans lesquelles l'écolage est de 0 fl. 06 et de 0 fl. 12; 2 de troisième classe avec écolage de 12 florins par an; 1 de quatrième classe où l'on paie 24 florins; 4 de cinquième de garçons, 2 de filles) dans lesquelles on paie 50 florins.

D. *Maestricht.* — A la dernière classe on paye 0 fl. 50, 0 fl. 40, 0 fl. 30, suivant qu'un, deux ou trois enfants de la même famille fréquentent l'école; celle-ci reçoit même des enfants gratuitement. Une autre classe d'école admet les écolages de 1 fl. 20, ou 1 florin ou 0 fl. 30. Enfin l'écolage est par mois de 2 fl. 50 pour les filles et de 0 fl. 50 pour les garçons qui fréquentent les écoles de la première classe.

E. *Leuwarden.* — Il y a 4 classes d'écoles depuis l'école gratuite jusqu'à celles où l'on paie 30 florins par an.

F. *Rotterdam.* — Comme exemple des ressources que procure l'écolage du budget d'une ville, je citerai celui de la ville de Rotterdam (1893).

Les écoles gratuites (*kosteloos onderwijs*) ne rapportent naturellement rien. Les écoles mixtes de première classe (chaque élève payant 0 fl. 80, 0 fl. 60, et 0 fl. 50) par mois et les mixtes de deuxième classe (chaque enfant payant 0 fl. 10, 0 fl. 675, et 0 fl. 06), rapportent 25,025 florins pour 5.933 élèves dans 16 écoles.

Les écoles de classe supérieure (*bugerscholen*), dans lesquelles l'enfant paie 15 florins ou 12 fl. 50 ou 10 florins par an, rapportent 15,200 florins pour 5 écoles ayant 1,215 élèves.

Les écoles de la classe au-dessus (*scholen voor uitgebreid lage onderwijs*), au nombre de 20, dans lesquelles 1,299 élèves paient 40 florins par an, rapportent 51,400 florins.

Les 11 écoles de la classe supérieure (3 de garçons, 5 de filles, 3 mixtes avec 1,728 élèves payant 50 florins [garçons], 30 florins [filles] 15, 12,50 et 10 écoles mixtes) procurent 55,450 florins.

Le revenu total des écoles de Rotterdam pour l'écolage est donc de 136,559 fl. 92.

Quant à la proportion des écoles communales ou privées, des écoles mixtes ou spéciales aux garçons et aux filles, voici quelques chiffres : Utrecht a 17 écoles communales et 33 écoles privées. Les écoles de garçons sont au nombre de 13, celles de filles au nombre de 9. Les écoles mixtes au nombre de 28 comptant un plus grand nombre d'élèves que celles affectées à l'un ou à l'autre sexe. A Nimègue, il y a plus d'écoles privées que de communales (16 avec 3,297 élèves contre 7 qui sont communales mixtes, avec 933 garçons et 441 filles).

Au contraire, il y a à Leuwarden 11 écoles communales contre 6 écoles privées, et c'est dans les écoles mixtes communales qu'on trouve le plus de filles (1,408 contre 463 garçons), tandis que la proportion est renversée pour les écoles privées (249 garçons et 191 filles).

Les écoles gardiennes sont de création récente. Elles admettent les enfants jusqu'à cinq et six ans.

La première créée à Amsterdam date de 1880. Deux autres furent créées en avril 1883. Beaucoup de ces écoles en Hollande sont des écoles privées (Nimègue, Flessingue, Bréda); Leuwarden a deux écoles gardiennes communales avec 843 élèves et deux privées avec 389.

Il y a des écoles gardiennes privées et communales à Rotterdam. A Utrecht, sur 16 écoles de ce genre, une seule est communale. 500 enfants fréquentent les 15 écoles gardiennes privées. Elles sont gratuites à la Haye; il y en a de gratuites à Rotterdam.

§ 3. — Matières de l'enseignement.

Le programme des matières enseignées est, pour les écoles primaires publiques, le suivant :

Lecture, écriture, calcul, principes de langue hollandaise, éléments des formes géométriques, histoire nationale, géographie, éléments d'histoire naturelle, chant, dessin; pour les garçons, travaux manuels, pour les filles, gymnastique.

C'est ce programme qu'on applique dans les écoles de première et deuxième classe d'Amsterdam.

Dans celles de troisième classe des deux sexes et dans celles de quatrième pour garçons on enseigne en outre le français. Dans celle de quatrième pour les filles on ajoute les langues anglaise ou allemande, l'histoire générale, l'arithmétique théorique, le dessin d'ornement, les travaux d'agrément. A Rotterdam, ces additions se font dans les écoles de deuxième et troisième classe. A Utrecht, ces principes du français et l'histoire générale sont ajoutés dans les écoles de deuxième, troisième et quatrième classe, les ouvrages d'agrément dans les écoles de filles de cinquième classe.

§ 4. — Traitement des instituteurs.

A Amsterdam les chefs d'écoles de première et de deuxième classe ont 1,870 florins; ceux de troisième ont 2,070 (garçons) ou 1,870 (filles) ceux de quatrième ont 2,400 florins.

Les premiers instituteurs sont payés 1,000 et 1,200 florins pour les deux premières classes, 1,100 à 1,300 pour la troisième, 1,200 à 1,400 florins pour la quatrième. Le premier instituteur n'ayant que 1,200 florins dans cette classe d'écoles, les seconds instituteurs ont 700 florins, les troisièmes 600 florins.

A Rotterdam, on paye les chefs 1,700 florins; les premiers instituteurs de 800 à 1,300 florins, les seconds de 700 à 900, les troisièmes, de 500 à 700.

A Utrecht, les chefs de la première et deuxième classe ont de 800 à 1,200 florins avec augmentation, jusqu'à ce dernier chiffre, de 100 florins par an. Les instituteurs avec brevet de chef touchent 500 et 700 florins; l'augmentation annuelle est de 50 florins. Si l'école a des professeurs enseignant le français, ils touchent 100 et 200 florins de supplément.

Il y a en Hollande une catégorie d'apprentis instituteurs qui dès l'âge de douze ans font un stage, et servent de moniteurs ; on les paye 50 à 200 florins par an suivant les villes.

Les directrices d'écoles gardiennes ou primaires spéciales aux filles ou mixtes sont un peu moins payées que les instituteurs.

Ainsi à Rotterdam une directrice d'école gardienne touche 800 florins, une première 500 à 600 florins, les autres 300 à 400, les monitrices 50 à 100. Quand la directrice n'est pas logée, elle touche 200 florins d'indemnité.

Les premières maîtresses d'écoles primaires sont payées 900 florins, les autres 500 à 700 florins.

A Rotterdam, les maîtresses d'ouvrages de mains sont payées 500 florins, les professeurs de gymnastique 1,200 florins.

Du chef des traitements de maîtres, voici le budget de la ville de Rotterdam, comparaison faite de l'année 1891 à l'année 1893 pour une population de 216,679 habitants.

	1891	1893
	florins	florins
Maîtres, traitement	556,027	623,055
Indemnités de logement	3,656	5,400
Écoles à répétition	14,271	16,913
Subvention pour l'instruction de maîtres	44,417	56,247
Locaux d'école et logement de maîtres	20,537	19,540
Location desdits locaux	3,196	9,660
Mobilier	6,625	9,650
Fournitures scolaires	21,268	29,016
Chauffage, aération	29,095	35,392
Dépenses pour écoles gardiennes	98,633	109,427

Pour montrer le nombre des maîtres d'une école et ce qu'ils coûtent, nous empruntons les chiffres suivants au budget de 1893 de la ville de Rotterdam. Il porte l'ouverture de deux nouvelles écoles avec un personnel ainsi composé :

1 premier instituteur	900	florins
2 instituteurs avec brevet de chefs à 700	1,400	—
3 de même avec équivalent de brevet à 600	1,800	—
2 instituteurs à 500	1,000	—
2 institutrices à 600	1,200	—
2 institutrices à 500	1,000	—
12	TOTAL	7,300 florins

Ce qui fait douze instituteurs et institutrices pour une école destinée à 416 élèves.

Enfin, comme exemple du coût des écoles, je citerai les suivantes : l'école de Selafelstraal, à Rotterdam, a trois classes, un préau couvert et une cour ; elle a coûté 30,000 florins sans le terrain.

L'école d'Asendelstraat, qui a douze classes, a coûté 45,000 florins, sans le terrain.

A la Haye, une école de 300 élèves a coûté 40,000 florins, plus 6,000 florins pour le terrain.

Une autre, pour 600 élèves, a coûté 60,000 florins, terrain compris.

§ 5. — Hygiène scolaire.

Plusieurs ordonnances royales ont été rendues, concernant la construction et la disposition des écoles ; la dernière date du 1er mai 1882.

On doit éviter autant que possible de bâtir des écoles dans le voisinage de lieux nuisibles à la santé des élèves ou à leur étude ; les bâtir à 50 centimètres au moins au-dessus du niveau des plus hautes eaux.

Chaque salle d'école ne contiendra que 100 élèves ; si une salle contient plus de 50 élèves, elle sera divisée en deux au moyen d'une cloison. Pour les gymnases (enseignement secondaire), la loi ne permet pas plus de 24 élèves par classe ; la loi de 1884 était plus large, elle donnait au moins 30 élèves.

La superficie de chaque salle sera de $0^{mq},80$ pour chaque élève, la mesure cubique de $3^{mc},6$ pour chaque élève, et la hauteur de la salle de $4^m,50$ ($6^m,50$ d'après l'ordonnance du 30 août 1880). Les murailles seront teintes d'une couleur claire mate. Les fenêtres seront placées de manière à éclairer suffisamment les locaux et à tempérer la lumière trop forte ; elles seront de préférence placées à gauche de l'élève. Les portes des classes ne seront pas en communication directe avec l'air extérieur. Les bancs munis de dossiers seront faits pour deux enfants, et de trois tailles différentes, la longueur variant de 1 mètre à $1^m,10$ et la hauteur de $0^m,65$ à $0^m,80$.

Chaque école aura un nombre suffisant de cabinets d'aisances pour les garçons et les filles séparément.

Chaque classe aura des moyens de chauffage et de ventilation.

Il n'est pas permis de tenir les vêtements des élèves dans les salles d'école.

Depuis 1890, la gymnastique est obligatoire.

Pendant tout le temps que dure une maladie épidémique, il est interdit aux enfants allant en classe, et qui demeurent dans la maison atteinte, d'aller à l'école, et ils ne peuvent revenir en classe que huit jours après que la maladie a cessé d'exister. L'instituteur reçoit officiellement un bulletin lui annonçant que dans telle ou telle maison règne une maladie contagieuse, et lui indiquant en même temps le nom des enfants allant en classe chez lui et demeurant dans la maison atteinte.

La fin de la maladie lui est annoncée de la même manière. La mesure n'est pas appliquée, en ce qui concerne la diphtérie et la rougeole, pour les enfants de plus de douze ans.

Les règles de l'hygiène scolaire sont à peu près partout appliquées en Hollande. La plupart des écoles sont neuves, quelques-unes remontent à 1872 et à 1874. Il est rare que d'anciens bâtiments aient été utilisés pour école.

On ne trouve pas comme en Belgique des écoles à 18 classes. Les chiffres que l'on rencontre sont 6, 8 et 10 classes. L'école moyenne des filles de la rue Welte de Wills à Rotterdam n'a que 5 classes, et le nombre d'élèves que renferment les classes est le plus fréquemment 40 et 48 (50 dans une très bonne école de filles de la Weepstraat à Rotterdam.) Le cubage varie entre 4 et 8 mètres cubes par élève, la hauteur étant de 4 mètres, 4m,50 et même 5 mètres, ce qui est trop.

Le chauffage se fait rarement par des calorifères, mais plus souvent par des poêles, et dans la plupart, la ventilation se pratique à l'aide de manchons en bois placés dans les coins ou au milieu des côtés, et s'ouvrant et se fermant à la partie supérieure ou à la partie inférieure, suivant la saison, pour l'évacuation de l'air.

D'ailleurs, dans presque toutes les écoles, on ouvre les fenêtres pendant la classe, et surtout pendant la récréation.

Malgré la règle qui demande l'éclairage par la gauche, quelques écoles construites avant son établissement n'ont cet éclairage que dans certaines classes; dans d'autres, c'est l'éclairage de droite.

Beaucoup d'écoles mixtes ont des classes dans lesquelles les garçons sont directement confondus avec les filles; dans d'autres, le local est divisé en deux parties séparées ou non par un vitrage, et réservées, l'une aux filles, l'autre aux garçons. Pendant que les premières travaillent, les seconds sont en récréation, et réciproquement; on conçoit qu'avec ce système, l'éclairage soit plus irrégulier, que les garçons soient éclairés d'une façon et les filles d'une autre. A la Haye, la plupart des écoles sont mixtes, et les dix ou douze classes qu'elles contiennent sont séparées en deux par une toile.

Comme exemple je citerai une jolie école gardienne de cette ville, bâtiment placé au centre d'un jardin et recevant 400 enfants.

Le bâtiment se compose d'un grand préau carré situé au milieu et dans lequel, à droite comme à gauche, donnent quatre classes et un préau placé entre les deux classes intermédiaires. Cela fait un grand et deux petits préaux, plus huit classes. Chaque classe est assez grande pour contenir deux divisions d'enfants dont l'une va à l'un des préaux, tandis que l'autre reste au travail dans cette salle devenue alors trop grande.

Presque tous les bancs sont du système dit américain, à dossier avec place pour deux élèves, rarement pour un ou pour quatre. La table se relève quelquefois pour le passage des élèves et s'abaisse pour leur travail (Rotterdam, école de la rue Witte de Wills). La directrice distinguée de cette école me faisait remarquer qu'en général les filles n'aiment pas les bancs à dossier. Les dossiers à son école sont droits, sans cambrure.

Les water-closets sont presque partout situés dans le corridor qui longe la classe; il y en a un pour deux classes; de cette façon, le maître peut surveiller l'élève qui s'y rend. Mais n'y a-t-il pas là une cause d'insalubrité venant du besoin même de cette surveillance? Dans quelques écoles, les privés sont dans la cour. Dans une école de la Haye, le réservoir se remplit d'eau par le service des eaux de la ville, et se vide automatiquement dans les privés, toutes les cinq minutes.

Dans une autre, la porte en s'ouvrant fait couler l'eau nécessaire.

Il n'y a pas encore en Hollande d'organisation de bains pour les écoles. Il en existe cependant dans une école d'Amsterdam. On y trouve dix-huit cabines à planches grillées. L'eau de la Vrecht y arrive et y est chauffée au gaz par trois appareils; le réservoir à eau chaude se ferme automatiquement par une sphère flottante attachée au robinet

---

UNE POINTE EN ALLEMAGNE — COLOGNE

Après avoir visité la Hollande, j'ai, pour achever ma tournée de Belgique, fait un détour par Cologne, où je n'ai passé que quelques heures. Je n'ai donc pu que jeter un coup d'œil sur les institutions d'assistance et sur l'hygiène scolaire. J'en dirai seulement quelques mots, renvoyant une étude plus complète au jour où une mission spéciale m'appellera dans ce pays.

Je parlerai d'abord de l'assistance, regrettant d'avoir égaré les notes que j'avais prises sur l'hôpital de Cologne, dont l'organisation est excellente, tant au point de vue de la distribution et de la capacité des salles, que de la distribution des services accessoires.

L'isolement des maladies contagieuses y est assuré et le transport de ces cas à l'hôpital y est fait avec toutes les précautions possibles. Le directeur, un médecin, m'a guidé dans ce vaste édifice, et m'a initié aux rouages de cette administration avec une obligeance et une compétence que je ne saurais trop louer.

Les ressources de Cologne, pour l'assistance de ses pauvres, sont de 14 millions de marks (environ 15,500.000 francs), qui proviennent de legs et dons faits pendant des siècles à la ville libre Hanséatique. Comme la dépense annuelle s'élève à 150.000 marks, la ville complète par une subvention la différence entre cette somme et les intérêts produits par le capital de 14 millions de marks.

En dehors de l'assistance interne comprenant les hôpitaux, orphelinats et asiles, dont, je l'ai dit, je renvoie l'étude à un autre moment, il y a l'assistance externe que nous appelons le secours à domicile. Cette assistance est sous la direction de deux échevins; la ville est divisée en 59 arrondissements dans chacun desquels est un préposé, qui a sous ses ordres 14 assistants (*armenpfleger*) et ceux-ci, pour toute la ville, sont au nombre de 600[1].

Le préposé réunit deux fois par mois les assistants de son arrondissement. Dans la première séance, on délibère sur les cas de misère signalés par les assistants; dans la seconde, le préposé, qui a fait son rapport à l'échevin et a reçu de celui-ci la somme nécessaire, la remet aux assistants qui se chargent de la distribuer dans leur ressort.

Ces secours consistent en argent, en vêtements, couvertures, souliers. On ne donne pas du pain aux pauvres, ils le vendraient, et puis on trouve toujours du pain, me disait M. Hellmers, beau-frère du consul de France honoraire, qui me mettait au courant de tous ces faits avec une grâce aimable, et à qui j'adresse ici mon souvenir sympathique.

Avec de l'argent, ajoutait-il, le pauvre peut acheter ce qui lui manque; il n'est pas besoin que la charité publique entre dans ces détails.

Quant aux secours en nature, c'est surtout à l'enfant qu'ils s'adressent. L'instruction étant obligatoire, il importe de faciliter à l'enfant l'accès de l'école en lui donnant les vêtements nécessaires.

On lui donne également les fournitures scolaires ; elles lui sont remises par le directeur de l'école, après que celui-ci s'est informé, auprès du préposé à la bienfaisance, de la situation de la famille de l'enfant. On est sévère dans cette enquête et dans la distribution de ces secours. Ainsi les socialistes qui, pouvant payer ces fournitures, s'y sont refusés, y ont été contraints par huissier.

Pour en revenir aux préposés et assistants, ils sont choisis parmi les bourgeois par le conseil communal et contraints par la loi d'accepter le mandat qu'on leur confie. A la porte de chaque préposé, une plaque indique son nom et sa qualité. D'ailleurs, comme il n'y a pas de concierge à Cologne, et que presque chaque maison est habitée par une seule famille, le nom des habitants est indiqué par une plaque.

Chaque maison doit être fournie d'eau aux frais de l'habitant qui paie une taxe proportionnelle à la superficie de son immeuble. L'eau vient de puits que des pompes amènent à la hauteur nécessaire pour la distribution intérieure des maisons. La consommation est d'environ 15 millions de mètres cubes par an.

C'est à peine s'il reste quelques pompes dans les rues. Celles-ci

---

1. On peut être bourgmestre et échevin sans faire partie du conseil communal. Le bourgmestre, qui a 15.000 marks de traitement, les échevins qui en ont la moitié à Cologne, sont des fonctionnaires, et les fonctionnaires en Allemagne forment une hiérarchie très disciplinée. Les bourgmestres et échevins sont tous des hommes de loisirs, avocats et docteurs, le plus souvent.

sont entretenues avec grand soin et militairement, comme tous le
autres services.

Le tout à l'égout existe à Cologne. Les matières de l'égout se rendent
à une place spéciale où l'on jette également les balayures des rues et
les résidus des ménages.

C'est avec M. l'inspecteur Brandenberg que j'ai visité une des écoles
de filles les plus peuplées de Cologne, et celle dans laquelle on a
installé un bon système de douches.

Construite il y a deux ans pour 400 élèves, elle a coûté, terrain
compris, 380,000 marks. Elle ne possède pas de préau; mais les écoles
que l'on a construites depuis en sont pourvues. Le système de construction d'écoles à Cologne me paraît sagement entendu. On étudie
à l'avance les besoins d'un quartier au point de vue scolaire, et l'on
y bâtit une école plus vaste que ne le comporte la population actuelle,
afin de ne pas faire d'inutile besogne.

Les bains et douches sont placés dans le sous-sol de cette école;
un avertisseur électrique joue aussitôt que l'eau des douches dépasse
la température voulue. On donne un bain-douche par semaine à
chaque élève, et M. Brandenberg m'a dit que les familles ne se sont
pas accoutumées tout de suite à ce moyen de propreté.

Le système de chauffage pour les bains est utilisé pour le lavage et
le séchage du linge et pour le chauffage de l'école.

Quant à la ventilation, elle se fait par le chauffage, par l'ouverture
des vasistas et non par un système *ad hoc* que M. Brandenberg considère comme toujours défectueux.

Les bancs-tables ne sont pas adaptés à chaque taille, la table du
pupitre est mobile dans le sens horizontal pour permettre à l'enfant
de s'installer; le banc à dossier fait partie de la table qui est derrière.

C'est le portier qui est chargé de vérifier, par un regard donnant
sur le corridor qui longe les classes, la température de celles-ci et
de la régler. C'est lui qui, à 9 heures, va dans toutes les classes s'assurer du nombre des absents, et va les chercher pour les ramener à
l'école s'ils ne sont pas malades. Cette obligation de fréquenter l'école
tient l'enfant de 6 ans jusqu'à 14 ans, à moins d'un examen passé
avant cette limite.

Une police spéciale aux ordres de l'inspecteur contraint les enfants
à la fréquentation jusqu'à 14 ans.

La gymnastique n'est pas obligatoire, le programme est d'ailleurs
très chargé.

L'enfant doit se présenter à l'école à 7 h. 3/4 du matin et s'y amuser
dans la cour jusqu'à l'heure de la rentrée (8 heures), sous la surveillance d'un maître.

M. l'inspecteur Brandenberg, qui a au-dessus de lui un conseiller de régence, présidant à l'administration de toutes les écoles de l'arrondissement de Cologne, a lui-même à diriger les 105 écoles primaires appartenant à la ville.

Ces écoles sont gratuites, mais à côté d'elles, et sur la plainte des parents de classe aisée, on a créé, à côté de ces écoles qui ont huit années de cours, des écoles préparatoires payantes *(vorschule)* qui n'en comportent que trois, car elles préparent aux cours de l'Athénée ou gymnase, auquel l'enfant va vers l'âge de 9 à 10 ans. Le prix de ces *vorschule* varie de 90 à 120 marks par an.

D'après l'inspecteur, l'institution des écoles payantes a causé un tort considérable aux écoles primaires, qui ne sont plus fréquentées exclusivement que par les enfants des classes inférieures.

Les écoles gardiennes municipales ne sont pas gratuites. Deux de ces écoles font payer 60 pfennigs par semaine et donnent aux petits deux repas, le dîner et le goûter; les trois autres n'exigent qu'un écolage de 50 pfennigs par mois.

Il y a en outre 24 écoles gardiennes, libres, religieuses ou laïques, où l'écolage coûte 50 pfennigs par semaine, nourriture comprise.

CONCLUSION

Arrivé au terme de cette longue étude, je voudrais marquer de quelques traits l'impression que m'a laissée ma visite dans ces deux pays si différents de la France et surtout de l'Espagne que je parcourus il y a trois ans[1].

L'un des caractères qui m'a le plus frappé, c'est l'esprit d'indépendance de l'habitant et le souci de faire quelque chose pour l'amélioration de son sort, au lieu d'en faire remonter l'initiative à l'État.

Aussi que d'œuvres de bienfaisance, que d'organisations d'assistance, que de sociétés de récréation ne rencontre-t-on pas, en Belgique et surtout en Hollande, en ce qui concerne ces dernières ? J'ai visité, entre autres, à Amsterdam, un établissement appelé *Ons huis* (notre maison), dans lequel on trouve, moyennant une très faible cotisation, accès à des salles de jeu et de lecture, et, moyennant des suppléments assez légers, des cours de toutes sortes et même de cuisine, propres à compléter l'éducation des sociétaires.

Au point de vue de l'hygiène, les Belges et les Hollandais sont plus avancés que nous. Le bureau d'hygiène de Bruxelles, fondé sur l'initiative du Dr Janssens, peut servir de modèle. J'y ai consacré un assez long chapitre. La déclaration des maladies contagieuses, qui rencontre tant d'opposition en France, n'est pas encore obligatoire là-bas, mais le deviendra.

En Hollande, d'ailleurs, comme je l'ai fait remarquer, le bourgmestre, nommé par le pouvoir central, est indépendant de l'habitant et a plus d'action sur lui pour l'application des lois et règlements concernant la santé publique.

La question des eaux est une de celles qui préoccupent le plus les autorités de ces deux pays, où il y a peu de sources, et où l'alimentation hydraulique doit se faire par l'eau de pluie, l'eau des dunes, ou l'eau des fleuves préalablement filtrées.

J'ai essayé de jeter quelque lumière sur cet intéressant sujet.

J'ai montré aussi la sollicitude des pouvoirs publics pour les travailleurs, les conditions de leur labeur, l'hygiène de leur habitation. J'ai

---

1. *Une mission en Espagne*, Sociétés d'éditions scientifiques.

énuméré les œuvres d'assistance pour les ouvriers en cas d'impossibilité de travail par accident ou par vieillesse. Il se fait sous ce rapport d'admirables choses en Hollande par l'initiative privée ; et la
Belgique a édicté (1889) sur les habitations ouvrières des lois
excellentes [1].

Pour les enfants assistés, pour les orphelins, il y a dans ces derniers pays une excellente organisation que j'ai indiquée, en parlant de
l'important asile d'orphelins de Gand.

J'ai aussi décrit de beaux hôpitaux soit dans cette ville, soit à
Anvers, Liège et Amsterdam. L'effort est partout visible pour assurer
l'hygiène de ces asiles de la souffrance.

On aura vu également à la partie scolaire ces luttes acharnées
pour assurer la neutralité de l'école vainement battue en brèche, aussi
bien là-bas que chez nous, et qui est une des conditions essentielles de
la vie moderne. De bons esprits la critiquent cependant, parce que le
parti pris les emporte, parce qu'ils ne réfléchissent pas à toutes les
facilités données en France à la liberté de conscience de l'écolier.

Ce même parti pris, pour le dire en passant, se retrouve quand il
s'agit des infirmières d'hôpital. On trouve partout, aussi bien chez les
femmes qui n'ont jamais été épouses que chez celles qui ont eu des
enfants et les ont perdus ou conservés, des dévouements au prochain.
Pourquoi vouloir proscrire celles-ci ou celles-là, exalter les unes et
dénigrer les autres ?

En Belgique et en Hollande, et principalement dans ce dernier
pays, il y a dans presque tous les hôpitaux des écoles d'infirmières
(diaconesses) assez semblables aux *nurses schools* d'Angleterre. Les
femmes qui y sont élevées, y puisent de sérieux principes et les
appliquent avec tout leur cœur dans les hôpitaux auxquels on les
envoie. Il faut admirer cette institution et en prêcher l'imitation.

Je ne pourrais, sans m'exposer à des redites, essayer de rendre plus
complet ce résumé de mon rapport. Je me borne, en terminant, à
remercier de nouveau tous ceux qui ont facilité ma tâche, d'ailleurs
imparfaitement remplie, par une collaboration très active et de bien-
veillants conseils.

---

1. M. de Naeyer (de Villebrœck) a créé, pour la participation aux bénéfices,
l'assistance aux ouvriers, et surtout les maisons ouvrières, de remarquables
institutions.

TABLE DES MATIÈRES

BELGIQUE

HOLLANDE

ORGANISATION ET HYGIÈNE SCOLAIRES

IMPRIMERIE CENTRALE DES CHEMINS DE FER.
IMPRIMERIE CHAIX, RUE BERGÈRE, 20, PARIS. — 5690-3-94. — (Encre Lorilleux).